COMMENTAIRE

DE

LA LOI DES 18 AVRIL - 13 MAI 1863

PORTANT MODIFICATION

DE SOIXANTE-CINQ ARTICLES

DU

CODE PÉNAL

par

ALBERT PELLERIN

DOCTEUR EN DROIT

SUBSTITUT DU PROCUREUR IMPÉRIAL A ALENÇON

PARIS

AUGUSTE DURAND, LIBRAIRE-ÉDITEUR

RUE DES GRÈS, 7

—

1863

AUGUSTE DURAND, LIBRAIRE-ÉDITEUR

RUE DES GRÈS, 7, PARIS.

COMMENTAIRE

DE

LA LOI DES 18 AVRIL - 13 MAI 1863

PORTANT MODIFICATION

DE SOIXANTE-CINQ ARTICLES

DU

CODE PÉNAL

par

ALBERT PELLERIN

DOCTEUR EN DROIT

SUBSTITUT DU PROCUREUR IMPÉRIAL A ALENÇON

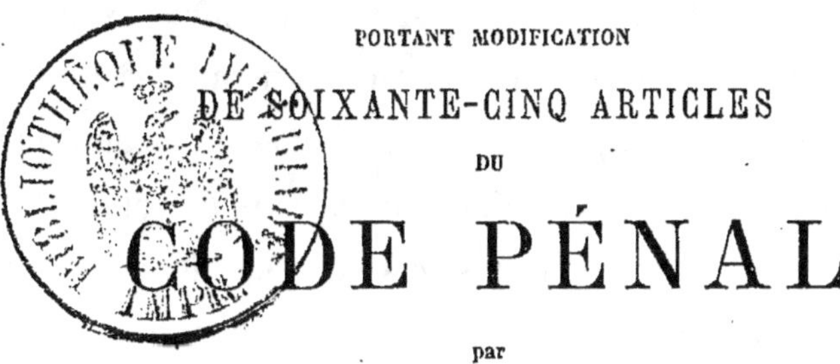

Nous n'avons pas la prétention d'avoir fait un livre ; encore moins, celle d'avoir comblé les nombreuses lacunes qu'offriront désormais toutes les éditions des savants commentaires sur le Code pénal publiés jusqu'à ce jour. Nous avons seulement essayé d'ouvrir la voie, d'appeler l'attention sur les nombreuses et très-graves questions que soulèvera l'application de la loi des 18 Avril-13 Mai 1863. Nous ne demandons pas pour nos modestes études une autorité doctrinale à laquelle elles n'ont aucun droit ; nous souhaitons uniquement qu'elles puissent profiter à nos lecteurs, en leur épargnant des

1863

recherches et des méditations qui leur prendraient un temps précieux.

Tel a été notre but, et pour l'atteindre, nous nous sommes imposé une triple tâche : la comparaison du texte ancien avec le texte nouveau, la recherche des motifs qui ont inspiré le législateur, et enfin l'examen des questions nouvelles qui pourront naître dans la pratique.

Cette dernière partie de notre plan est incontestablement celle qui nous a demandé le plus de soins et pour laquelle nous réclamerons le plus d'indulgence. Le rôle du commentateur est autrement aisé quand il n'a qu'à suivre la jurisprudence, au lieu d'avoir à la devancer.

Nous avons comparé le texte ancien avec le texte nouveau, en mettant en regard ces deux textes, en en faisant ressortir les moindres différences et en étudiant toutes les questions de rétroactivité qui, sans grande importance pratique, nous ont paru avoir l'avantage de mettre particulièrement en lumière l'étendue et les conséquences de chaque modification apportée à l'ancien texte du Code pénal.

Enfin, nous avons recherché les intentions du législateur, en analysant l'exposé des motifs, le rapport de la commission et surtout les délibérations du Corps législatif. Nous avons considéré comme un devoir de réduire, en passant, à leur juste valeur les attaques souvent acerbes qui ont été dirigées contre la loi nouvelle. Cette étude est, à notre avis, la plus propre à faire bien comprendre cette loi. Sans doute, elle renferme quelques lacunes, quelques erreurs de rédaction regrettables. Mais nos Codes, les plus parfaits de l'Europe, en présentent qui ne sont pas moindres.

Pourquoi ne l'avouerions-nous pas? Nous avions commencé notre travail avec des préventions, suggérées en grande partie par les critiques passionnées dont la loi nouvelle avait été l'objet; et, maintenant que notre tâche est terminée, nous croyons pouvoir affirmer qu'il suffit d'une lecture attentive et impartiale de cette loi, pour en apprécier la sagesse, l'opportunité, la modération, pour reconnaître surtout qu'elle n'a été combattue qu'avec un esprit de parti évident, appuyé parfois sur de brillants paradoxes, mais plus souvent encore, sur des erreurs de droit telles que l'on a lieu de s'étonner qu'elles aient pu être commises devant une assemblée légistative française.

—

1 VOL. IN-8°, DE 312 PAGES.

PRIX : 5 FRANCS.

Alençon — E. De Broise, imp. et lith.

COMMENTAIRE

DE

LA LOI DES 18 AVRIL - 13 MAI 1863

Alençon — E. De Broise, imp. et lith.

COMMENTAIRE

DE

LA LOI DES 18 AVRIL - 13 MAI 1863

PORTANT MODIFICATION

DE SOIXANTE-CINQ ARTICLES

DU

CODE PÉNAL

par

ALBERT PELLERIN

DOCTEUR EN DROIT

SUBSTITUT DU PROCUREUR IMPÉRIAL A ALENÇON

PARIS

AUGUSTE DURAND, LIBRAIRE-ÉDITEUR

RUE DES GRÈS, 7

—

1863

AVANT-PROPOS

—

Nous n'avons pas la prétention d'avoir fait un livre; encore moins, celle d'avoir comblé les nombreuses lacunes qu'offriront désormais toutes les éditions des savants commentaires sur le Code pénal publiés jusqu'à ce jour. Nous avons seulement essayé d'ouvrir la voie, d'appeler l'attention sur les nombreuses et très-graves questions que soulèvera l'application de la loi des 18 Avril-13 Mai 1863. Nous ne demandons pas pour nos modestes études une autorité doctrinale à laquelle elles n'ont aucun droit; nous souhaitons uniquement qu'elles puissent profiter à nos lecteurs, en leur épargnant des recherches et des méditations qui leur prendraient un temps précieux.

Tel a été notre but, et pour l'atteindre, nous nous sommes imposé une triple tâche : la comparaison du texte ancien avec le texte nouveau, la recherche des motifs qui ont inspiré le législateur, et enfin l'examen des questions nouvelles qui pourront naître dans la pratique.

Cette dernière partie de notre plan est incontestablement celle qui nous a demandé le plus de soins et pour laquelle nous réclamerons le plus d'indulgence. Le rôle du commentateur est autrement aisé quand il n'a qu'à suivre la jurisprudence, au lieu d'avoir à la devancer.

Nous avons comparé le texte ancien avec le texte nouveau, en mettant en regard ces deux textes, en en faisant ressortir les moindres différences et en étudiant toutes les questions de rétroactivité qui, sans grande importance pratique, nous ont paru avoir l'avantage de mettre particulièrement en lumière l'étendue et les conséquences de chaque modification apportée à l'ancien texte du Code pénal.

Enfin, nous avons recherché les intentions du législateur, en analysant l'exposé des motifs, le rapport de la commission et surtout les délibérations du Corps législatif. Nous avons considéré comme un devoir de réduire, en passant, à leur juste valeur les attaques souvent acerbes qui ont été dirigées contre la loi nouvelle. Cette étude est, à notre avis, la plus propre à faire bien comprendre cette loi. Sans doute, elle renferme quelques lacunes, quelques erreurs de rédaction regrettables. Mais nos Codes, les plus parfaits de l'Europe, en présentent qui ne sont pas moindres.

Pourquoi ne l'avouerions-nous pas? Nous avions commencé notre travail avec des préventions, suggérées en grande partie par les critiques passionnées dont la loi nouvelle avait été l'objet; et, maintenant que notre tâche est terminée, nous croyons pouvoir affirmer qu'il suffit d'une lecture attentive et impartiale de cette loi, pour en apprécier la sagesse, l'opportunité, la modération, pour reconnaître surtout qu'elle n'a été combattue qu'avec un esprit de parti évident, appuyé parfois sur de brillants paradoxes, mais plus souvent encore, sur des erreurs de droit telles que l'on a lieu de s'étonner qu'elles aient pu être commises devant une assemblée législative française.

ÉTUDES

SUR

LA LOI DU 13 MAI 1863

ARTICLE UNIQUE.

Les articles 57, 58, 132, 133, 134, 135, 138, 142, 143, 149, 153, 154, 155, 156, 157, 158, 159, 160, 161, 164, 174, 177, 179, 222, 223, 224, 225, 228, 230, 238, 241, 251, 279, 305, 306, 307, 308, 309, 310, 311, 312, 320, 330, 331, 333, 345, 361, 362, 363, 364, 366, 382, 385, 587, 389, 399, 400, 403, 408, 418, 423, 434, 437, 443 et 463 du Code pénal, sont abrogés. Ils sont remplacés par les articles suivants :

L'application de ce premier alinéa de la loi du 13 mai 1863 donne naissance à un certain nombre de questions transitoires, de nature à se présenter très-fréquemment. Nous croyons utile de rappeler tout d'abord les principes généraux que l'on devra suivre pour la solution de ces questions.

1

La première difficulté qui se présente, c'est celle de savoir quel est le point de départ de la mise en vigueur de cette loi, à partir de quel jour elle doit être réputée exécutoire dans les divers points de la France.

Cette question est résolue par l'article 1er du Code Napoléon et par l'Ordonnance du 27 novembre 1816 :

Art. 1er, Code Napoléon : « Les lois sont exécu-
» toires dans tout le territoire français, en vertu
» de la promulgation qui en est faite par l'Empe-
» reur. Elles seront exécutées dans chaque partie
» de l'Empire, du moment où la promulgation en
» pourra être connue.

» La promulgation faite par l'Empereur sera
» réputée connue dans le département de la rési-
» dence impériale, un jour après celui de la pro-
» mulgation ; et dans chacun des autres départe-
» ments, après l'expiration du même délai, aug-
» menté d'autant de jours qu'il y aura de fois dix
» myriamètres (environ vingt lieues anciennes),
» entre la ville où la promulgation en aura été faite
» et le chef-lieu de chaque département. »
Ordonnance du 27 novembre 1816 :
Art. 1er « A l'avenir, la promulgation des lois
» et de nos ordonnances résultera de leur insertion
» au Bulletin officiel.

» Art. 2. Elle sera réputée connue, conformé-

» ment à l'article 1er du Code civil, un jour après
» que le *Bulletin des Lois* aura été reçu de l'impri-
» merie royale par notre Chancelier Ministre de la
» Justice, lequel constatera sur un registre l'époque
» de la réception.

» ART. 3. Les lois et ordonnances seront exécu-
» toires, dans chacun des autres départements
» du Royaume, après l'expiration du même délai
» augmenté d'autant de jours qu'il y aura de fois
» dix myriamètres (environ vingt lieues ancien-
» nes), entre la ville où la promulgation en aura
» été faite et le chef-lieu de chaque département,
» suivant le tableau annexé à l'arrêté du 25 ther-
» midor, an xi (13 juillet 1803).

» ART. 4. Néanmoins, dans les cas et les lieux
» où nous jugerons convenable de hâter l'exécu-
» tion, les lois et ordonnances seront censées pu-
» bliées et seront exécutoires du jour qu'elles seront
» parvenues au Préfet, qui en constatera la récep-
» tion sur un registre. »

Le n° du *Bulletin des Lois*, qui renferme la loi
du 13 mai 1863, a été reçu au ministère de la justice le premier juin suivant (*Bull.*, 1863, n° 1120,
p. 968).

Il résulte des dispositions qui précèdent, que
cette loi n'a été exécutoire, à Paris, qu'un jour après
cette date, et dans les départements qu'après l'expiration du même délai, augmenté d'autant de jours

qu'il y a de fois dix myriamètres entre Paris et le chef-lieu de chaque département.

Le dernier délai est fixé spécialement à quinze jours pour la Corse par l'ordonnance du 7 juillet 1824.

Ici se présente la question de savoir ce que la loi entend par cette expression « *un jour après la promulgation de la loi.* » S'agit-il d'un jour franc? Ou au contraire le lendemain de la réception du *Bulletin des Lois* à la Chancellerie est-il *le jour* après cette réception dont parle l'article 1er du Code civil? A ne s'arrêter qu'au texte, il semble que l'on devrait résoudre affirmativement cette dernière question. Mais si cette solution était vraie, le délai ne serait pas sérieux. La loi reçue à minuit moins une minute à la Chancellerie serait exécutoire à minuit une minute. Autant ne pas établir de délai. Les mots « *après l'expiration du même délai,* » écrits dans l'art. 1er du Code Napoléon démontrent que telle n'a pas été l'intention du législateur. Aussi le Conseil d'Etat a-t-il tranché la question dans le sens contraire et décidé qu'un jour franc devait s'écouler entre la promulgation et l'exécution de la loi (Avis du 24 février 1817, Sirey, C. N., 10).

Il résulte de là que la loi du 13 mai 1863, reçue le 1er juin au ministère de la justice, n'a été exécutoire dans le département de la Seine que le trois du même mois.

Dans les autres départements, la même loi a été exécutoire après ce même délai d'un jour, augmenté d'un autre jour par dix myriamètres de distance entre Paris et le chef-lieu de chaque département.

Mais que décider dans le cas où la distance d'un chef-lieu à Paris serait moindre de dix myriamètres ou égale à un multiple de dix myriamètres, augmenté d'une fraction de cette distance? La fraction de dix myriamètres devrait-elle être négligée ou au contraire faudrait-il augmenter le délai d'un jour comme si les dix myriamètres étaient complets.

Cette seconde solution nous paraît incontestablement devoir être préférée. Si la loi présume qu'il faut tant de jours aux courriers qui portent la loi nouvelle, pour parcourir tant de multiples de dix myriamètres, c'est qu'elle pense qu'il leur serait impossible de faire plus de chemin dans le même temps. Si vous allongez le chemin, ne fût-ce que d'un kilomètre, sans augmenter le délai destiné à le parcourir, la présomption est que le courrier n'aura pas le temps d'arriver, et comme la loi n'admet pas en pareille matière d'augmentation du délai par fractions de jour, on est nécessairement amené à le prolonger d'un jour entier. Cette opinion a été consacrée par l'Ordonnance du 7 juillet 1824 qui a fixé à 15 jours le délai spécial à la Corse dont le chef-lieu, Ajaccio, est déclaré distant de Paris de 145 myriamètres 5 kilomètres. Elle est adoptée par la jurisprudence et par la plupart des auteurs (Cass., 16 avril 1831, S. 31, 1, 209 ; — 23 avril 1831, Dal. pér., 31, 1, 214. — Demolombe, t. Ier, n° 27 ; Duvergier sur Toullier, t. Ier, p. 44 ; Crémieux et Balson, *Code des Codes*, t. II, p. 14, note ; Richelot, *Principes de droit civil*, t. Ier, n° 17, note 5 ; Levasseur, *Port. dispen.*, n° 200 ; — Voyez cependant *Contra* : Sénatus-consulte du 15 brumaire, an XIII, Sir., 5, 2, 214 ; — Delvincourt, t. Ier, p. 183 ; Duranton, t. 1er, n° 46, à la note ; Zacharie, t. Ier, § 26, n° 6 ; Valette sur Proudhon, t. Ier, p. 18 ; Marcadé, *Eléments du droit civil*, sur l'art. 1er, C. N.) (1).

(1) Ces règles posées, nous croyons qu'il ne sera pas inutile de donner, en les mettant en pratique, le tableau des jours où la loi du 15 mai 1863 a commencé à être exécutoire dans chaque département de l'Empire. Les distances de Paris à chaque chef-lieu ont été fixées par le décret du 4 août 1860 pour Annecy ; par les ordonnances des 7 juillet 1824, 1er novembre 1826, 12 juin 1854, pour Ajaccio, Montauban et la Rochelle ; par l'arrêté du 25 thermidor an XI, pour tous les autres chefs-lieux, y compris Nice et Chambéry qui faisaient partie à cette époque du territoire français.

DÉPARTEMENTS.	CHEFS-LIEUX.	DISTANCES en kilomètres	JOUR où la loi a été exécutoire.
Ain	Bourg	432	8 juin.
Aisne	Laon	127	5
Allier	Moulins	289	6
Alpes (Basses-)	Digne	755	11
Alpes (Hautes-)	Gap	665	10
Alpes-Maritimes	Nice	960	13
Ardèche	Privas	606	10
Ardennes	Mézières	234	6
Ariège	Foix	752	11
Aube	Troyes	159	5
Aude	Carcassonne	765	11

Nous avons fixé les règles d'après lesquelles on doit déterminer le moment où la loi qui nous occupe, est devenue exécutoire dans chaque département français.

Ici se présente la question de savoir si cette date

DÉPARTEMENTS.	CHEFS-LIEUX.	DISTANCES en kilomètres	JOUR où la loi a été exécutoire.
Aveyron......	Rhodez......	692	10 juin.
Bouches-du-Rhône......	Marseille......	813	12
Calvados......	Caen......	263	6
Cantal......	Aurillac......	539	9
Charente......	Angoulême......	454	8
Charente-Inférieure......	La Rochelle......	460	8
Cher......	Bourges......	233	6
Corrèze......	Tulle......	461	8
Corse......	Ajaccio......	1455	18
Côte-d'Or......	Dijon......	305	7
Côtes-du-Nord......	Saint-Brieuc......	446	8
Creuse......	Guéret......	428	8
Dordogne......	Périgueux......	472	8
Doubs......	Besançon......	396	7
Drôme......	Valence......	560	9
Eure......	Evreux......	104	5
Eure-et-Loir......	Chartres......	92	4
Finistère......	Quimper......	623	10
Gard......	Nîmes......	702	11
Garonne (Haute-)......	Toulouse......	669	10
Gers......	Auch......	743	11
Gironde......	Bordeaux......	573	9
Hérault......	Montpellier......	752	11
Ille-et-Vilaine......	Rennes......	346	7
Indre......	Châteauroux......	259	6
Indre-et-Loire......	Tours......	242	6
Isère......	Grenoble......	568	9
Jura......	Lons-le-Saulnier...	411	8
Landes......	Mont-de-Marsan...	702	11
Loir-et-Cher......	Blois......	181	5
Loire......	Montbrison......	443	8
Loire (Haute-)......	Le Puy......	505	9
Loire-Inférieure......	Nantes......	389	7
Loiret......	Orléans......	123	5
Lot......	Cahors......	558	9
Lot-et-Garonne......	Agen......	714	11
Lozère......	Mende......	566	9
Maine-et-Loire......	Angers......	300	6
Manche......	Saint-Lô......	326	7
Marne......	Châlons......	164	5
Marne (Haute-)......	Chaumont......	247	6
Mayenne......	Laval......	281	6
Meurthe......	Nancy......	334	7
Meuse......	Bar-le-Duc......	251	6

sera toujours le point de départ de l'application de cette loi, si celle-ci ne pourra pas dans certaines circonstances être étendue à des faits antérieurs; en un mot, si elle n'aura jamais d'effet rétroactif. Les principes sont posés en cette matière de la manière la plus absolue par les textes suivants :

Art. 2, C. N. : « La loi ne dispose que pour » l'avenir; elle n'a point d'effet rétroactif. »

Art. 4, C. p. : « Nulle contravention, nul délit, » nul crime, ne peuvent être punis de peines qui

DÉPARTEMENTS.	CHEFS-LIEUX.	DISTANCES en kilomètres	JOUR où la loi a été exécutoire.
Morbihan	Vannes	500	8 juin.
Moselle	Metz	308	7
Nièvre	Nevers	236	6
Nord	Lille	236	6
Oise	Bauvais	88	4
Orne	Alençon	491	5
Pas-de-Calais	Arras	493	5
Puy-de-Dôme	Clermont	384	7
Pyrénées (Basses-)	Pau	781	11
Pyrénées (Hautes-)	Tarbes	815	12
Pyrénées-Orientales	Perpignan	888	12
Rhin (Bas-)	Strasbourg	464	8
Rhin (Haut-)	Colmar	481	8
Rhône	Lyon	466	8
Saône (Haute-)	Vesoul	354	7
Saône-et-Loire	Mâcon	399	7
Sarthe	Le Mans	211	6
Savoie	Chambéry	565	9
Savoie (Haute-)	Annecy	613	10
Seine	Paris	»	3
Seine-Inférieure	Rouen	137	5
Seine-et-Marne	Melun	46	4
Seine-et-Oise	Versailles	21	4
Sèvres (Deux-)	Niort	416	8
Somme	Amiens	128	5
Tarn	Alby	657	10
Tarn-et-Garonne	Montauban	633	10
Var	Draguignan	890	12
Vaucluse	Avignon	707	11
Vendée	Napoléon	447	8
Vienne	Poitiers	343	7
Vienne (Haute-)	Limoges	380	7
Vosges	Epinal	381	7
Yonne	Auxerre	168	5

„ n'étaient pas prononcées par la loi avant qu'ils
» fussent commis. »

Il semble résulter de la généralité de ces textes
qu'aucune loi pénale ne pourra jamais être étendue
rétroactivement à des faits antérieurs au jour où
elle est devenue exécutoire. Ce serait pourtant une
erreur que de le décider ainsi. La jurisprudence a
constamment fait une exception à cette règle en
matière pénale. Elle a invariablement jugé que les
lois pénales pouvaient avoir un effet rétroactif
quand elles étaient favorables aux accusés, quand
leurs dispositions étaient plus douces que celles des
lois anciennes (Cass., 19 février 1813, S., 17, 1,
328; — 9 juillet 1813, *Bull.*, p. 377; — 1er oct.
1813, S., 14, 1, 16; — 13 février 1814, S. 15, 1,
59). Ce principe a même été plusieurs fois consacré
par notre législation (V. Code pénal de 1791, art.
dernier; — Avis du Conseil d'Etat du 29 prairial,
an VIII; — Décret du 23 juillet 1810; — Loi du
8 juin 1850, art. 8).

Il résulte de là qu'il est impossible de dire, en
thèse et à priori, si la loi qui nous occupe, a ou n'a
pas d'effet rétroactif. Cette question doit être posée
sous chacune de ses dispositions nouvelles. Nous
nous demanderons en les examinant successivement
si elles aggravent ou si elles améliorent la situation
des coupables. Dans le premier cas, elles ne pourront pas avoir d'effet rétroactif; dans le second,

elles pourront être appliquées aux faits antérieurs à leur promulgation.

<table>
<tr><td align="center">TEXTE ANCIEN.</td><td align="center">TEXTE NOUVEAU.</td></tr>
<tr><td>Des peines de la récidive pour crimes et délits.</td><td>Des peines et des autres condamnations qui peuvent être prononcées pour crimes ou délits.</td></tr>
</table>

Le législateur de 1863 n'a pas répété l'intitulé du chapitre IV du livre Ier du Code pénal. Et, chose remarquable, il a placé ses nouveaux articles 57 et 58 sous le titre du chapitre III : « Des peines » et des autres condamnations qui peuvent être » prononcées pour crimes ou délits. » Est-là le résultat d'une erreur ? Et les rédacteurs de la nouvelle loi n'auraient-ils point confondu le chapitre IV avec le chapitre III dans une lecture trop précipitée ? Nous ne pouvons pas l'admettre ; et encore bien qu'aucun document officiel ne nous ait révélé la portée de cette innovation, nous croyons qu'elle ne peut s'expliquer que d'une seule manière. Il nous paraît en résulter que la division, désignée sous le nom de chapitre IV, et son intitulé disparaissent, et que les trois articles 56, 57 et 58 font dorénavant partie du chapitre III.

Cette distribution nouvelle de ces articles est-elle plus logique que l'ancienne ? Il n'est pas d'un grand intérêt d'approfondir cette question. Un point hors de doute, c'est que l'intitulé de l'ancien chapitre IV était contenu dans celui du chapitre III; car *les peines de la récidive pour crimes et délits* font certainement partie *des peines et des autres condamnations qui peuvent être prononcées pour crimes ou délits.* Il nous semble que le législateur nouveau a voulu faire disparaître ce léger défaut de rédaction. Mais, d'un autre côté, l'intitulé du chapitre III qu'il a seul conservé, est-il bien satisfaisant? Est-il suffisamment clair et précis? En quoi diffère-t-il du titre même du livre Ier : « *Des peines en matière* « *criminelle et correctionnelle et de leurs effets?* » Par ces seuls mots « *qui peuvent être prononcées,* » lesquels semblent indiquer que dans ce chapitre il ne s'agit que de peines facultatives. Mais la surveillance, les restitutions et indemnités civiles, la contrainte par corps, la solidarité, les peines de la récidive sont-elles donc toujours et dans tous les cas des peines ou des condamnations facultatives?

Nous ne croyons donc pas heureuse l'innovation introduite dans les divisions du livre Ier du Code pénal. Nous regrettons cette quatrième division qui nous semble supprimée pas la loi nouvelle, et qui avait au moins le mérite d'être claire, précise, et surtout, d'isoler et de mettre en saillie les articles du Code pénal qui traitent de la récidive, articles dont l'usage est malheureusement trop fréquent.

ART. 57.

<table>
<tr><td>TEXTE ANCIEN.</td><td>TEXTE NOUVEAU.</td></tr>
<tr><td>

Quiconque ayant été condamné pour un crime, aura commis un délit de nature à être puni correctionnellement, sera condamné au maximum de la peine portée par la loi, et cette peine pourra être élevée jusqu'au double.

</td><td>

Quiconque ayant été condamné pour crime *à une peine supérieure à une année d'emprisonnement,* aura commis un délit ou *un crime qui devra n'être puni que de peines correctionnelles,* sera condamné au maximum de la peine portée par la loi, et cette peine pourra être élevée jusqu'au double.

Le condamné sera de plus mis sous la surveillance spéciale de la haute police pendant cinq ans au moins et dix ans au plus.

</td></tr>
</table>

Cet article introduit trois innovations dans le texte ancien du Code pénal :

Il y aura récidive, dans le cas où la première condamnation aura été motivée par un fait qualifié crime, mais puni d'une peine correctionnelle supérieure à une année d'emprisonnement.

Il y aura encore récidive, dans le cas où la seconde condamnation sera motivée par un fait qualifié crime, mais puni seulement de peines correctionnelles.

Enfin, dans tous les cas prévus par cet article, le condamné sera soumis à la surveillance de la haute police.

Examinons successivement ces trois modifications de l'ancien article 57.

Et d'abord nous disons qu'il y aura récidive dans le cas où la première condamnation aura été motivée par un fait qualifié crime, mais puni d'une peine correctionnelle supérieure à une année d'emprisonnement : « *Quiconque ayant été condamné* » *pour crime à une peine supérieure à une année* » *d'emprisonnement......* »

L'innovation introduite ici a pour but de résoudre une difficulté qu'avait soulevée la rédaction du Code pénal de 1810, modifiée par la loi du 28 avril 1832.

Les articles 56 et 57 du Code de 1810 commençaient par ces mots : « *Quiconque ayant été con--* » *damné pour un crime.* » Cette rédaction vague avait fait naître la question de savoir s'il y aurait lieu aux aggravations de peines prononcées par ces articles, dans le cas où un individu condamné pour crime à une peine correctionnelle commettrait plus tard un crime ou un délit. La Cour de cassation avait décidé l'affirmative (18 janvier 1827, *Bull.* n° 21 ; — 10 avril 1828, *Bull.* n° 103 ; — 17 janvier 1833, *Journal du dr. crim.*, 1833, p. 69 ; — 3 mars 1831, *Bull.* n° 36).

Cette question avait été tranchée dans les cas prévus par l'article 56, lors de la réforme de 1832. Depuis cette époque, cet article ne donnait plus lieu

à aucune équivoque; il commençait par ces mots :
« *Quiconque , ayant été condamné à une peine*
» *afflictive ou infamante.....* » Il était donc certain
que la récidive de l'article 56 n'avait pas lieu quand
la première condamnation, encore bien qu'elle fût
prononcée pour un crime, n'avait infligé au coupable que des peines correctionnelles. Mais par
une anomalie qui peut paraître étrange au premier
abord et que M. Faustin Hélie ne croit pouvoir
expliquer que par une trop grande précipitation
dans le travail des réformateurs de 1832, l'équivoque, supprimée dans l'article 56, demeurait dans
l'article 57. On avait dans ce dernier texte laissé
subsister ces mots de la rédaction primitive : « *Qui-*
» *conque ayant été condamné pour un crime....* »

La Cour de cassation, obligée depuis 1832
d'abandonner sa jurisprudence antérieure dans les
cas prévus par l'article 56, l'avait, par suite, conservée dans ceux prévus par l'article 57 (17 janvier
1833, *Journal du dr. crim.*, 1833, p. 69. — 27 juin
1833, *Bull.*, n° 244; — 6 avril 1838, *Bull.* 94.
— 2 juin 1342, *Bull.*, 132. — 16 mars 1844,
Bull., 105. — 28 août 1845, *Bull.* 273). Elle décidait toujours que la qualification était donnée au
fait incriminé par l'arrêt de la chambre d'accusation et que la décision de la cour d'assises ne pouvait la modifier qu'au cas où elle aurait écarté les
circonstances qui donnaient à ce fait le caractère de

crime. Cette jurisprudence avait été vivement critiquée par M. Faustin Hélie (*Théorie du code pénal*, t. 1er, p. 312 et suiv.). Le savant commentateur se séparait sur ce point de la cour où il occupe une si grande place, pour deux motifs principaux. Il soutenait : 1º que la loi de 1832, en modifiant l'article 56, l'avait interprété, et que l'interprétation donnée aux anciens termes de cet article faisait connaître l'esprit du législateur et devait s'appliquer également à l'article 5 ; 2º que, l'article Ier du Code pénal qualifiant seulement de crimes les faits punis de peines afflictives ou infamantes, on violait cet article en comprenant sous le nom de crimes des faits punis de peines correctionnelles.

Deux réponses qui nous paraissent d'une grande force, pouvaient être faites à cette opinion : 1º rien ne prouvait que le législateur de 1832 eût passé à la légère sur l'article 57, comme l'affirmait M. Faustin Hélie. Il est au moins vraisemblable qu'il connaissait la jurisprudence antérieure ; que s'il avait trouvé sévère d'appliquer les peines de la récidive, prononcées par l'article 56 à l'individu condamné pour crime à une peine correctionnelle qui commettait ensuite un second crime dont la peine devait être supérieure à celle du premier, il lui avait semblé très-juste, au contraire, de lui appliquer les peines de l'article 57, comme le faisait la jurisprudence en cas de délit postérieur, alors qu'une peine inférieure à la première aurait pu être prononcée. Voilà pourquoi il n'avait pas modifié l'article 57 ; et s'il avait interprété l'article 56, son silence relativement à l'article suivant, interprétait ce dernier en sens contraire ; 2° l'article 1er du Code pénal ne nous paraissait pas fournir un argument concluant contre la jurisprudence de la Cour suprême. Sans doute, d'après ce texte, il n'y a de crimes que les faits punis de peines afflictives et infamantes. Mais le législateur entend par là les peines établies par le Code et non point celles prononcées par les tribunaux. L'individu coupable d'un vol qualifié crime et punissable, d'après le Code, des travaux forcés à temps, n'est pas l'auteur d'un délit par cela seul que l'admission des circonstances atténuantes a permis à la Cour de ne lui infliger que des peines correctionnelles. Il reste toujours coupable d'un vol qualifié crime; seulement ce crime est puni avec indulgence. La qualification légale du crime et la peine prononcée sont choses essentiellement différentes. Ce qui, aux termes de l'article 1er du Code pénal, influe sur la qualification, c'est la peine applicable; ce n'est point la peine appliquée. L'article 326 du Code pénal le prouve jusqu'à l'évidence, en conservant au fait puni de l'emprisonnement correctionnel, par suite d'une excuse, la qualification de crime.

La théorie de M. Faustin Hélie nous paraissait

donc discutable. Toutefois le législateur de 1863 a pensé avec raison que l'autorité de ce savant magistrat pouvait faire naître des incertitudes dans la doctrine, amener même un revirement dans la jurisprudence, et il a préféré trancher la question en consacrant définitivement l'interprétation constamment admise depuis 1810 par la cour de cassation.

Rien ne nous paraît mieux motivé que cette disposition nouvelle de la loi. L'opinion de M. Faustin Hélie, si elle avait triomphé, n'aurait abouti à rien moins qu'à affranchir des peines de la récidive l'individu qui, condamné pour crime à une peine correctionnelle, aurait depuis commis un délit ou un nouveau crime de nature à être puni de peines corretionnelles. Aucun des articles 56, 57 et 58 ne lui aurait été applicable. Et cependant on l'aurait puni des peines de la récidive, s'il eût été condamné antérieurement à une peine afflictive ou infamante pour un crime ou à un emprisonnement de plus d'une année pour un délit! Ce résultat eût été tellement irrationnel qu'il ne pouvait être admis un instant par le nouveau législateur.

Ceci posé, il nous paraît nécessaire de préciser le sens de ces expressions : « *Quiconque ayant été* » *condamné pour un crime à une peine supérieure* » *à une année d'emprisonnement.* »

Remarquons tout d'abord que la loi nouvelle s'est montrée plus indulgente que l'ancienne, en exigeant que la condamnation pour crime fût supérieure à une année d'emprisonnement. L'article 463 permettant de descendre jusqu'à cette limite, les cours d'assises auront désormais la faculté de placer les condamnés dans une situation telle que, s'ils retombent dans une nouvelle faute, ils ne seront pas atteints par les peines de la récidive. Cette possibilité n'existait pas sous l'empire de l'ancien article 57. Toute condamnation pour crime donnait lieu à l'application des peines de la récidive dans les hypothèses prévues par cet article.

Examinons maintenant dans quels cas un crime peut n'être puni que de peines correctionnelles. Cela peut arriver dans cinq cas seulement : 1° Lorsqu'un fait d'excuse est prouvé, conformément à l'article 326 du Code pénal ; 2° Lorsque les circonstances aggravantes sont écartées par le jury, ce qui, à proprement parler, transforme le crime en délit ; 3° Lorsque par suite de la promulgation d'une loi nouvelle, devenue exécutoire depuis l'arrêt de renvoi devant la cour d'assises, le fait qualifié crime est devenu un simple délit ; 4° Lorsque le crime ayant été commis par un mineur de seize ans, la peine prononcée par la loi se change en un emprisonnement correctionnel, par application de l'article 67 du Code pénal ; 5° Enfin, lorsque l'admission des circonstances atténuantes permet à la cour d'assises d'abaisser la peine prononcée par la loi au niveau des peines correctionnelles par application de l'article 463 du Code pénal.

Dans toutes ces hypothèses, l'article 57 sera-t-il applicable, si le condamné commet un nouveau délit ou un crime qui devra n'être puni que de peines correctionnelles ? Dans quelques unes d'entre elles, ne devra-t-on pas plutôt appliquer l'article 58, la récidive étant alors, à proprement parler, de délit à délit et non de crime à délit ? Il est bon de rappeler ici que ces expressions de l'article 58, maintenues par la loi nouvelle « les coupables con- » damnés correctionnellement à un emprisonnement » de plus d'une année » ont constamment été entendues en ce sens que la nature de la juridiction qui prononçait la peine correctionnelle n'avait aucune influence sur la récidive, mais qu'il fallait uniquement s'attacher à la qualification légale du fait et à la peine prononcée (Faustin Hélie, t. Ier, p. 317. — Cass., 19 oct. 1833, *Journal du dr. crim.*, 1833, p. 353). Ce que nous avons à faire, c'est donc de déterminer la part de chacun des articles 57 et 58, d'examiner dans quels cas la première condamnation devra être réputée prononcée pour crime, dans quels cas au contraire elle sera prononcée correctionnellement.

Il nous paraît bien évident tout d'abord que l'article 58 n'a jamais voulu désigner par ces mots *condamnés correctionnellement* les individus condamnés pour un crime à un emprisonnement correctionnel qui étaient atteints par l'ancien article 57, interprété par la jurisprudence, et qui le sont aujourd'hui par le texte nouveau de cet article. Ces derniers ne sont pas condamnés correctionnellement; ils le sont criminellement. Il est vrai que la peine qui leur est infligée, est correctionnelle; mais c'est une faveur qui leur est accordée et qui ne change ni la nature ni la qualification du fait dont ils sont coupables. La Cour de cassation leur a toujours appliqué l'article 57, jamais l'article 58. M. Faustin Hélie combat encore sur ce point la jurisprudence de la Cour suprême (t. Ier, p. 317); mais son opinion ne paraît pas avoir prévalu, et elle est condamnée ici par la loi nouvelle, comme elle l'a été dans la réformation de l'article 57.

Il faut donc pour que l'article 58 soit applicable, que la première condamnation soit prononcée correctionnellement, c'est-à-dire, par un tribunal, quel qu'il soit, statuant correctionnellement, statuant sur une matière correctionnelle. Dans tous les autres cas, on rentre sous l'application de l'article 57.

Ces préliminaires posés, reprenons l'examen de nos cinq hypothèses dans lesquelles la première condamnation, qui, d'après l'acte d'accusation semblait devoir porter sur un crime, n'a cependant prononcé que des peines correctionnelles.

Dans la première, un fait d'excuse a été prouvé, conformément à l'article 326 du Code pénal. Dans ce cas, nous n'hésitons pas à penser que c'est l'article 57 et non l'article 58 qui est applicable. Le récidiviste a été condamné la première fois non pas correctionnellement, mais à une peine correctionnelle, ce qui est bien différent. Il a été condamné criminellement, à raison d'un crime, déclaré excusable, c'est vrai, mais qui ne perdait pas pour cela sa nature et sa qualification de crime. Nous sommes donc complètement dans les termes de l'article 57, nullement dans ceux de l'article 58.

Dans la seconde hypothèse, les circonstances aggravantes ont été écartées par le jury; le fait est devenu un simple délit. Dans ce cas, nous pensons au contraire que l'article 58 devra être appliqué au condamné en état de récidive. Nous savons bien que l'on pourrait dire que la qualification est donnée au fait par l'arrêt de la Chambre des mises en accusation et que le coupable est, dans cette hypothèse, jugé et condamné pour un fait qualifié crime. Mais cette argumentation ne nous paraîtrait pas décisive. Sans doute l'arrêt de la Chambre d'accusation a force de chose jugée quant à la qualification des faits et à la position des questions devant la Cour d'assises. Mais son autorité disparaît lorsque le verdict du jury est rendu, parce que toutes ses injonctions sont accomplies, parce qu'il est complétement exécuté. Il n'avait force de chose jugée que pour la qualification provisoire du fait devant le jury. La qualification définitive est donnée par l'arrêt de la Cour d'assises, rendu en exécution du verdict. Lorsque ce verdict a écarté les circonstances aggravantes, la Cour déclare l'accusé coupable, non pas d'un crime, mais d'un délit. Elle vise des lois qui prononcent des peines correctionnelles, et non des lois qui prononcent des peines afflictives et infamantes. Elle condamne l'accusé *correctionnellement*. Nous sommes donc ici dans les termes de l'article 58, non plus dans ceux de l'article 57.

La même solution nous paraît devoir être adoptée dans notre troisième hypothèse, lorsque par suite de la promulgation d'une loi nouvelle devenue exécutoire depuis l'arrêt de renvoi devant la Cour d'assises, le fait qualifié crime est devenu simple délit. Evidemment, la condamnation prononcée dans ce cas ne l'est point à raison d'un crime. Elle est prononcée *correctionnellement;* c'est l'article 58 qui doit être appliqué.

Notre quatrième hypothèse est celle où le crime ayant été commis par un mineur de seize ans, la peine prononcée par la loi s'est changée en un emprisonnement correctionnel, par application de l'article 67 du Code pénal.

On pourrait nier que dans ce cas il y ait jamais lieu à l'application des peines de la récidive. En effet, l'article 67 porte que le mineur de seize ans qui a agi avec discernement, sera *renfermé dans une maison de correction*. Il semble que ce soit là une peine particulière, différente de l'emprisonnement correctionnel ordinaire, et que dès lors on ne soit plus dans les termes des articles 57 et 58, qui supposent que la première condamnation a prononcé cette dernière peine.

Ce serait à notre avis une erreur de le penser. Il nous paraît évident que l'article 67 a entendu substituer l'emprisonnement correctionnel ordinaire aux peines afflictives ou infamantes encourues par le jeune condamné. Dans son premier paragraphe il se sert même du mot *emprisonnement*. Il est vrai qu'il décide que la peine d'emprisonnement sera subie dans une maison de correction. Mais c'est là une mesure d'ordre, d'administration, d'exécution de la peine qui n'en change nullement la nature. La loi pénale française ne connaît pas d'autres peines que celles qui sont énumérées dans les articles 7, 8, 9, 10 et 11 du Code pénal. Elle n'a pas établi d'emprisonnement spécial pour les mineurs de seize ans. La peine que prononce contre eux l'article 67 est l'emprisonnement correctionnel ordinaire établi par l'article 9, *l'emprisonnement à temps dans un lieu de correction*. Ces mots ne lèvent-ils pas toute difficulté !

Il y aura donc lieu à l'application des peines de

la récidive si le mineur de seize ans, condamné une première fois pour crime, tombe en récidive.

Mais lequel de nos articles devra lui être appliqué ? Sera-ce l'article 57 ? Il a été condamné pour un crime. Ne sera-ce point plutôt l'article 58 ? Il a été condamné correctionnellement. Nous sommes ici dans les termes de nos deux articles à la fois, et cela rend la question assez délicate.

Nous croyons cependant qu'il y aura lieu d'appliquer l'article 57. Le mineur de seize ans, coupable d'un crime, n'est pas condamné *correctionnellement*, à raison d'un délit, dans le sens que nous avons reconnu être celui de l'article 58. Il est condamné correctionnellement à raison d'un crime. Le jugement correctionnel a conservé cette qualification au fait qu'il a commis. Nous rentrons dans les termes et dans l'esprit de l'article 57.

Dans la dernière hypothèse que nous avons à examiner, lorsque l'admission des circonstances atténuantes permet à la Cour d'assises d'abaisser la peine prononcée par la loi jusqu'au niveau des peines correctionnelles par application de l'article 463 du Code pénal, la question qui nous occupe, ne nous paraît faire aucune difficulté. Nonobstant l'opinion isolée de M. Faustin Hélie, il nous paraît certain que la condamnation en pareille circonstance ne saurait jamais être réputée rendue correctionnellement. La nouvelle rédaction de l'article 57 tranche la question. C'est principalement en vue de cette hypothèse qu'ont été employées ces expressions : « *Quiconque, ayant été condamné* » *pour un crime à une peine supérieure à une année* » *d'emprisonnement...* » Sans nul doute, ce sera donc l'article 57 qui sera applicable.

On se demandera peut-être pourquoi nous avons examiné cette question avec tant de détails. Il semble en effet qu'elle ait peu d'intérêt puisque les peines prononcées par l'article 57 et 58 sont absolument les mêmes. Peu importe, dira-t-on, d'appliquer l'un ou l'autre de ces articles. (Faust. Hélie, t. I, p. 318) (1). Cette question ne nous semble pas aussi dénuée d'importance qu'elle peut le paraître à première vue. Les tribunaux, pour prononcer les peines de la récidive, sont obligés de viser les dispositions de loi qu'ils appliquent (Art. 163 et 369, instr. crim.) Dans le doute, ils ne peuvent évidemment viser à la fois les deux articles 57 et 58. Cela ne serait pas sérieux. Et d'un autre côté, s'ils se trompaient, leur décision serait sujette à cassation. Il

(1) Et encore le savant commentateur du Code pénal a-t-il émis cette opinion en présence de l'ancien texte de nos deux articles, lesquels n'étaient rien moins qu'identiques, quant à la pénalité, puisque l'un soumettait le récidiviste à la surveillance et que l'autre ne l'y soumettait pas.

est donc très-important que leur opinion soit fixée sur l'article qu'ils doivent appliquer.

D'un autre côté, cette question pourra être encore d'un grand intérêt au point de vue de la rétroactivité ou de la non-rétroactivité de la nouvelle loi. Lorsque les tribunaux reconnaîtront que le fait qu'ils auront à juger, antérieur à la promulgation de cette loi, rentrera dans les termes de l'article 58, ils pourront lui appliquer cet article sans qu'il y ait rétroactivité. Mais lorsqu'ils reconnaîtront au contraire que ce fait rentrera dans les termes de l'article 57, ils ne pourront appliquer cet article qu'avec sa rédaction ancienne. Ils ne devront donner aucun effet rétroactif à ses dispositions nouvelles qui pourraient constituer une aggravation de la position du condamné.

Ceci nous amène à examiner une dernière question que pourra soulever cette première modification de l'article 57. Cette disposition devra-t-elle avoir un effet rétroactif?

A première vue, cette question pourrait être résolue négativement. On pourrait soutenir que dans l'ancienne législation l'article 57 ne s'appliquait pas au cas où la première condamnation n'avait pas prononcé une peine afflictive ou infamante, et qu'à ce point de vue, la disposition nouvelle aggraverait la situation de l'accusé. Cette solution devrait incontestablement être adoptée si l'on

admettait l'opinion de M. Faustin Hélie sur l'interprétation des premiers termes de l'ancien article 57. Mais nous avons insisté sur la réfutation
de cette théorie et sur la jurisprudence de la Cour
de cassation, précisément dans le but de faire
remarquer que la nouvelle rédaction ne changeait
rien au fond des choses et que la situation restait
la même. Le texte réformé ne fait qu'expliquer
l'ancien en en conservant le sens, que consacrer la
jurisprudence certaine de la Cour de cassation. Dès
lors, il devient inutile d'examiner si cette rédaction nouvelle aura un effet rétroactif. Peu importe
qu'elle en ait ou qu'elle n'en ait pas, puisqu'elle ne
diffère en rien de l'ancienne jurisprudence.

Passons maintenant à la seconde modification
introduite par la loi nouvelle : Dans l'hypothèse,
prévue par l'article 57, il y aura récidive, dans le
cas où la seconde condamnation sera motivée par
un fait qualifié crime « *qui devra n'être puni que*
» *de peines correctionnelles.* »

Il ne s'agit plus ici d'une interprétation de la loi,
de la consécration officielle d'une jurisprudence
anciennement établie, mais bien d'une disposition
entièrement nouvelle. Dans l'hypothèse de l'article 57, quand le second fait était un crime de
nature à être puni de peines correctionnelles, il n'y
avait pas lieu dans l'ancien système du Code à l'application des peines de la récidive. Les articles 57

et 58 n'étaient pas applicables dans ce cas puisqu'ils supposaient tous les deux que le second fait était un délit. Et quant à l'article 56, qui seul supposait que le second fait était un crime, il n'y était pas davantage applicable puisqu'il supposait que le premier fait avait été puni de peines afflictives ou infamantes. Là encore il y avait anomalie et oubli évident. Il était illogique de prononcer des aggravations de peines contre la récidive de crime à crime, de délit à délit et d'en affranchir la récidive de crime devenu délit à crime devenu délit, si l'on peut employer ces expressions. Il n'était pas possible de trouver une raison d'être à cet état de choses. Cette modification introduite par la loi nouvelle est donc parfaitement fondée et ne fait que donner au Code pénal plus de logique et d'harmonie.

Mais ici se présente une question qui sera souvent fort délicate dans la pratique : que doit-on entendre au juste par ces expressions de la loi nouvelle « *un crime qui devra n'être puni que de peines* » *correctionnelles.* » Cette question a d'autant plus d'importance qu'elle se présente également sous l'article 58 dont la nouvelle rédaction a répété ces mêmes expressions.

Nous savons que dans cinq cas seulement un crime peut n'être puni que de peines correctionnelles : 1º lorsque l'auteur du crime est un mineur de seize ans ; 2° lorsqu'un fait d'excuse est prouvé conformément à l'article 326 du Code pénal ; 3° lorsque les circonstances aggravantes sont écartées par le jury, ce qui, à proprement parler, transforme le crime en délit ; 4° lorsque, par suite de la promulgation d'une loi nouvelle devenue exécutoire depuis l'arrêt de renvoi devant la Cour d'assises, le fait qualifié crime est devenu un simple délit ; 5° enfin, lorsque l'admission des circonstances atténuantes permet à la Cour d'abaisser la peine prononcée par la loi au niveau des peines correctionnelles par application de l'article 463 du Code pénal.

Dans les quatre premiers cas, nulle difficulté d'interprétation. La peine du second crime, ou plutôt du délit nouveau, *devra* toujours être correctionnelle. Il y aura donc lieu, sans aucun doute, à l'application de l'article 57.

Dans le dernier cas, il y aura plus de difficulté. L'effet de l'admission des circonstances atténuantes et par suite de l'application de l'article 463 est d'abaisser la peine prononcée par la loi.

Si le crime entraîne la mort, les travaux forcés à perpétuité, la déportation dans une enceinte fortifiée, la déportation simple, la Cour ne peut abaisser la peine au niveau des peines correctionnelles ; et l'article 57 ne doit par conséquent jamais être appliqué.

Au contraire, si le crime entraîne la réclusion, la détention, le bannissement ou la dégradation civique, la Cour doit prononcer des peines correctionnelles. Dans cette hypothèse, l'article 57 doit être certainement appliqué. Nous rentrons dans ses termes : « un crime qui *devra* n'être puni que « de peines correctionnelles. » Mais que décider lorsque l'application de la peine correctionnelle est simplement facultative, c'est-à-dire, dans le cas où la peine prononcée par la loi étant celle des travaux forcés à temps, la Cour a le choix entre la peine de la réclusion ou les dispositions de l'article 401, sans toutefois pouvoir réduire la durée de l'emprisonnement au-dessous de deux ans ?

Pas de difficulté, si la Cour juge à propos d'appliquer les peines de la réclusion. La peine qu'elle prononce, en usant de son droit, est supérieure au maximum prononcé par l'article 57. Ce n'est point une peine correctionnelle. Cet article n'est donc point applicable. Et d'un autre côté, l'article 56 ne l'est pas non plus; car il ne faut pas perdre de vue que dans notre hypothèse le coupable n'a pas été condamné la première fois à une peine afflictive ou infamante.

En sera-t-il autrement si la Cour juge à propos d'appliquer au condamné les dispositions de l'article 401 ? Voilà un homme qui n'était pas récidiviste, si vous lui aviez appliqué, comme vous

le pouviez, une peine afflictive ou infamante. Va-t-il
le devenir par le fait seul de l'abaissement de la
peine ? Faudra-t-il lui faire l'application de l'article 57 ?

La négative pourrait être soutenue avec beaucoup de force : 1° cet article ne punit des peines
de la récidive que le crime qui *devra* n'être puni
que de peines correctionnelles; or le crime dont
nous nous occupons, ne *devra* pas être puni de ces
peines; il *pourra* l'être, ce qui est bien différent;
2° la disposition de l'article 57 est complétement
inutile en pareille circonstance. La Cour étant libre
d'appliquer, si elle le juge à propos, la peine de la
réclusion ou le maximum de la peine correctionnelle
portée par l'article 401, la répression est suffisamment assurée. Il n'est aucunement nécessaire d'im-
poser au juge l'obligation d'infliger au condamné
le maximum de la peine correctionnelle; ce serait
surabondant puisqu'il a le droit de lui infliger une
peine afflictive et infamante, c'est-à-dire une peine
supérieure au maximum correctionnel. La loi nouvelle elle même, nous le verrons bientôt, n'a point
admis la récidive de délit à crime punissable de
peines afflictives et infamantes parceque l'aggravation de la peine résultait de la nature même du fait
incriminé et qu'il était inutile dans cette hypothèse
d'aggraver la seconde peine que l'on savait devoir
être supérieure à la première. La même raison de

décider existe dans l'hypothèse que nous examinons ; en lui faisant application de l'article 57, en étendant cet article au cas de récidive de délit à crime , susceptible d'être puni de peines afflictives ou infamantes, on ne serait ni dans les termes ni dans l'esprit même de la loi ; 3° enfin , dans tous les travaux préparatoires, il a été souvent expliqué que le cas prévu par les rédacteurs des nouveaux articles 57 et 58 était celui où le crime dégénérait en délit par la peine qui lui était infligée (Rapport de la Commission. — Circulaire de S. E. M. le Garde des Sceaux. — Discours de M. Guyard-Delalain au Corps législatif). Or dans l'hypothèse d'un fait punissable de la peine des travaux forcés, le fait ne dégénère pas nécessairement en délit par l'admission des circonstances atténuantes. La Cour est libre de lui conserver son caractère de crime, ce qui n'existe pas dans tous les autres cas prévus par l'article 57. Les motifs du législateur ne sont donc point applicables à cette hypothèse.

Cette argumentation est d'une gravité incontestable. Cependant nous pensons que l'opinion contraire doit être admise : 1° Il est vrai que le genre de crime qui nous occupe, *pourra* seulement être puni de peines correctionnelles ; qu'il ne *devra* pas l'être, comme semblent l'exiger les termes des articles 57 et 58. Mais il ne faut pas pousser ici trop loin la rigueur de l'argument de texte. Sans doute, tant que la Cour n'aura pas décidé qu'elle abaisserait la peine de deux degrés, nous ne serons pas dans les termes de cet article. Mais une fois qu'elle aura jugé à propos de le faire, la nature de la peine applicable sera fixée. Le crime *devra* être puni de peines correctionnelles. Il aura dégénéré en délit pour l'application de la peine, comme le veulent le texte et l'esprit du législateur ; 2° Il serait inexact de dire que dans ce cas il y aurait récidive de délit à crime punissable de peines afflictives ou infamantes. La Cour ayant abaissé la peine de deux degrés, le crime n'est punissable que de peines correctionnelles ; il n'y a plus moyen de lui appliquer de peine afflictive ou infamante. Il n'est donc point inutile de fixer dans ce cas un minimum à la peine correctionnelle qui *devra* être prononcée ; 3° Si l'opinion contraire était vraie, dans notre hypothèse d'une condamnation aux travaux forcés à temps avec circonstances atténuantes, la peine pourrait descendre jusqu'aux dispositions de l'article 401 pourvu que la durée de l'emprisonnement ne fût pas inférieure à deux ans (art. 463, C. p.). Dans les autres hypothèses, les articles 57 et 58 étant applicables, le maximum de la peine correctionnelle devrait toujours être prononcé. Il y aurait là une contradiction singulière. Il serait extrêmement choquant que l'on pût abaisser la peine des travaux forcés à temps jusqu'à deux années d'em-

prisonnement et que pour toutes les peines inférieures à celle-ci, dans les cas prévus par les articles
57 et 58, on ne pût descendre au dessous de cinq
ans. Cette conséquence de la doctrine que nous
combattons, nous paraît en être la condamnation;
4° Est-il maintenant nécessaire d'ajouter que
rien dans les travaux et les discussions préparatoires, pas plus que dans les textes nouveaux, ne
permet de supposer que nos législateurs aient eu la
pensée d'établir une distinction, dans le cas des
articles 57 et 58, entre les différentes espèces de
crimes susceptibles d'être punis de peines correctionnelles.

Nous avons expliqué ce passage nouveau des
articles 57 et 58, en les considérant isolément. Nous
verrons, en étudiant l'article 463, que toutes les
questions qu'il soulève, ne sont pas encore résolues, et que la conciliation qu'il faut nécessairement
opérer entre nos deux articles et l'article 463, fait
naître dans l'interprétation des deux premiers textes
des incertitudes nouvelles, de presqu'insurmonta-
bles difficultés.

La disposition qui nous occupe, aura-t-elle un
effet rétroactif? En d'autres termes, les aggravations
de peines édictées par les articles 57 et 58 dans le
cas où le second fait est un crime qui devra n'être
puni que de peines correctionnelles, seront-elles
applicables à des faits antérieurs au jour où la loi

du 13 mai 1863 est devenue exécutoire ? Cette question nous paraît devoir être examinée dans les différentes hypothèses prévues par la disposition nouvelle.

Nous savons déjà que dans cinq cas seulement, un crime peut être puni de peines correctionnelles : 1° Lorsqu'un fait d'excuse est prouvé, conformément à l'article 326 du Code pénal ; 2° Lorsque l'auteur de ce crime est un mineur de seize ans ; 3° Lorsque les circonstances aggravantes sont écartées par le jury ; 4° Lorsque, par suite de la promulgation d'une loi nouvelle, devenue exécutoire depuis l'arrêt de renvoi devant la Cour d'assises, le fait qualifié crime est devenu un simple délit ; 5° Enfin lorsque l'admission des circonstances atténuantes permet à la Cour d'abaisser la peine prononcée par la loi au niveau des peines correctionnelles par application de l'article 463 du Code pénal.

Dans les deux premiers cas, la question nous paraît assez simple. Le second fait est toujours un crime. Il n'a pas perdu cette qualité qui lui avait été donnée par l'arrêt de renvoi. Telle est la jurisprudence de la Cour de cassation (17 janvier 1833, *Journal du dr. crim.*, 1833, p. 69). Les anciens articles 57 et 58 n'étaient point applicables au cas où le second fait était un crime. La loi nouvelle consacre donc une aggravation de peine dans cette hypothèse. Elle ne saurait avoir d'effet rétroactif.

La solution contraire nous paraît devoir être adoptée dans le troisième cas, lorsque les circonstances aggravantes ont été écartées par le jury, de manière à transformer le fait incriminé en un simple délit. Cette décision fixe définitivement la qualification de ce fait. La récidive a lieu dans cette hypothèse de crime correctionnel, ou de délit, à délit ; mais cette hypothèse était déjà prévue par les anciens articles 57 et 58. Ce n'est donc pas, à proprement parler, la législation nouvelle qui lui sera applicable, mais l'ancienne. A ce point de vue, la première n'aura pas ici d'effet rétroactif.

La quatrième hypothèse est plus compliquée : c'est celle où le fait, qualifié crime par l'arrêt de renvoi devant la Cour d'assises, est devenu un simple délit par suite de la promulgation d'une loi nouvelle devenue exécutoire depuis cet arrêt. Nul doute que cette loi ne lui soit applicable, puisqu'elle est favorable à l'accusé. Mais devrait-on se conformer également dans cette hypothèse aux dispositions nouvelles des articles 57 ou 58 ? Si la loi nouvelle doit être appliquée, ne doit-elle pas l'être avec toutes les modifications, avec toutes les aggravations qu'elle établit en cas de récidive ? Cette question nous paraît excessivement délicate, et vraisemblablement, si elle se présentait dans la pratique, les Cours d'assises en tiendraient compte à l'accusé. Il paraît singulier que l'application d'une loi qui lui est favorable, puisse autoriser l'effet rétroactif d'une disposition qui aggrave la situation de l'accusé, qui fait un récidiviste d'un homme qui ne l'aurait pas été auparavant. Cependant nous n'hésitons pas à penser que dans ce cas les dispositions nouvelles des articles 57 et 58 devraient être appliquées. A proprement parler, elles n'aggravent pas la situation du condamné. Il n'a pas à se plaindre. Si l'ancienne législation avait subsisté, il aurait été frappé d'une peine afflictive et infamante; la nouvelle, même aggravée par l'article 57 ou par l'article 58, ne le frappe que d'une peine correctionnelle. Son sort est toujours amélioré. Il est vrai qu'il l'aurait été davantage, si on ne lui avait appliqué qu'une partie de la législation nouvelle; mais l'ensemble de cette législation lui est avantageux; cela suffit. Est-il besoin d'ajouter une raison décisive : c'est que dans ce cas, comme dans celui qui précéde, le second fait est un délit, non plus un crime, et qu'alors, l'aggravation pour récidive résulte, à proprement parler, non pas de la disposition nouvelle qui nous occupe, mais du texte ancien qui prévoyait le cas où le second fait était un délit.

Que décider, dans notre cinquième hypothèse, lorsque l'admission des circonstances atténuantes permet à la Cour d'assises de faire descendre la peine prononcée par la loi jusqu'au niveau des peines correctionnelles par application de l'article 463 du

Code pénal ? Evidemment, dans ce cas, la disposition qui nous occupe, ne devra pas être appliquée ; sous la législation ancienne, il n'y avait pas là récidive dans le sens légal du mot ; aucune aggravation de peine n'avait lieu dans cette hypothèse. Lui appliquer la loi nouvelle, ce serait donner à celle-ci un effet rétroactif préjudiciable à l'accusé.

Il nous reste à étudier la troisième disposition » nouvelle de l'article 57 : « *Le condamné sera* » *de plus mis sous la surveillance spéciale de la* » *haute police pendant cinq ans au moins et dix* » *ans au plus.* »

Cette disposition a été l'objet de critiques assez vives dans la discussion au Corps législatif. La commission avait demandé que, dans l'hypothèse de l'article 57, la surveillance fût rendue facultative par la substitution du mot « *pourra* » au mot « *sera.* » Cet amendement a été rejeté par le Conseil d'Etat ; et le vote définitif a consacré la rédaction première. Il est donc certain aujourd'hui que lorsque l'article 57 est applicable, la surveillance doit toujours être prononcée. Nous verrons plus loin, en étudiant l'article 463, l'influence que peut avoir l'application de cet article sur la peine de la surveillance prononcée en vertu de l'article 57.

Cette question réservée, il y a lieu de s'étonner que la disposition nouvelle qui nous occupe, ait été l'objet d'une critique quelconque. Elle ne fait que combler une lacune de l'ancienne loi qui était véritablement inexplicable. L'article 58 soumettait à la surveillance l'individu qui avait commis une récidive de délit à délit, et l'article 57 n'y soumettait pas celui qui, après avoir commis un crime, commettait un délit. Cette anomalie, nous le répétons, était inexplicable (1). Le condamné qui se trouvait dans le cas de l'article 57, ayant commis un crime, devait certainement être présumé plus dangereux que celui de l'article 58 qui n'avait commis qu'un délit. Mettre celui-ci sous la surveillance et n'y pas mettre celui-là, c'était une inconséquence que rien ne justifiait. Et d'un autre côté, qu'y avait-il donc de si dur, de si peu libéral, le mot a été dit, à mettre sous la surveillance les condamnés atteints par les articles 57 et 58 ? N'était-ce pas des récidivistes, c'est-à-dire, des gens en révolte ouverte contre la société ? Attaquez le principe même de la surveillance et faites disparaître cette peine de nos Codes. Soit ! Vous ne tarderez peut-être pas à vous repentir d'avoir provoqué cette mesure radicale. Mais si cette peine est maintenue, après les cas de condamnations à des peines afflictives et infamantes, c'est certainement à ceux prévus

(1) Ou plutôt elle l'était devenue depuis la réforme de 1852 qui, en introduisant les circonstances atténuantes, avait permis aux Cours d'assises d'affranchir parfois les condamnés pour crime de la peine de la surveillance que prononçaient toujours contre eux, avant cette époque, les articles 47 et 48 du Code pénal.

par les articles 57 et 58 qu'elle doit être de préférence appliquée. En un mot, supprimez la peine de la surveillance ou infligez là aux récidivistes.

Nous ne comprenons pas comment on a pu tenter de faire une question politique d'une vérité aussi élémentaire. Les orateurs, qui la discutaient avec tant de vivacité au nom des idées libérales, en prenant ainsi les récidivistes sous leur protection passionnée, ne confondaient-ils point la cause de la liberté avec celle de la licence, de la licence ancienne, invétérée, incorrigible? Etait-ce bien prudent et bien habile?

Est-il besoin de faire observer que cette dernière innovation ne saurait avoir d'effet rétroactif, puisqu'elle constitue une aggravation dans la position du condamné.

ART. 58

TEXTE ANCIEN.	TEXTE NOUVEAU.
Les coupables condamnés correctionnellement à un emprisonnement de plus d'une année seront aussi, en cas de nouveau délit, condamnés au *maximum* de la peine portée par la loi, et cette peine pourra être élevée jusqu'au double : ils seront de plus mis sous la surveillance	Les coupables condamnés correctionnellement à un emprisonnement de plus d'une année seront aussi, en cas de nouveau délit *ou de crime qui devra n'être puni que de peines correctionnelles,* condamnés au *maximum* de la peine portée par la loi, et cette peine pourra être élevée jusqu'au

<table>
<tr><td>TEXTE ANCIEN.</td><td>TEXTE NOUVEAU.</td></tr>
<tr><td>spéciale du Gouvernement pendant au moins cinq années et dix ans au plus.</td><td>double : ils seront de plus mis sous la surveillance spéciale du Gouvernement pendant au moins cinq années et dix ans au plus.</td></tr>
</table>

Nous n'avons pas à nous occuper longuement de cet article. Il n'a été modifié qu'en un seul passage : on a ajouté à ces mots « *en cas de nouveau délit* », ceux-ci : « *ou de crime qui devra n'être puni que de* » *peines correctionnelles*». Ce sont les mêmes expressions que celles qui ont été ajoutées à l'article 57. Nous n'avons pas à revenir ici sur les explications que nous en avons données en commentant ce dernier texte. Nous ne pouvons qu'y renvoyer.

Quant aux difficultés que peuvent soulever les différentes combinaisons de cet article avec l'article 463, nous les examinerons sous ce dernier numéro.

La modification introduite à l'ancien article 58 sur la demande du Corps législatif nous paraît parfaitement fondée. Là encore, il y avait une lacune dans l'ancienne législation. La récidive de délit à crime n'était jamais punie. Cela se comprenait parfaitement lorsque le crime postérieur au délit était puni de peines afflictives et infamantes; l'aggravation de la peine résultant de la valeur du nouveau fait rendait inutile une aggravation résultant de la récidive. Une double aggravation aurait pu dégénérer en un excès de sévérité. La loi aurait parfaitement raison de garder le silence dans ce cas. Mais ce silence devenait moins explicable lorsque le crime n'était puni que de peines correctionnelles. Il n'y avait plus d'aggravation du tout, de sorte que l'on arrivait à cette véritable injustice, de punir comme récidiviste l'auteur d'un second délit, et de laisser à l'abri de toute aggravation celui qui, après avoir commis un délit, commettait un crime passible de peines correctionnelles. Ce dernier, plus coupable que l'autre, trouvait une impunité relative dans le caractère plus grave de son crime. Cette situation ne pouvait durer, et nos législateurs nous paraissent avoir agi avec une grande sagesse en les faisant cesser (1).

Nous nous permettrons toutefois une simple observation, commune aux deux articles 57 et 58. La rédaction nouvelle a conservé la division ancienne en deux articles, traitant, le premier, de la récidive de crime à délit ; le second, de la récidive de délit à délit ou à crime. Mais elle a modifié la rédaction ancienne de telle sorte que les deux articles 57 et 58 sont devenus presqu'identiques. Peu importe que le premier fait ait été un délit ou un crime pourvu que la peine ait été supérieure à une année d'em-

(1) C'était encore une conséquence de la loi de 1832 relative aux circonstances atténuantes. Jusqu'à cette époque, un crime ne pouvant presque jamais être puni de peines correctionnelles, cette anomalie n'existait pas.

prisonnement. La situation étant devenue la même dans les deux cas, pourquoi leur consacrer deux articles distincts qui se répètent l'un l'autre ? Il suffisait de rédiger le commencement de l'article 57 de la manière suivante : « *Quiconque ayant* » *été condamné pour un crime ou un délit à une peine* » *supérieure à une année d'emprisonnement.....* »

La fusion de ces deux articles en un seul aurait eu l'avantage de prévenir toutes les difficultés que pourra faire naître dans la pratique la question de savoir quand il y aura lieu d'appliquer l'un ou l'autre de ces articles, question, nous l'avons vu, assez compliquée. Il était naturel de distinguer dans l'ancien Code les cas de récidive prévus par les articles 57 et 58, parce que ces deux espèces de récidives n'entraînaient pas les mêmes aggravations de peine. Aujourd'hui cette distinction n'a plus qu'un faible intérêt théorique ; et, nous le répétons, elle ne sera peut être pas sans inconvénients pratiques.

FAUSSES MONNAIES.

TEXTE ANCIEN.	TEXTE NOUVEAU.
152. — Quiconque aura contrefait ou altéré les monnaies d'or ou d'argent ayant cours légal en France, ou participé à	152. — Quiconque aura contrefait ou altéré les monnaies d'or ou d'argent ayant cours légal en France, ou participé à

<table>
<tr><td>

TEXTE ANCIEN.

l'émission ou exposition desdites monnaies contrefaites ou altérées, ou à leur introduction sur le territoire français, sera puni des travaux forcés à perpétuité.

153. — Celui qui aura contrefait ou altéré des monnaies de billon ou de cuivre ayant cours légal en France, ou participé à l'émission ou exposition desdites monnaies contrefaites ou altérées, ou à leur introduction sur le territoire français, sera puni des travaux forcés à temps.

154. — Tout individu qui aura, en France, contrefait ou altéré des monnaies étrangères, ou participé à l'émission, exposition ou introduction en France de monnaies étrangères contrefaites ou altérées, sera puni des travaux forcés à temps.

</td><td>

TEXTE NOUVEAU.

l'émission ou exposition des dites monnaies contrefaites ou altérées, ou à leur introduction sur le territoire français, sera puni des travaux forcés à perpétuité.

Celui qui aura contrefait ou altéré des monnaies de billon ayant cours légal en France, ou participé à l'émission ou exposition desdites monnaies contrefaites ou altérées, ou à leur introduction sur le territoire français, sera puni des travaux forcés à temps.

153. — Tout individu qui aura, en France, contrefait altéré des monnaies étrangères, ou participé à l'émission, exposition ou introduction en France de monnaies étrangères contrefaites ou altérées, sera puni des travaux forcés à temps.

154. — *Sera puni d'un emprisonnement de six mois à trois ans quiconque aura coloré les monnaies ayant cours légal en France ou les monnaies étrangères dans le but de tromper sur la nature du métal, ou les aura émises ou introduites sur le territoire français.*

</td></tr>
</table>

TEXTE ANCIEN.

155. — La participation énoncée aux précédents articles ne s'applique point à ceux qui, ayant reçu pour bonnes des pièces de monnaies contrefaites ou altérées, les ont remises en circulation ; — Toutefois celui qui aura fait usage desdites pièces, après en avoir vérifié ou fait vérifier les vices, sera puni d'une amende triple au moins et sextuple au plus de la somme représentée par les pièces qu'il aura rendues à la circulation, sans que cette amende puisse en aucun cas être inférieure à seize francs.

158. — Les personnes coupables des crimes mentionnés aux articles 152 et 153 seront exemptes de peine, si, avant la consommation de ces crimes et avant toutes poursuites, elles en ont donné connaissance et révélé les auteurs aux autorités constituées, ou si, même, après les poursuites commencées, elles ont prouvé l'arrestation des autres coupables. — Elles pourront néanmoins être mises, pour la

TEXTE NOUVEAU.

Seront punis de la même peine ceux qui auront participé à l'émission ou à l'introduction des monnaies ainsi colorées

155. — La participation énoncée aux précédents articles ne s'applique point à ceux qui, ayant reçu pour bonnes des pièces de monnaie contrefaites, altérées *ou colorées* les ont remises en circulation.

Toutefois, celui qui aura fait usage desdites pièces, après en avoir vérifié ou fait vérifier les vices, sera puni d'une amende triple au moins et sextuple au plus de la somme représentée par les pièces qu'il aura rendues à circulation, sans que cette amende puisse, en aucun cas, être inférieure à seize francs.

158. — Les personnes coupables des crimes mentionnés en l'article 152 seront exemptes de peine, si, avant la consommation de ces crimes et avant toutes poursuites, elles en ont donné connaissance et révélé les auteurs aux autorités constituées, ou si, même après les poursuites commencées, elles ont procuré l'arrestation des autres coupables.

Elles pourront néanmoins être

<table>
<tr><td>

TEXTE ANCIEN.

vie ou à temps sous la surveil-
lance spéciale de la haute police.

</td><td>

TEXTE NOUVEAU.

mises, pour la vie ou à temps,
sous la surveillance spéciale de
la haute police.

</td></tr>
</table>

Le législateur n'introduit ici qu'une seule disposition nouvelle, celle de l'article 134. Dans les articles 132, 133 et 138, il n'opère qu'un changement de numéros. Dans l'article 135, il résout dans le sens de l'affirmative la question de l'application de cet article aux cas prévus par le nouvel article 134. C'est donc ce dernier article seulement qui est nouveau et dont par conséquent nous avons à nous occuper.

Cet article proposé par l'honorable M. Mallet, puis adopté par la Commission, le Conseil d'Etat et le Corps législatif, a été l'objet dans cette dernière assemblée d'une longue et laborieuse discussion. Deux fois les rédactions préparées ont été rejetées et renvoyées à la Commission. Ce n'est qu'à la 3e épreuve que cet article a été définitivement adopté. Hâtons-nous d'ajouter que le principe même de cette disposition n'a jamais été mis en question, et que l'on n'a jamais été en dissentiment que sur les termes employés par les projets successifs.

Peu d'innovations de la loi nouvelle ont été plus sagement proposées, plus à propos introduites. Cet article mettra fin à une situation de la doctrine et de la jurisprudence véritablement regrettable.

La doctrine reconnaissait que dans le fait de coloration des monnaies, il n'y avait pas proprement parler falsification, altération.

Elle voyait là une sorte de déguisement de la monnaie, une tromperie sur la nature de la chose livrée, une fraude dans un contrat d'échange, un vol mêlé d'escroquerie, une filouterie plutôt qu'une fabrication de fausse monnaie. Il faut le reconnaître: ce fait, si blâmable qu'il fût, n'offrait pas les mêmes dangers pour la société, ne supposait pas autant de perversité chez son auteur que ce dernier crime. Le plus simple examen pouvait faire reconnaître la fraude. Comme M. Suin l'a si bien dit au Corps législatif, la différence est immense entre le faux monnayeur travaillant avec les creusets et les moules que nécessite son dangereux métier, avec toute la science et les études préparatoires qu'il suppose, et l'escroc qui jaunit un centime pour le faire passer pour un napoléon. Evidemment si le premier commet un crime, le second n'est pas plus coupable qu'un voleur ordinaire; il ne commet qu'un simple délit (Faustin Hélie, t. II, p. 272 et 279). Certains tribunaux avaient partagé cette opinion (Colmar, 29 janvier 1830, Faustin Hélie, loc. cit.).

La Cour de cassation n'avait point admis cette théorie, difficile à concilier, ses partisans eux-

mêmes l'avouaient, avec les textes du Code pénal. Elle avait constamment étendu au fait de coloration les pénalités prononcées par ce Code en matière de fausse monnaie (Cass. 3 juin 1808 et 4 juillet 1811 ; Dal. t. VIII, p. 320 et 321 ; 4 mars 1830, 9 août 1833, 13 août 1835 ; *Journal du dr. crim.*, 1830, p. 195 ; 1833, p. 357 ; 1835, p. 24). Mais cette jurisprudence avait soulevé des questions très-difficiles. Etait-ce un fait de contrefaçon ou d'altération? Les derniers arrêts décidaient que c'était un fait de contrefaçon? Fallait-il appliquer les articles 132 et 133 du Code pénal, alors même que les pièces avaient été si grossièrement falsifiées que l'erreur était presque impossible? Des arrêts avaient décidé la négative (Cass. 13 août 1835, précité — 23 mars 1837, *Bull.* n° 91). Un autre plus récent avait adopté l'affirmative, en jugeant « que quelque grossière et
» facile à découvrir que soit la contrefaçon des
» monnaies, elle n'en constitue pas moins le crime
» de fausse monnaie, lorsqu'elle a été faite avec
» une intention coupable; qu'ainsi, blanchir par
» une substance métallique quelconque, des pièces
» de cuivre de cinq centimes, pour leur donner
» l'apparence de pièces d'argent d'un franc, et les
» donner en suite pour des pièces de cette valeur,
» c'est commettre le crime de fausse monnaie, bien
» qu'avec un peu d'attention il soit possible de re-

» connaître la fraude (6 mai 1841, *Bull.*, n° 126). »
C'était pousser la logique, mais aussi la sévérité,
jusqu'à leurs dernières limites. Une pareille jurisprudence ne pouvait avoir pour résultat que des
acquittements regrettables devant la Cour d'assises.

Et quant à celle qui considérait les colorations
de monnaies comme des *filouteries*, elle était
beaucoup plus discutable encore. Elle tendait à
étendre indéfiniment la signification de ce mot,
inscrit sans définition dans l'article 401, et cette
tendance était éminemment dangereuse; car si l'on
entrait une fois dans cette voie, il serait impossible
de savoir où l'on s'arrêterait, d'indiquer les fraudes
que l'on ne pourrait pas faire rentrer dans cette
expression si générale, si vague, si peu précise.
Il était donc urgent que cet état de choses fût
modifié par le législateur, et l'idée du nouvel article 134 fait honneur à l'honorable député qui l'a
conçue et fait triompher.

Il nous reste à étudier la portée de cette disposition. Le meilleur moyen de le faire à notre avis,
c'est de rapprocher les rédactions successivement
proposées de celle qui a triomphé. Voici quelle
était la rédaction primitive, proposée par M. Millet:

« Les mêmes peines seront applicables à qui-
» conque, sans altérer ni contrefaire les monnaies
» ayant cours légal en France, ou les monnaies

» étrangères au cas prévu par l'article 134, leur
» aura donné une couleur pouvant tromper sur
» leur nature métallique ou sur leur valeur, ou
» aura participé à l'émission, exposition ou intro-
» duction des monnaies ainsi colorées. »

Ce projet assimilait le fait de coloration au crime
de fausse monnaie; il atteignait comme dans le
cas de crime de cette nature le fait d'exposition de
la monnaie colorée.

La première rédaction proposée au Corps législatif par la Commission et le Conseil d'Etat, fut ainsi
conçue : « Sera puni d'un emprisonnement de six
» mois à trois ans, quiconque, sans altérer ni con-
» trefaire les monnaies ayant cours légal en France,
» ou les monnaies étrangères, leur aura donné en
» France une couleur pouvant tromper sur la na-
» ture du métal, ou aura participé à l'émission ou
» introduction des monnaies ainsi colorées. »

Ce projet, allant avec raison plus loin que
M. Millet, transformait le fait de coloration en
simple délit. Il écartait le fait d'exposition, grave
en effet quand il s'agit de fausse monnaie, sans
importance dans l'hypothèse de simple coloration,
où la fraude est si facile à découvrir, et par cela
même, de nature à ne se présenter jamais. Mais il
avait l'inconvénient de paraître exiger que le fait
de coloration eût eu lieu en France.

Renvoyé à la Commission, l'article fut rédigé de

la manière suivante : « Sera puni d'un emprison-
» nement de six mois à trois ans quiconque, sans
» altérer ni contrefaire les monnaies ayant cours
» légal en France ou les monnaies étrangères, leur
» aura donné une couleur pouvant tromper sur la
» nature du métal, *ou* les aura émises ou introduites
» sur le territoire français.

» Seront puni de la même peine ceux qui auront
» participé à l'émission ou à l'introduction des
» monnaies ainsi colorées. »

Nous avons souligné le mot *ou* parce que la Commission avait mis le mot *et,* et que le mot *ou* lui
avait été substitué par le Conseil d'Etat. Ce seul
mot engendra une longue discussion. On soutint
que cette disposition donnerait lieu d'appliquer les
peines prononcées par le nouvel article, au chi-
miste, qui dans un but de science ou même pour
s'amuser, se serait borner à colorer sans émettre;
on alla même jusqu'à prétendre que ces peines pouvaient être appliquées au baigneur dont la monnaie
se serait colorée à la vapeur de son bain de Barège !
Comme s'il pouvait y avoir délit sans intention
coupable ! Comme s'il était nécessaire d'insérer
dans tous les articles du Code un principe aussi
élémentaire ! Les Commissaires du Gouvernement
ajoutaient avec une très-grande force que si l'on
remplaçait le mot *ou* par le mot *et,* le fait de coloration cesserait d'être punissable s'il n'était joint

aux faits d'émission ou d'introduction et réciproquement. Vainement **M.** Ollivier répondait-il qu'ils seraient atteints par la dernière partie de l'article. C'était plus que douteux; car cet article ne pré voyait que des faits secondaires de participation et non le fait principal de l'auteur de l'émission et de l'introduction.

Cette argumentation d'ailleurs tombait tout à fait devant cette seule objection à savoir que la *participation* à la coloration n'étant pas atteinte par le 2e §, il restait évident que le fait resterait impuni, lorsqu'il se présenterait isolément.

Le Corps législatif n'en rejeta pas moins cette troisième rédaction; et pour le satisfaire, on en présenta une quatrième qui fut enfin votée sans réclamation. Voici cette rédaction définitive : « Sera puni d'un
» emprisonnement de six mois à trois ans quicon-
» que aura coloré les monnaies ayant cours légal
» en France ou les monnaies étrangères, dans le
» but de tromper sur la nature du métal, ou les
» aura émises ou introduites sur le territoire fran-
» çais. »

« Seront punis de la même peine ceux qui auront
» participé à l'émission ou à l'introduction de
» monnaies ainsi colorées. »

Cet article expliqué par les discussions résumées par nous, nous paraît assez facile à comprendre désormais.

Cependant, il y a un point de cette histoire de la loi nouvelle qui est loin de nous satisfaire entièrement.

Nous avons vu que le projet primitif portait : « *leur aura donné en France.* » Il exigeait que la coloration eût lieu *en France*. Ces mots ont été retranchés de la rédaction définitive. Pourquoi? Ce n'est pas bien facile à comprendre. L'intention de nos législateurs est pourtant évidente. Tous les orateurs ont été d'accord à la chambre pour expliquer qu'aux termes des articles 6 et 7 du Code d'instruction criminelle, les faits commis à l'étranger, n'étant pas punissables en France, il était inutile de dire que le crime ne serait punissable que si la coloration avait été opérée en France. On a donc retranché ces mots comme surabondants. Il paraît donc certain que nos législateurs ont pensé qu'il n'était pas possible d'atteindre la coloration de monnaies françaises opérée à l'étranger.

Tout ceci nous paraît bien évident, mais, hélas! ce qui ne nous paraît pas moins évident, c'est que le Corps législatif, alors qu'on lui rappelait les articles 6 et 7 du Code d'instruction criminelle n'a point eu sous les yeux l'article 5 du même Code :
« Tout Français qui se sera rendu coupable, hors du
» territoire de France, d'un crime attentatoire à la
» sûreté de l'Etat, *de contrefaçon* du sceau de
» l'Etat, *de monnaies nationales ayant cours,* de

» papiers nationaux, de billets de banque autorisés
» par la loi, pourra être poursuivi, jugé et puni en
» France, d'après les dispositions des lois fran-
» çaises. »

Voilà pourquoi les anciens articles 132 et 133, pas plus que le nouvel article 132, n'exigeaient dans la généralité de leurs termes que les crimes qu'ils prévoyaient, fussent commis en France. Voilà pourquoi l'article 134 ajoutait : « Tout individu qui aura, » *en France* contrefait des monnaies étrangères. » C'est que les principes posés par les articles 5 et suivants du Code d'instruction criminelle ne permettaient pas d'atteindre des faits commis en pays étranger au préjudice d'états étrangers !

Et voilà pourquoi aussi sans aucun doute, les rédacteurs du projet primitif du nouvel article 134 y avaient inséré ces mots « *en France.* » Ils n'avaient point considéré le fait de coloration de monnaies qu'ils transformaient en délit, comme un fait tellement grave qu'il fût nécessaire de faire à son égard exception à tous les principes en le punissant alors même qu'il était commis à l'étranger.

Rien de plus juridique et en même temps de plus équitable. Mais il ne fallait pas perdre de vue que la jurisprudence, avant la loi nouvelle, assimilait le fait de coloration à celui de contrefaçon, et devait en conséquence lui faire application de l'art. 5 du Code d'instruction criminelle, c'est-à-dire le dé—

clarer punissable alors même qu'il était commis à l'étranger. Du nouvel article 134 allait naître la question de savoir si les dispositions de l'art. 5 du Code d'instruction criminelle, continueraient à être applicables au fait de coloration? Le projet se prononçait formellement pour la négative. C'était sage; et, n'en déplaise au Corps législatif, ce n'était pas surabondant. La question que le projet entendait résoudre à l'avance, demeure maintenant entière, et la jurisprudence se trouve chargée de la résoudre.

Certes on pourra soutenir avec une certaine force que la suppression des mots « *en France* » dans la loi nouvelle permettra d'atteindre les faits de coloration, alors même qu'ils se seront produits à l'étranger. En effet, 1° la loi nouvelle ne change pas le caractère de ces sortes de faits; elle en abaisse la peine; elle les punit de peines correctionnelles; voilà tout. Ce sont toujours de véritables contrefaçons, et dès lors le texte de l'article 5 du Code d'instruction criminelle, leur demeure toujours applicable; 2° Les raisons de cet article trouvent également dans ce cas leur application. Ce que la loi veut atteindre même à l'étranger, ce sont les faits qui mettent en danger la sûreté ou le crédit de l'Etat. Or évidemment le fait de coloration des monnaies, en en changeant la valeur, porte atteinte au crédit de l'Etat.

Ces raisons, quelque spécieuses qu'elles puissent être, ne sauraient nous convaincre : 1° Il est certain que le législateur a voulu déroger à l'article 5 du Code d'instruction criminelle en ce qui concerne le fait de coloration. S'il ne s'en est pas suffisamment expliqué dans le texte nouveau, il l'a surabondamment répété dans ses délibérations; 2° Il serait inexact de dire que la coloration de monnaies demeurât toujours un fait de contrefaçon. Elle est devenue un délit spécial, entièrement distinct. Et comme tel, elle ne rentre pas dans les termes de l'article 5, mais dans le droit commun qui exige, comme l'a entendu le Corps législatif, pour qu'un fait soit punissable, qu'il soit commis en France; 3° Enfin, serait-il bien exact de dire que les motifs de l'article 5 sont applicables même au simple fait de coloration. Cet article ne parle que de crimes; la coloration de monnaies n'est plus qu'un délit. Il se préoccupe de faits de nature à compromettre le crédit public. La coloration de monnaies compromet davantage le crédit privé ; ce n'est pas un fait assez grave pour engager le crédit public. Cela ne pourrait avoir lieu que s'il s'opérait en grand; mais précisément il ne peut s'opérer que sur une très-petite échelle. C'est une tromperie, une filouterie; voilà tout. Elle peut léser un particulier, mais le crédit public n'en souffrira jamais sérieusement.

Nous croyons donc que, nonobstant le retranchement regrettable des expressions « *en France* » qu'a subi le projet de l'article 134, il faudra toujours considérer ces mots comme écrits, et décider que la coloration de monnaies aura désormais avec la contrefaçon cette différence de plus, qu'elle ne sera punissable que lorsqu'elle aura été commise en France.

Il ne nous reste plus qu'à examiner si cette disposition aura un effet rétroactif, si l'on pourra appliquer l'article 134 à des faits de coloration de monnaies antérieurs à sa promulgation. A première vue, il semble que cette loi nouvelle, qui crée un délit nouveau, ne doive pas avoir d'effet rétroactif. Nous croyons cependant que la solution contraire doit être adoptée. Nous avons exposé en détail l'état de la jurisprudence relative aux faits de coloration de monnaies avant la promulgation de la loi nouvelle. Si deux théories contradictoires étaient en présence, ces théories étaient au moins d'accord pour considérer ces faits comme prévus et réprimés par le Code pénal. L'une lui appliquait les articles 132, 133 et 134; l'autre, l'article 401. Peu nous importe aujourd'hui; ces articles prononçaient tous des peines supérieures à celle du nouvel article 134. Quelque soit le système ancien que l'on adopte, il est certain que la loi nouvelle ne crée pas un délit nouveau, mais qu'elle prononce des peines inférieures à celles de la loi ancienne. Il y a donc avantage pour le condamné à ce qu'on lui applique la loi nouvelle. Dès lors, celle-ci est susceptible d'être rétroactivement appliquée.

ART. 142.

TEXTE ANCIEN.

Ceux qui auront contrefait les marques destinées à être apposées, au nom du Gouvernement, sur les diverses espèces de denrées ou de marchandises, ou qui auront fait usage de ces fausses marques ;

Ceux qui auront contrefait le sceau, timbre on marque d'une autorité quelconque, ou d'un établissement particulier de banque ou de commerce, ou qui auront fait usage des sceaux, timbres ou marques contrefaits, seront punis de la réclusion.

TEXTE NOUVEAU.

Ceux qui auront contrefait les marques destinées à être apposées, au nom du Gouvernement, sur les diverses espèces de denrées ou de marchandises, ou qui auront fait usage de ces fausses marques ;

Ceux qui auront contrefait le sceau, timbre ou marque d'une autorité quelconque, ou qui auront fait usage des sceaux, timbres ou marques contrefaits ;

Ceux qui auront contrefait les timbres-postes ou fait usage sciemment de timbres - postes contrefaits, seront punis d'un emprisonnement de deux ans au moins et de cinq ans au plus. Les coupables pourront, en outre, être privés des droits mentionnés en l'article 42 du présent Code pendant cinq ans au moins et dix ans au plus à compter du jour où ils auront subi leur peine.

Ils pourront aussi être mis, par l'arrêt ou le jugement, sous la surveillance de la haute po-

TEXTE ANCIEN.

TEXTE NOUVEAU.

lice pendant le même nombre d'années.

Les dispositions qui précèdent seront applicables aux tentatives de ces mêmes délits.

ART. 145.

TEXTE ANCIEN.

Sera puni de la dégradation civique, quiconque, s'étant indûment procuré les vrais sceaux, timbres ou marques ayant l'une des destinations exprimées en l'article 142, en aura fait une application ou usage préjudiciable aux droits ou intérêts de l'Etat, d'une autorité quelconque, ou même d'un établissement particulier.

TEXTE NOUVEAU.

Quiconque, s'étant indûment procuré les vrais sceaux, timbres ou marques ayant l'une des destinations exprimées en l'article 142, en aura fait ou tenté de faire une application ou usage préjudiciable aux droits ou intérêts de l'Etat ou d'une autorité quelconque, sera puni d'un emprisonnement de six mois à trois ans.

Les coupables pourront en outre être privés des droits mentionnés en l'article 42 du présent Code, pendant cinq ans au moins et dix ans au plus, à compter du jour où ils auront subi leur peine.

Ils pourront aussi être mis, par l'arrêt ou le jugement, sous la surveillance de la haute police pendant le même nombre d'années.

Ces articles ont été votés sans observations par le Corps législatif.

Ils retranchent des anciens articles 142 et 143, tout ce qui concernait les contrefaçons de sceau, timbre ou marque d'un établissement particulier, de banque ou de commerce. Ces passages étaient presque complétement abrogés par la loi du 28 juillet 1824, relative aux altérations et suppressions de noms sur les produits fabriqués.

Ils remplacent ces dispositions par d'autres relatives à la contrefaçon des timbres-postes. Bien entendu, il ne faudra pas confondre la contrefaçon de timbres-postes avec l'usage de timbres-postes ayant déjà servi. Ce sont là deux délits entièrement différents. Dans le dernier cas, le coupable se sert de timbres-postes oblitérés, mais fabriqués par les agents du Gouvernement. Dans le second, il fabrique lui-même des timbres-postes. C'est là évidemment un délit beaucoup plus grave, mais aussi plus rare que le premier.

Ici se présente la question de savoir si cette disposition nouvelle, introduite par nos articles, pourra avoir un effet rétroactif. Oui, disons-nous, si elle n'est que l'interprétation d'une loi antérieure. Non, si elle crée un délit nouveau. Cette question revient donc à celle-ci : le fait de contrefaçon de timbres-postes était-il prévu par la loi antérieure ? Ce fait est tellement rare que la doctrine et la jurisprudence n'étaient point fixées sur ce point. Il nous semble néanmoins certain que la loi ancienne aurait

pu être étendue aux falsifications de timbres-postes :
ce sont évidemment des « timbres ou marques d'une
autorité », tout aussi bien que ceux de l'enregistrement et des forêts auxquels on n'a jamais fait difficulté d'appliquer les articles 141 et 143. L'ancienne
législation est donc éclaircie mais non modifiée par
la loi nouvelle; en appliquant celle-ci à des faits antérieurs à sa promulgation, on ne fera donc qu'appliquer la loi ancienne fortifiée par une interprétation
récente. Ce ne sera pas donner aux dispositions
nouvelles un effet rétroactif.

Toutes les pénalités prononcées par les anciens
articles 142 et 143 sont modifiées. Les pénalités
nouvelles devront-elles être substituées aux anciennes quand il s'agira de faits commis antérieurement
à la promulgation de la loi nouvelle?

L'affirmative ne peut souffrir aucune difficulté
en ce qui concerne les faits prévus par l'article 142.
L'ancien article prononçait la peine de la réclusion
qui entraînait comme peines accessoires la surveillance à vie et la dégradation civique (Art. 28, 34
et 47); l'emprisonnement correctionnel, la surveillance temporaire facultative, l'interdiction également temporaire et facultative des droits mentionnés en l'article 42, sont toutes des peines inférieures
aux peines anciennes. Le nouvel article 142 aura
donc sous ce rapport effet rétroactif. Il en sera de
même de l'article 143, du moins en ce qui concerne

la peine accessoire de l'interdiction des droits mentionnés en l'article 42, inférieure à l'interdiction des droits mentionnés en l'article 34, résultant de la dégradation civique. Mais cette dernière peine n'entraînait pas la surveillance; elle n'entraînait la peine de l'emprisonnement que comme peine accessoire et facultative. La peine de la surveillance ne devra donc certainement pas être appliquée à des faits prévus par l'article 143, antérieurs à la nouvelle loi. Que décider, en ce qui concerne la peine de l'emprisonnement? A première vue, il semble que cette peine, devenue obligatoire et principale d'accessoire et facultative qu'elle était, constitue une aggravation de peine et ne doive pas être appliquée rétroactivement. La solution contraire nous paraîtrait cependant devoir être adoptée. L'emprisonnement prononcé par la loi nouvelle est une peine simplement correctionnelle (Art. 9, C. pén.). Au contraire, la dégradation civique prononcée par la loi ancienne, était une peine infamante (Art. 8, C. pén.). La loi ancienne édictant une peine plus grave que la loi nouvelle, celle-ci doit être appliquée rétroactivement.

ART. 149.

TEXTE ANCIEN.	TEXTE NOUVEAU.
Sont exceptés des dispositions ci-dessus, les faux commis dans les passe-ports et feuilles	Sont exceptés des dispositions ci-dessus, les faux commis dans les passe-ports, feuilles de

<table>
<tr><td>

TEXTE ANCIEN.

de route, sur lesquels il sera particulièrement statué ci-après.

</td><td>

TEXTE NOUVEAU.

route et permis de chasse, sur lesquels il sera particulièrement statué ci-après.

</td></tr>
</table>

ART. 155.

<table>
<tr><td>

TEXTE ANCIEN.

Quiconque fabriquera un faux passe-port ou falsifiera un passe-port originairement véritable, ou fera usage d'un passe-port fabriqué ou falsifié, sera puni d'un emprisonnement d'une année au moins et de cinq ans au plus.

</td><td>

TEXTE NOUVEAU.

Quiconque fabriquera un faux passe-port ou un faux permis de chasse ou falsifiera un passe-port ou un permis de chasse originairement véritable, ou fera usage d'un passe-port ou d'un permis de chasse fabriqué ou falsifié, sera puni d'un emprisonnement de six mois au moins et de trois ans au plus.

</td></tr>
</table>

Ce dernier article a subi deux modifications ;

1° La peine qu'il prononçait, d'un an au moins à cinq ans au plus, a été abaissée à six mois au moins et trois ans au plus, modification d'autant plus grave que, combiné avec le nouvel article 463, l'ancien article aurait obligé les tribunaux à prononcer, dans tous les cas, au moins la peine de six jours d'emprisonnement. L'honorable M. Picard a pourtant pris sujet de cette réforme pour attaquer le Gouvernement. Il a dit qu'au moment où l'administration adoucissait le régime des passe-ports, il était tout à fait inopportun d'en aggraver la législation ; il a demandé à la chambre de « maintenir les dispositions actuelles du Code pénal ». Nous nous sommes déjà demandé si les arguments présentés par l'opposition contre la loi nouvelle. étaient bien sérieux. N'est-ce pas le cas ou jamais de renouveler cette question? Il faut pousser loin la prévention pour accuser le Gouvernement d'aggraver une peine quand il l'abaisse, pour proposer, sous prétexte d'indulgence, de conserver la loi ancienne quand elle est la plus sévère.

2° Le même orateur a reproché au Gouvernement d'avoir consacré une disposition nouvelle à la falsification de permis de chasse. Au même système, même réponse. Le permis de chasse est un acte de l'autorité, signé par le Préfet ou le Sous-Préfet, revêtu de leurs sceaux; il a évidemment un caractère public. La falsification d'un acte de cette nature, aussi bien que celle d'un passeport, à s'en tenir aux principes généraux, devrait être assimilée à un faux en écriture publique. La loi ancienne faisait une exception pour le passe-port. Elle n'en faisait pas pour le permis de chasse. Aucune espèce de cette nature ne paraît avoir été soumise à l'appréciation des tribunaux. Encore bien que le contraire ait été avancé dans la discussion, nous avons cherché en vain un arrêt rendu en pareille matière.

Mais il nous paraît évident que la jurisprudence qui considérait comme des faux en écriture authentique les falsifications de permis de célébrer la messe (Cass. 13 août 1852, *B.* 79); de billets de loterie royale (Cass. 2 juin 1825, *B.* 109); de diplômes de l'université (Cass. 26 août 1825, *B.* 164 ; — 5 sept. 1833, *B.* 357 ; — 5 juillet 1849, *B.* 148; — 5 sept. 1833, *B.* 357), n'aurait pu faire de différence entre ces faits et les falsifications de permis de chasse. La loi nouvelle n'a donc fait qu'adoucir la pénalité ancienne, que transformer en délits des faits que la loi ancienne punissait comme des crimes. Quelle dureté, n'est-ce pas ?

Dire que la loi nouvelle est plus douce que l'ancienne, c'est résoudre à l'avance la question de rétroactivité. L'article 153 sera applicable aux faits antérieurs à sa promulgation.

ART. 154.

TEXTE ANCIEN.	TEXTE NOUVEAU.
Quiconque prendra, dans un passe-port, un nom supposé, ou aura concouru comme témoin à faire délivrer le passe-port sous le nom supposé, sera puni d'un emprisonnement de trois mois à un an.	Quiconque prendra, dans un passe-port ou dans un permis de chasse, un nom supposé, ou aura concouru comme témoin à faire délivrer le passe-port sous le nom supposé, sera puni d'un emprisonnement de trois mois à un an.
Les logeurs et aubergistes qui sciemment inscriront sur leurs registres, sous des noms faux ou supposés, les personnes logées chez eux, seront punis d'un emprisonnement de six	La même peine sera applicable à tout individu qui aura fait usage d'un passe-port ou d'un permis de chasse délivré sous un autre nom que le sien.

TEXTE ANCIEN.	TEXTE NOUVEAU.
jours au moins et d'un mois au plus.	Les logeurs et aubergistes qui sciemment inscriront sur leurs registres, sous des noms faux ou supposés, les personnes logées chez eux ou qui, de connivence avec elles, auront omis de les inscrire, seront punis d'un emprisonnement de six jours au moins et d'un mois au plus.

Cet article contient deux innovations :

Il prononce la peine de trois mois à un an d'emprisonnement contre l'individu qui aura fait usage d'un passe-port ou d'un permis de chasse délivré sous un autre nom que le sien.

Cette disposition étant entièrement nouvelle ne saurait évidemment avoir d'effet rétroactif. Les attaques dont elle a été l'objet, ne méritent même pas d'être discutées.

Il est évident que l'individu qui se sert d'un faux passe-port, trompe l'autorité, a intérêt à le faire, est un homme dangereux, qui ne peut agir qu'avec des intentions criminelles. Il n'est pas moins évident que le braconnier qui se sert d'un permis de chasse qui n'est pas le sien, emploie également une fraude très coupable. Ces deux sortes de faits sont de véritables faux par supposition de personnes. Ils rendent presqu'impossible l'application de la loi et facilitent des fraudes au préjudice du Trésor. Il était véritablement fâcheux que les dispositions de la loi ancienne les missent à l'abri de toute répression.

M. Picard a soutenu que l'individu qui se sert d'un faux permis de chasse, commettant le délit de chasse sans permis, la pénalité nouvelle était surabondante et inutile. Il était facile de répondre que la peine du délit de chasse sans permis était une simple amende; que le fait atteint par la loi nouvelle, était beaucoup plus grave, méritait une peine plus sévère, et qu'enfin il pourrait se présenter très-souvent des cas où le délit de chasse serait incertain et le délit d'usage du permis de chasse délivré à autrui parfaitement établi au contraire.

L'article 154 étend les peines que prononce son dernier paragraphe aux logeurs et aubergistes qui, de connivence avec les personnes logées chez eux, auront omis de les inscrire. Cette pénalité étant entièrement nouvelle, n'aura pas d'effet rétroactif. Evidemment elle atteint des faits aussi blâmables que ceux qu'atteignait le dernier paragraphe de l'ancien article 154. Il était regrettable de les voir impunis sous l'empire de la loi ancienne.

ART. 155.

TEXTE ANCIEN.	TEXTE NOUVEAU.
Les officiers publics qui délivreront un passe-port à une per-	Les officiers publics qui délivreront ou feront délivrer un

<table>
<tr><td>TEXTE ANCIEN.</td><td>TEXTE NOUVEAU.</td></tr>
</table>

sonne qu'ils ne connaîtront pas personnellement, sans avoir fait attester ses noms et qualités par deux citoyens à eux connus, seront punis d'un emprisonnement d'un mois à six mois.

Si l'officier public, instruit de la supposition du nom, a néanmoins délivré le passe-port sous le nom supposé, il sera puni du bannissement.

passe-port à une personne qu'ils ne connaîtront pas personnellement, sans avoir fait attester ses noms et qualités par deux citoyens à eux connus, seront punis d'un emprisonnement d'un mois à six mois.

Si l'officier public, instruit de la supposition du nom, a néanmoins délivré ou fait délivrer le passe-port sous le nom supposé, il sera puni d'un emprisonnement d'une année au moins et de quatre ans au plus. — Le coupable pourra en outre, être privé des droits mentionnés en l'art. 42 du présent, Code pendant cinq ans au moins et dix ans au plus, à compter du jour où il aura subi sa peine.

L'article nouveau remplace la peine du bannissement prononcé par le dernier § de l'article ancien, par un emprisonnement correctionnel d'un an au moins et de quatre ans au plus et par l'interdiction facultative des droits mentionnés en l'article 42 pendant cinq ans au moins et dix ans au plus. En un mot, il transforme en simple délit un fait précédemment qualifié crime. C'est dire qu'il pourra être appliqué rétroactivement. Nul doute sur ce point en ce qui concerne la peine de l'emprisonnement, peine correctionnelle, inférieure à celle du bannissement, peine criminelle. Mais que décider en ce qui concerne l'interdiction des droits mentionnés en l'article 42? N'est-ce point là une peine nouvelle qui ne saurait être appliquée rétroactivement? Ce serait une erreur de le penser. Aux termes de l'article 28, le bannissement, peine prononcée par la loi ancienne, emportait la dégradation civique, peine supérieure à celle de l'article 42. La disposition qui nous occupe, n'est donc point une aggravation de la loi ancienne; c'en est au contraire un adoucissement.

Ici pourrait s'élever la question de savoir si l'interdiction des droits mentionnés en l'article 42 prononcée par le § 3 de l'article 155, s'applique aux faits prévus par les deux premiers §§, à ceux prévus par le premier, comme à ceux prévus par le second. La rédaction séparée de ce dernier § pourrait donner lieu à quelques doutes. Cependant il nous semble incontestable qu'il s'applique uniquement aux faits prévus par le § 2. En effet : 1° Il commence par par ces mots « le coupable; » qui se rapportent uniquement aux expressions du § 2 qui porte « l'officier public, » tandis que le 1er §, porte « les officiers publics. » Si l'interdiction des droits de l'article 42 pouvait être prononcée dans les deux cas prévus par ces deux dispositions, le § 3 devrait dire « les coupables; » 2° Nous venons de voir que cette interdiction est destinée à suppléer la dégradation civique que prononçait l'ancien § 2 ; l'étendre aux cas du § 1ᵉʳ, ce serait supposer que le législateur aurait voulu aggraver l'ancienne pénalité. Rien ne justifierait cette supposition.

ART. 156.

<table>
<tr><td>TEXTE ANCIEN.</td><td>TEXTE NOUVEAU.</td></tr>
<tr><td>

Quiconque fabriquera une fausse feuille de route, ou falsifiera une feuille de route originairement véritable, ou fera usage d'une feuille de route fabriquée ou falsifiée, sera puni, savoir :

D'un emprisonnement d'une année au moins et de cinq ans au plus, si la fausse feuille de route n'a eu pour objet que de tromper la surveillance de l'autorité publique ;

Du bannissement, si le trésor imp. a payé au porteur de la fausse feuille des frais de route qui ne lui étaient pas dus ou qui excédaient ceux auxquels il pouvait avoir droit, le tout néanmoins au-dessous de cent francs ;

Et de la réclusion, si les sommes indûment reçues par le porteur de la feuille s'élèvent à cent francs ou au-delà.

</td><td>

Quiconque fabriquera une fausse feuille de route, ou falsifiera une feuille de route originairement véritable, ou fera usage d'une feuille de route fabriquée ou falsifiée, sera puni, savoir :

D'un emprisonnement de six mois au moins et de trois ans au plus, si la fausse feuille de route n'a eu pour objet que de tromper la surveillance de l'autorité publique ;

D'un emprisonnement d'une année au moins et de quatre ans au plus, si le trésor public a payé au porteur de la fausse feuille des frais de route qui ne lui étaient pas dus ou qui excédaient ceux auxquels il pouvait avoir droit, le tout néanmoins au-dessous de cent francs ;

Et d'un emprisonnement de deux ans au moins et de cinq ans au plus, si les sommes indûment reçues par le porteur de la feuille s'élèvent à cent francs ou au-delà.

</td></tr>
</table>

<table>
<tr><td>TEXTE ANCIEN.</td><td>TEXTE NOUVEAU.</td></tr>
</table>

Dans ces deux derniers cas, les coupables pourront en outre, être privés des droits mentionnés en l'article 42 du présent Code pendant cinq ans au moins et dix ans au plus, à compter du jour où ils auront subi leur peine. — Ils pourront aussi être mis, par l'arrêt ou le jugement, sous la surveillance de la haute police pendant le même nombre d'années.

Le nouvel article ne contient que des abaissements de peine sur lesquels nous n'avons pas beaucoup à insister. Remarquons que les peines prononcées par les anciens §§ 3 et 4 étant le bannissement et la réclusion, peines qui emportent la dégradation civique et la surveillance de la haute police, les deux derniers §§ qui prononcent contre les faits prévus par les deux §§ précédents l'interdiction des droits mentionnés en l'article 42 et la surveillance temporaire, ne constituent pas des aggravations à la loi ancienne et pourront être appliqués rétroactivement.

ART. 157.

TEXTE ANCIEN.	TEXTE NOUVEAU.
Les peines portées en l'article précédent seront appliquées, selon les distinctions qui y sont	Les peines portées en l'article précédent seront appliquées, selon les distinctions qui y sont

<table>
<tr><td>

TEXTE ANCIEN.

posées, à toute personne qui se sera fait délivrer, par l'officier public, une feuille de route sous un nom supposé.

</td><td>

TEXTE NOUVEAU.

établies, à toute personne qui se sera fait délivrer, par l'officier public, une feuille de route sous un nom supposé ou qui aura fait usage d'une feuille de route délivrée sous un autre nom que le sien.

</td></tr>
</table>

« *Ou qui aura fait usage d'une feuille de route* » *délivrée sous un autre nom que le sien.* » **Dis**position nouvelle, qui met la législation relative aux feuilles de route en harmonie avec celle des passe-ports et des permis de chasse. Elle n'aura point d'effet rétroactif.

ART. 158.

<table>
<tr><td>

TEXTE ANCIEN.

Si l'officier public était instruit de la supposition de nom lorsqu'il a délivré la feuille, il sera puni, savoir,

Dans le premier cas posé par l'article 156, du bannissement;

Dans le second cas du même article, de la réclusion;

Et dans le troisième cas, des travaux forcés à temps.

</td><td>

TEXTE NOUVEAU.

Si l'officier public était instruit de la supposition de nom lorsqu'il a délivré la feuille, il sera puni, savoir,

Dans le premier cas posé par l'article 156, d'un emprisonnement d'une année au moins et de quatre ans au plus.

Dans le second cas du même article, d'un emprisonnement de deux ans au moins et de cinq ans au plus.

Et dans le troisième cas, de la réclusion.

Dans les deux premiers cas,

</td></tr>
</table>

TEXTE ANCIEN.

TEXTE NOUVEAU.

il pourra, en outre, être privé des droits mentionnés en l'article 42 du présent Code pendant cinq ans au moins et dix ans au plus, à compter du jour où il aura subi sa peine.

Le nouvel article ne contient que des adoucissements de peines qui devront avoir un effet rétro-actif. Cela sera vrai même des dispositions du dernier § qui remplace la dégradation civique résultant du bannissement et de la réclusion prononcés par les anciens §§ 2 et 3, par la peine inférieure de l'interdiction des droits mentionnés en l'article 42.

Notons en passant que dans cet article le législateur n'a pas conservé la peine de la surveillance résultant du banissement et de la réclusion, comme il l'a fait, dans l'article 156. Cette différence est assez difficile à expliquer puisque les faits prévus par l'article 158 sont plus graves que ceux prévus par l'article 156 et atteints, par suite, de peines plus considérables que celles prononcées par ce dernier article.

ART. 159.

TEXTE ANCIEN.

Toute personne qui, pour se rédimer elle-même ou en affranchir une autre d'un service public quelconque, fabriquera, sous le nom d'un médecin, chirurgien

TEXTE NOUVEAU.

Toute personne qui, pour se rédimer elle-même ou en affranchir une autre d'un service public quelconque, fabriquera, sous le nom d'un médecin, chirurgien

<table>
<tr><td>TEXTE ANCIEN.</td><td>TEXTE NOUVEAU.</td></tr>
<tr><td>

ou autre officier de santé, un certificat de maladie ou d'infirmité, sera punie d'un emprisonnement de deux à cinq ans.

</td><td>

ou autre officier de santé, un certificat de maladie ou d'infirmité, sera punie d'un emprisonnement d'une année au moins et de trois ans au plus.

</td></tr>
</table>

Abaissement de peine. — Effet rétroactif.

ART. 160.

<table>
<tr><td>TEXTE ANCIEN.</td><td>TEXTE NOUVEAU.</td></tr>
<tr><td>

Tout médecin, chirurgien ou autre officier de santé qui, pour favoriser quelqu'un, certifiera faussement des maladies ou infirmités propres à dispenser d'un service public, sera puni d'un emprisonnement de deux à cinq ans.

S'il y a été mu par dons ou promesses, il sera puni du bannissement : les corrupteurs seront, en ce cas, punis de la même peine.

</td><td>

Tout médecin, chirurgien ou autre officier de santé qui, pour favoriser quelqu'un, certifiera faussement des maladies on infirmités propres à dispenser d'un service public, sera puni d'un emprisonnement d'une année au moins et de trois ans au plus.

S'il y a été mu par dons ou promesses, la peine de l'emprisonnement sera d'une année au moins et de quatre ans au plus.

Dans les deux cas, le coupable pourra en outre, être privé des droits mentionnés en l'article 42 du présent Code pendant cinq ans au moins et dix ans au plus, à compter du jour où il aura subi sa peine. — Dans le deuxième cas, les corrupteurs seront punis des mêmes peines que le médecin, chirurgien ou officier de santé, qui aura délivré le faux certificat.

</td></tr>
</table>

Cet article contient, comme les précédents, des adoucissements de peines. Il remplace la dégradation civique, conséquence de la peine du bannissement établie par l'ancien § 2, par la peine accessoire inférieure de l'interdiction des droits mentionnés en l'article 42. Toutes ces dispositions devront être appliquées rétroactivement.

Faisons toutefois une exception pour la peine accessoire de l'interdiction des droits mentionnés en l'article 42 prononcée par le nouveau § 3, dans le cas du § 1ᵉʳ. C'est là une innovation, une aggravation de peine qui ne sauraient avoir d'effet rétroactif.

ART. 161.

TEXTE ANCIEN.	TEXTE NOUVEAU.
Quiconque fabriquera, sous le nom d'un fonctionnaire ou officier public, un certificat de bonne conduite, indigence ou autres circonstances propres à appeler la bienveillance du Gouvernement ou des particuliers sur la personne y désignée, et à lui procurer places, crédit ou secours, sera puni d'un emprisonnement de six mois à deux ans. La même peine sera appliquée, 1º à celui qui falsifiera un certificat de cette espèce, originairement véritable, pour	Quiconque fabriquera, sous le nom d'un fonctionnaire ou officier public, un certificat de bonne conduite, indigence ou autres circonstances propres à appeler la bienveillance du Gouvernement ou des particuliers sur la personne y désignée, et à lui procurer places, crédit ou secours, sera puni d'un emprisonnement de six mois à deux ans. La même peine sera appliquée, 1º à celui qui falsifiera un certificat de cette espèce, originairement véritable, pour

<table>
<tr><td>

TEXTE ANCIEN.

l'approprier à une personne autre que celle à laquelle il a été primitivement délivré; 2º à tout individu qui se sera servi du certificat ainsi fabriqué ou falsifié.

</td><td>

TEXTE NOUVEAU.

l'approprier à une personne autre que celle à laquelle il a été primitivement délivré; 2º à tout individu qui se sera servi du certificat ainsi fabriqué ou falsifié.

Si ce certificat est fabriqué sous le nom d'un simple particulier, la fabrication et l'usage seront punis de quinze jours à six mois d'emprisonnement.

</td></tr>
</table>

Cet article renferme l'innovation suivante : « *Si* » *ce certificat est fabriqué sous le nom d'un simple* » *particulier, la fabrication et l'usage seront punis* » *de quinze jours à six mois d'emprisonnement.* » Cette disposition manquait évidemment dans l'ancien Code. La fabrication et l'usage de ces sortes de certificats pouvaient rarement constituer le crime de faux, car il n'en résulte presque jamais un préjudice appréciable. C'est là pourtant un fait très-blâmable; et l'on ne peut que féliciter les rédacteurs de la loi nouvelle de l'avoir puni.

Cette disposition n'aura point d'effet rétroactif, puisqu'elle atteint un fait qui n'était point prévu par la loi ancienne.

ART. 164.

<table>
<tr><td>

TEXTE ANCIEN.

Il sera prononcé contre les coupables une amende dont le

</td><td>

TEXTE NOUVEAU.

Il sera prononcé contre les coupables une amende dont le

</td></tr>
</table>

<table>
<tr><td>

TEXTE ANCIEN.

maximun pourra être porté jus-
qu'au quart du bénéfice illégi-
time que le faux aura procuré
ou était destiné à procurer
aux auteurs du crime, à leurs
complices **ou à ceux qui ont** fait
usage de la pièce fausse. Le
minimum de cette amende ne
pourra être inférieur à cent francs.

</td><td>

TEXTE NOUVEAU.

minimum sera de cent francs et
le maximum de trois mille francs;
l'amende pourra cependant être
portée jusqu'au quart du béné-
fice illégitime que le faux aura
procuré ou était destiné à pro-
curer aux auteurs du crime ou
du délit, à leurs complices ou à
ceux qui ont fait **usage de la**
pièce fausse.

</td></tr>
</table>

L'ancien article 164 est modifié uniquement en ce sens que l'amende qui jadis pouvait varier entre cent francs et le quart du bénéfice illégitime, pourra toujours être portée jusqu'à trois cents francs, et même jusqu'au quart du bénéfice illégitime, s'il est supérieur à cette somme.

Cette disposition est très-salutaire. Elle punit par la bourse une classe de coupables qui sont ordinairement à même de payer les amendes. Elle permet d'élever dans tous les cas jusqu'à une somme considérable l'amende qui ne pouvait jamais dépasser cent francs quand le quart du bénéfice était inférieur à cette somme, et qui n'atteignait le maximum actuel de trois mille francs que dans des cas très-rares, lorsque le préjudice était d'au moins douze mille francs. Ce préjudice pouvait être d'ailleurs quelquefois assez difficile à évaluer exactement. Les limites fixes nous paraissent, en pareille matière, préférables à celles qui varient avec les espèces.

Enfin dans beaucoup de cas prévus par les articles auxquels se reporte l'article 164, aucun préjudice n'ayant existé, l'amende de 100 fr. pouvait seule être prononcée, à défaut de maximum fixé par la loi. Les dispositions nouvelles augmentant encore le nombre de ces cas, il était indispensable de fixer un maximun à l'amende de manière à permettre au juge de s'écarter parfois, quand il le jugerait à propos, du minimum de cent francs.

Cette mesure est une véritable aggravation de peine; elle n'aura donc point d'effet rétroactif.

ART. 174.

TEXTE ANCIEN.	TEXTE NOUVEAU.
Tous fonctionnaires, tous officiers publics, leurs commis ou préposés, tous percepteurs des droits, taxes, contributions, deniers, revenus publics ou communaux, et leurs commis ou préposés, qui se seront rendus coupables du crime de concussion, en ordonnant de percevoir ou en exigeant ou en recevant ce qu'ils savaient n'être pas dû, ou excéder ce qui était dû pour droits, taxes, contributions, deniers ou revenus, ou pour salaires ou traitemens, seront punis, savoir : les fonctionnaires ou les officiers publics,	Tous fonctionnaires, tous officiers publics, leurs commis ou préposés, tous percepteurs des droits, taxes, contributions, deniers, revenus publics ou communaux, et leurs commis ou préposés, qui se seront rendus coupables du crime de concussion, en ordonnant de percevoir ou en exigeant ou en recevant ce qu'ils savaient n'être pas dû, ou excéder ce qui était dû pour droits, taxes, contributions, deniers ou revenus, ou pour salaires ou traitements, seront punis, savoir : les fonctionnaires ou les officiers publics, de la

TEXTE ANCIEN.

de la peine de la réclusion ; et
leurs commis ou préposés, d'un
emprisonnement de deux ans
au moins et de cinq ans au
plus.

Les coupables seront de plus
condamnés à une amende dont
le *maximum* sera le quart des
restitutions et des dommages-
intérêts , et le *minimum* le
douzième.

TEXTE NOUVEAU.

peine la réclusion ; et leurs commis ou préposés, d'un emprisonnement de deux ans au moins
et de cinq ans au plus, lorsque
la totalité des sommes indûment
exigées ou reçues, ou dont la
perception a été ordonnée, a été
supérieure à trois cents francs.
— Toutes les fois que la totalité
de ces sommes n'excédera pas
trois cents francs, les fonctionnaires ou les officiers publics ci-
dessus désignés seront punis
d'un emprisonnement de deux
à cinq ans, et leurs commis ou
préposés d'un emprisonnement
d'une année au moins et de
quatre ans au plus. La tentative
de ce délit sera punie comme
le délit lui-même.

Dans tous les cas où la peine
de l'emprisonnement sera prononcée, les coupables pourront
en outre être privés des droits
mentionnés en l'article 48 du
présent Code pendant cinq ans
au moins et dix ans au plus, à
compter du jour où ils auront
subi leur peine ; ils pourront
aussi être mis, par l'arrêt ou le
jugement, sous la surveillance
de la haute police pendant le
même nombre d'années.

Dans tous les cas prévus par

TEXTE ANCIEN.

TEXTE NOUVEAU.

le présent article, les coupables seront condamnés à une amende dont le maximum sera le quart des restitutions et des dommages-intérêts, et le minimum le douzième.

Les dispositions du présent article sont applicables aux greffiers et officiers ministériels lorsque le fait a été commis à l'occasion des recettes dont ils sont chargés par la loi.

L'ancien article recevra son exécution toutes les fois que la totalité des sommes détournées n'excédera pas trois cents francs. Dans ce cas les fonctionnaires ou officiers publics seront punis de la réclusion, leurs commis ou préposés, d'un emprisonnement de deux ans au moins et de cinq ans au plus. Dans le cas contraire, les premiers seront punis d'un emprisonnement de deux à cinq ans; les seconds, d'un emprisonnement d'une année au moins et de quatre ans au plus.

M. Picard s'est cru obligé de critiquer cet article, de blâmer cette disposition qui, disait-il, en tenant compte du préjudice causé, introduisait dans la loi « un principe tout à fait nouveau. » Cette attaque n'était pas plus réfléchie que les autres. La loi ancienne était maintenue avec toute sa sévérité à l'égard des gros voleurs : elle était adoucie en ce qui concernait les petits. Ce que demandait M. Picard, c'était que le pauvre fonctionnaire qui s'approprirait indûment d'une somme de dix francs, fût puni de la réclusion comme le commissionnaire qui s'emparerait d'une somme de cent mille francs. Bien entendu l'honorable député n'en était pas moins toujours le champion de l'indulgence !

Ici encore d'ailleurs M. Picard se trompait sur les précédents de la législation. En reprochant au projet qu'il combattait, d'introduire un principe tout à fait nouveau dans nos lois, il oubliait que ce principe était au contraire la règle en matière de détournements commis par des fonctionnaires publics dans l'exercice de leurs fonctions. Il donnait lieu de penser que ses préoccupations politiques n'avaient pas laissé à ses yeux le temps de s'arrêter sur les articles 169, 170, 171 du Code de 1832, sur l'article 174 et l'article 463 du Code de 1810.

La disposition nouvelle était donc parfaitement fondée et ne constituait qu'une application des principes constamment suivis en pareille matière.

Elle devra avoir un effet rétroactif, car elle est favorable aux accusés.

Cette disposition, comme toutes ses analogues, pourra faire naître dans la pratique une difficulté que nous allons examiner brièvement.

Si la totalité des sommes détournées excède d'une faible quantité trois cents francs, il ne sera pas impossible que le ministère public, soit pour obtenir une répression plus certaine et plus prompte, soit pour mettre l'accusé à l'abri d'une peine afflictive et infamante jugée trop sévère dans l'espèce, ne tienne pas compte d'une ou plusieurs soustractions, de manière à abaisser le total des détournements au-dessous de trois cents francs et à correctionnaliser l'affaire, pour employer un mot que la pratique a consacré. L'accusé pourra-t-il dans ce cas attaquer cette inculpation soit devant le juge d'instruction, soit devant le tribunal, et demander son renvoi devant la Cour d'assises en s'accusant lui-même de détournements qui n'auraient pas été relevés contre lui ?

Un point bien certain, c'est que les tribunaux, étant maîtres de leur compétence, ont parfaitement qualité pour apprécier ce qu'une pareille exception peut avoir de sérieux. Si l'inculpé s'accusait de faits imaginaires, alors qu'il n'aurait certainement commis que des détournements d'une valeur inférieure à trois cents francs, les tribunaux ne devraient pas favoriser sa réclamation qui ne constituerait qu'une fraude à la loi.

Mais que décider, si les faits, non relevés par le ministère public, mais qui, s'ils l'avaient été, auraient changé la compétence, paraissent certains

ou au moins très-vraisemblables au tribunal correctionnel ou au juge d'instruction? La question
est assez délicate.

L'accusé peut dire qu'il a le droit de demander à
être jugé par des magistrats compétents ; que c'est
là un droit d'ordre public, dont nul ne peut le dépouiller ; qu'il est le seul juge de la question de savoir si la juridiction de la Cour d'assises lui sera
ou non avantageuse, et que le priver arbitrairement
de ses juges naturels, c'est porter atteinte aux
droits sacrés de la défense.

Ces raisons sont fort graves. Sans aucun doute
elles devraient entraîner une déclaration d'incompétence dans beaucoup d'hypothèses. Ainsi, pour
correctionnaliser un crime, le ministère public a
négligé une ou plusieurs circonstances aggravantes ;
comme il ne s'agit que d'un fait unique et qu'il
est impossible d'établir ce fait, sans en établir en
même temps les circonstances, celles-ci se trouvant
nécessairement démontrées par l'enquête et acquises
au débat, il nous paraît impossible de ne pas admettre l'exception d'incompétence si le prévenu
l'oppose. Vous m'accusez d'un vol simple, de
coups et blessures, constituant des délits. Le débat
correctionnel prouve que ce vol a été commis avec
escalade et effraction, que ces coups ont été portés,
que ces blessures ont été faites à un ascendant. Il
devient évident que le tribunal est incompétemment

saisi de la connaissance d'un crime. Je ne m'accuse pas moi-même, en relevant les circonstances aggravantes. Elles sont acquises au procès, par suite de l'inculpation même. Il était impossible d'examiner le fait sans ses circonstances, le vol sans les manœuvres qui l'avaient accompagné ou suivi, les coups et blessures sans la qualité de la victime. Mais l'hypothèse que nous étudions, se présente avec un caractère tout différent. Il ne s'agit point ici pour le prévenu d'invoquer une circonstance établie au procès, un point acquis au débat par suite de l'inculpation elle même. Il faut qu'il s'accuse de faits entièrement distincts de ceux compris dans l'inculpation primitive. La démonstration de ces derniers n'a pu amener même indirectement celle des premiers. Ceux-ci n'apparaissent au débat que par les aveux qu'en fait l'accusé; le tribunal n'est saisi par personne, même indirectement, de leur examen. Le ministère public se tait. Le prévenu ne peut s'accuser lui-même. *Nemo auditur perire volens.*

Il ne peut saisir le tribunal de la connaissance d'un délit qu'il a commis. Autre chose est de relever une circonstance d'un fait dont le tribunal est saisi; autre chose de saisir celui-ci d'un fait entièrement nouveau. L'accusé ne saurait jamais avoir cette dernière faculté. Dans l'hypothèse de l'article 174, telle est évidemment la situation. Chaque détournement est un délit distinct et séparé. Le ministère public a le droit, dans le cas où plusieurs faits de ce genre ont été commis, de relever les uns et non pas les autres, exactement comme en matière de vols ou de coups et blessures, il pourrait relever plusieurs faits et négliger les autres. Incontestablement l'accusé, dans ces derniers cas, ne pourrait saisir le tribunal de la connaissance des délits dont le ministère public ne l'aurait pas inculpé. Il doit en être de même dans l'hypothèse de l'article 174. Sans doute cette solution ne sera pas toujours avantageuse à l'accusé. Mais quelque respect que l'on doive avoir pour les droits de la défense, on ne peut le porter jusqu'à la violation des principes les plus certains.

Ajouterons-nous que ces sortes d'exceptions ne méritent pas grande faveur, et que l'accusé qui demande devant le tribunal correctionnel à être renvoyé devant la Cour d'assises et s'expose ainsi à une longue détention préventive et à des peines afflictives et infamantes, est évidemment un coupable qui espère d'un jury trop faible obtenir l'impunité. S'il était innocent, en effet, pourquoi n'en ferait-il pas la preuve devant la première juridiction saisie ? L'acquittement d'un tribunal correctionnel vaut-il moins que celui d'une Cour d'assises ? Une pareille exception est un acte de défiance pour le tribunal devant lequel elle est proposée. Elle semble lui dire que, plus que la Cour d'assises, il est sujet à condamner des innocents.

Le troisième § de notre article est entièrement nouveau : « La tentative de ce délit sera punie comme le délit même. » Sous l'ancienne loi la tentative de ce délit, n'étant pas prévue par la loi, n'était pas punissable, aux termes de l'article 9 du Code pénal.

Cette disposition s'applique évidemment aux délits prévus dans le § 2 de l'article 174; mais s'applique-t-elle également aux délits prévus par la seconde disposition du § 1er, aux concussions dont se sont rendus coupables les commis ou préposés? C'est plus difficile. Les mots « *ce délit* » semblent indiquer qu'il ne s'agit dans ce § 3 que d'une seule espèce de délit, celle évidemment qui est prévue dans le § précédent. Cette interprétation ne nous paraît pas devoir être admise : 1° le délit du § 2 ne diffère pas de celui du § 1er; il s'agit toujours d'un seul délit, celui de concussion. 2° Il serait absurde d'atteindre la tentative de ce délit lorsque le préjudice serait inférieur à trois cents francs et de ne pas l'atteindre au contraire lorsqu'il serait supérieur à cette limite.

Ceci posé, il nous faut examiner ce que la loi nouvelle entend par ces mots « tentative de concussion ». C'est là un de ces points qu'une discussion approfondie eût éclaircis sans doute, et l'opposition, au lieu de s'égarer dans des objections sans importance comme sans fondement, eût mieux servi la science en appelant sur ce point toute l'attention de nos législateurs. Cette question nous paraît ici presqu'aussi délicate qu'en matière d'escroquerie, et nous verrons plus loin combien elle a divisé la Chambre dans la discussion relative à ce dernier délit.

La loi ancienne atteignait les fonctionnaires et autres qui s'étaient « rendus coupables du crime » de concussion, *en ordonnant de percevoir ou en » exigeant ou en recevant* ce qu'ils savaient n'être » pas dû. » La tentative de concussion était alors évidemment atteinte puisqu'il s'agissait d'un crime (art. 2, C. p.). Mais peut-on dire que la tentative de ce fait devait rester impunie lorsqu'il ne constituait qu'un délit, son auteur n'étant qu'un subordonné? Il importe de bien peser les termes de la loi. Le fait de concussion peut être commis de trois manières :

1° « En recevant sans exiger» (Faust. Hélie, t. II, p. 557). Evidemment, ce fait, c'est le délit consommé. Ajoutons que, dans cette hypothèse, la tentative est presqu'impossible à concevoir, qu'il ne peut y avoir que délit consommé ou rien. En effet, vous me remettez à moi, fonctionnaire ou préposé de fonctionnaire, une somme qui ne m'est pas due. Je la prends; voilà le délit. Vous me la reprendriez, ou même je vous la restituerais sur le champ, je n'en aurais pas moins reçu, et du moment que j'aurais eu l'intention de garder, indispensable pour que le délit existe, j'aurais consommé ce dernier. Mais comment pourrai-je, sans recevoir, tenter de le commettre? Si je vous dis de me donner, j'exige; je rentre dans l'autre hypothèse prévue par l'article 174. Dans celle que nous examinons, le coupable n'a rien fait, rien dit : il s'est borné à recevoir. Comment concevoir une tentative de la part d'un homme qui n'agit pas? Il faudrait dire pour cela qu'il y aura tentative si le fonctionnaire tend la main sans rien dire, ou prie, sans exiger, qu'on lui donne ce qui n'est pas dû. Mais comment voir dans ces hypothèses le délit de concussion. Punir comme concussionnaire, un homme qui tend la main sans rien dire, cela ne serait pas sérieux. Et il ne le serait pas davantage de punir un fonctionnaire et son préposé qui prient qu'on leur donne ce qui ne leur est pas dû, et qui par cette seule prière avertissent qu'on ne leur doit rien. Ces deux faits supposeraient une telle absurdité de la part de leurs auteurs qu'ils ne se produiront jamais dans la pratique. Et, d'un autre côté, ils ne présentent point les caractères de la concussion, qui suppose un abus d'autorité, un excès de pouvoir, ou au moins une fraude, une tromperie coupable, et non une humble prière, en quelque sorte, une demande d'aumône.

Nous croyons donc qu'il n'y a pas de tentative possible du délit de concussion commis en recevant sans exiger, et que dans cette hypothèse, cette tentative ne pourra pas être plus punie sous la loi nouvelle qu'elle ne l'était sous la loi ancienne.

2° « En exigeant. » Le procès-verbal de la séance du Conseil d'Etat du 9 janvier 1810 nous apprend que, lors de la rédaction de l'article 174, on proposa de réunir les deux faits d'exiger et de recevoir. « Exiger sans recevoir, » disait-on, avec raison, « c'est manifester l'intention sans compléter le » crime; recevoir après avoir exigé, c'est mani- » fester l'intention et consommer. Celui qui exige » ce qui n'est pas dû, peut être refusé ou se » tromper : la condition serait entièrement juste » si l'on mettait ces mots *en exigeant et recevant*. » Cet amendement fut rejeté (Faustin Hélie, t. II, p. 559). Il résulte sans aucun doute, à notre avis, du texte même de l'article 174, qui n'exige pas que le fait d'avoir reçu soit joint au fait d'avoir exigé, et de ce passage des délibérations, que le législateur a considéré comme crime ou comme délit, le premier de ces faits, isolé de toute perception. Et qu'est-ce donc, sinon la tentative ? J'exige que vous me remettiez des fonds qui ne sont pas dûs. Vous vous y refusez. Le fait de concussion, c'est-à-dire la perception illégale, n'est point consommé. Il a manqué par des circonstances indépendantes de ma volonté. J'ai commis une tentative, voilà tout. Et c'est ce qu'on a si bien compris au Conseil d'Etat, quand on a dit : « Exiger sans recevoir, c'est mani- » fester l'intention sans compléter le crime. » Si le législateur a prévu ce fait, c'est qu'il a voulu punir la tentative du crime ou du délit de con- cussion.

Dira-t-on maintenant que la loi nouvelle at- teindra le fonctionnaire ou son préposé qui auront tenté d'exiger? Mais cela ne se comprendrait pas? Tenté d'exiger? Qu'est-ce que cela veut dire? On exige, et alors on rentre dans les termes de l'ancien article 174, ou on n'exige pas, et alors on ne fait rien. Mais on ne tente pas d'exiger. On peut en avoir l'intention; mais l'intention simple, qui n'est manifestée par aucun acte, ne tombe pas sous l'ap- plication de la loi pénale. Maintenant supposons ceci : J'exige de vous ce qui n'est pas dû. Puis avant que vous n'ayez eu le temps de me répondre, car, dans ce cas, la tentative punie par la loi serait consommée, je me ravise, je me hâte de vous dire : « Ne payez pas; je refuse le versement de la somme » que je vous ai demandée illégalement. » Evidem- ment, la tentative a manqué son effet par des cir- constances dépendantes de la volonté de son auteur. Nous ne sommes plus dans les termes de l'article 2 du Code pénal. Nous ne sommes plus davantage dans ceux de l'ancien article 174. Si j'ai exigé un instant, je me suis rétracté sur le champ. Mon exigence ne vous a pas atteint puisque je ne vous ai pas laissé le temps de me répondre. J'ai manifesté mon intention, voilà tout ; mais j'ai moi-même empêché qu'elle ne reçût son exécution. J'ai veillé à ce que cette manifestation n'eût aucun effet sur vous. Tout compte fait, je n'ai rien exigé de vous ; je n'ai eu que la pensée de le faire. Cette action n'est pas prévue par l'ancien texte de l'article 174, qui suppose que l'on a exigé, c'est-à-dire contraint, c'est-à-dire agi avec abus de pouvoir, c'est-à-dire exercé une pression coupable. Rien de pareil n'a été fait : personne n'a subi d'exigence. Insistons d'ailleurs sur ce point que c'est là encore une hypothèse de nature à ne se présenter pour ainsi dire jamais. Car il faut admettre alors que la rétractation de l'exigence suit immédiatement cette dernière. Si le moindre intervalle avait lieu entre elles deux, la victime de cette action aurait subi l'exigence, aurait eu le temps d'y déférer ; on serait évidemment dans les termes anciens de l'article 174.

La loi nouvelle atteindra-t-elle cette action ? Nous ne le croyons pas. La tentative d'exigence ne saurait être une tentative de délit : c'est une tentative de tentative que la loi ne punit pas. Il ne faut pas perdre de vue l'article 2 du Code pénal qui exige, d'accord sur ce point avec tous les principes, pour

que la tentative soit punissable, qu'elle soit manifestée par un commencement d'exécution. L'exigence, dans notre matière, est un commencement
d'exécution. La tentative d'exigence n'est rien que
la manifestation d'une pensée, d'une intention criminelle; ce n'est point un acte! L'exigence, ré-
tractée sans désemparer, n'est point un commencement d'exécution, ce n'est qu'une parole impru-
dente. Et c'est là, pourtant, le seul cas où l'on
puisse concevoir une tentative d'exigence, manifestée par un semblant d'exécution !

Admettre que la loi nouvelle ait voulu prévoir les
tentatives d'exigence, c'est supposer qu'elle a voulu
déroger à l'article 2 du Code pénal, violer tous les
principes, et cela pour punir des faits fort excusables, de nature à ne se présenter jamais, pour
atteindre de simples intentions. Cela n'est pas ad-
missible. Les termes qu'elle emploie, le prouvent
jusqu'à l'évidence. Ne se borne-t-elle pas à dire :
« la tentative de ce délit? » Par cette généralité
de ces expressions ne s'en réfère-t-elle pas aux principes généraux en matière de tentative?

3° « En ordonnant de percevoir. » Ainsi le fonctionnaire ou l'employé supérieur qui donnent à l'employé inférieur l'ordre de percevoir ce qui n'est pas
dû, commettent le crime ou le délit de concussion.
Comme dans le cas précédent, il n'est pas nécessaire que la perception soit opérée. Le Code ne

l'exige pas. L'ordre donné seul constitue le délit.
Or ce fait, comme l'exigence, isolé de la perception, n'est certainement qu'une tentative de délit.
C'est la manifestation d'une intention criminelle :
c'est un commencement d'exécution. Mais ce n'est
pas l'exécution complète; ce n'est pas la perpétration.

Maintenant peut-il y avoir une tentative de cette
tentative, susceptible d'être atteinte par la loi nouvelle? Nous ne pouvons que répéter ici ce que nous
venons de dire de l'exigence. Un ordre se donne ou
ne se donne pas. Si l'on essaie de le donner, sans
le faire, la pensée coupable n'est même pas manifestée. Une pensée ne se punit pas. Si l'on donne
cet ordre et qu'ensuite on le rétracte, avant qu'il ait
été exécuté ou qu'il ait reçu, par l'exigence tentée
par l'employé inférieur, un commencement d'exécution, en un mot avant que la partie intéressée
en ait été prévenue, il est impossible encore de voir
là un fait punissable, car la tentative à manqué son
effet par la volonté même de son auteur. L'ancien
article 174, comme le nouveau, ne saurait violer
tous les principes en matière de tentative. Atteindre
cette tentative qui a manqué son effet par la volonté
de son auteur, ce serait déroger à l'article 2 du
Code pénal, ce serait punir l'homme qui se serait
repenti avant l'exécution de son projet criminel.
Disposition bien dangereuse que celle qui dirait

à celui qui projette un crime : « Rien ne te servira
» de te repentir. Que tu ailles jusqu'au bout, ou bien
» que tu t'arrêtes avant d'avoir perpétré ta mauvaise
» action, la pénalité sera la même ! » Il nous semble
évident que la loi ancienne, pas plus que la loi nouvelle, n'a voulu d'un pareil résultat.

Nous croyons avoir démontré que le § 3 de
l'article 174 n'atteint ni la tentative de perception
sans exigence, impossible à concevoir sérieusement,
ni la tentative d'exigence ou d'ordre d'exigence, qui
ne sauraient constituer que des tentatives ayant
manqué leur effet par la volonté de leurs auteurs.
Qu'a-t-il donc voulu atteindre ? Question difficile à
résoudre. Nous ne pouvons guère comprendre de
tentative de concussion, dans le sens légal du mot,
commise autrement que par exigence ou ordre
d'exigence. La fraude, la tromperie en pareille matière, sont évidemment comprises dans le mot
d'exigence. On ne peut tromper sur ce qui est
dû, qu'en exigeant, qu'en demandant plus qu'il
n'est dû.

Nous sommes donc profondément convaincu que
l'ancien article 174 atteignait tous les cas de tentative de concussion légalement punissables.

La disposition nouvelle nous paraît surabondante. Nous ne trouvons qu'un moyen de l'expliquer. Le nouveau § 2 de l'article 174 adoucissait
dans certains cas les peines portées par le § 1er. Les

délits prévus par ce paragraphe étant d'une importance assez faible, comparativement à ceux punis par le § 1er, le législateur a craint que par faveur la jurisprudence ne tendît à appliquer aux tentatives de ces délits les principes généraux qui n'assimilent pas les tentatives de délit au délit lui-même. Il a cru devoir s'en expliquer formellement, d'autant plus que l'ancien article avait l'inconvénient de qualifier crime de concussion, l'ordre ou l'exigence, c'est-à-dire de confondre la tentative avec le fait consommé. Mais la disposition nouvelle a l'inconvénient non moins grand de soulever de sérieuses difficultés d'interprétation. Et d'un autre côté l'indulgence que redoutait le nouveau législateur, ne nous paraissait pas possible en présence des termes si formels du § 1er, communs au § 2. Evidemment, alors même que la concussion n'aurait pas eu pour objet des sommes supérieures à 300 fr., il y aurait toujours eu lieu à l'application des peines du § 2, dans le cas même où le délit aurait été commis en ordonnant de percevoir ou en exigeant ce qui n'était pas dû, c'est-à-dire, dans les seuls cas de tentatives de concussion qu'il soit possible de concevoir.

La discussion à laquelle nous venons de nous livrer, a résolu à l'avance implicitement la question de savoir si le § 3 de l'article 174 est susceptible d'avoir un effet rétroactif. Nous croyons avoir démontré que s'il explique l'ancien article, il n'y fait entrer aucune disposition véritablement nouvelle. La tentative de concussion était toujours atteinte par l'ancien article 174. S'il n'y a rien de changé dans la législation ancienne, on n'appliquera donc pas rétroactivement une loi nouvelle, mais la loi ancienne elle-même, quand on appliquera le § 3 du nouvel article aux tentatives de concussion.

Le § 4 de cet article est entièrement nouveau :
« *Dans tous les cas où la peine d'emprisonnement*
» *sera prononcée, les coupables pourront, en outre,*
» *être privés des droits mentionnés en l'article 42 du*
» *présent Code pendant cinq ans au moins et dix au*
» *plus, à compter du jour où ils auront subi leur*
» *peine ; ils pourront aussi être mis, par l'arrêt ou*
» *le jugement, sous la surveillance de la haute police*
» *pendant le même nombre d'années.* »

Dans tous les cas où la peine de l'emprisonnement sera prononcée. — C'est-à-dire dans tous les cas de concussion, — puisque la peine de ce délit étant toujours au moins égale à un an de prison, le nouvel article 463 ne permettra plus de prononcer jamais une simple amende contre des faits de cette nature.

Cette disposition introduisant une pénalité nouvelle, ne saurait avoir d'effet rétroactif. Faisons une exception pour les cas de concussion-crime, transformés en délits par le § 2 de l'article nouveau. Ceux-ci étaient punis de la réclusion et par suite de la dégradation civique. Appliquer à ces sortes de faits le paragraphe qui nous occupe, ce n'est pas prononcer contre eux une pénalité nouvelle, c'est adoucir l'ancienne.

La dernière innovation introduite dans l'article 174, est celle du dernier paragraphe : « *Les disposi-* » *tions du présent article sont applicables aux greffiers* » *et officiers ministériels, lorsque le fait a été commis* » *à l'occasion des recettes dont ils sont chargés par la* » *loi.* »

Ce paragraphe n'introduit pas à proprement parler dans la loi une disposition nouvelle, et par suite il pourra être appliqué rétroactivement.

Evidemment les expressions « *recettes dont il était chargé par la loi,* » ne peuvent s'entendre des droits, des honoraires reçus par les officiers ministériels par application des tarifs. Ils sont autorisés à les recevoir ; ils ne sont point *chargés* de cette perception. Ils ne sont *chargés* de recevoir que certains droits établis par la loi et dont le montant ne reste pas dans leurs mains. C'est quand ils prendront en vertu de la loi, et non en vertu des tarifs, des droits exorbitants qu'ils tomberont sous l'application de l'article 174. Dans le premier cas, il y aura abus d'un pouvoir public ; dans le second, seulement abus d'un droit privé. Ce dernier fait peut constituer un acte blâmable, une faute disciplinaire : ce ne peut jamais être un délit.   7

La disposition nouvelle ainsi entendue n'est qu'une interprétation de l'ancien article. Il était en effet constant en doctrine et en jurisprudence que l'article 174 était applicable aux greffiers et officiers ministériels, dans les cas prévus par le dernier § de l'article nouveau (Cass. 7 avril 1842, *B.* 79, Faustin Hélie, t. II, p. 551 et suiv.). Pour lever toutes les difficultés, le législateur a cru nécessaire de s'expliquer plus clairement; mais comme il ne modifie en rien l'ancien état de choses, il est bien évident que sa disposition interprétative pourra être appliquée rétroactivement. Décider le contraire serait déroger à l'ancienne jurisprudence.

ART. 177.

TEXTE ANCIEN.	TEXTE NOUVEAU.
Tout fonctionnaire public de l'ordre administratif ou judiciaire, tout agent ou préposé d'une administration publique, qui aura agréé des offres ou promesses, ou reçu des dons ou présens pour faire un acte de sa fonction ou de son emploi, même juste, mais non sujet à salaire, sera puni de la dégradation civique, et condamné à une amende double de la valeur des promesses agréées ou des choses reçues, sans que ladite amende puisse être inférieure à deux cents francs.	Tout fonctionnaire public de l'ordre administratif ou judiciaire, tout agent ou préposé d'une administration publique, qui aura agréé des offres ou promesses, ou reçu des dons ou présens pour faire un acte de sa fonction ou de son emploi, même juste, mais non sujet à salaire, sera puni de la dégradation civique, et condamné à une amende double de la valeur des promesses agréées ou des choses reçues, sans que ladite amende puisse être inférieure à deux cents francs.

<table>
<tr><td>

TEXTE ANCIEN.

La présente disposition est applicable à tout fonctionnaire, agent ou préposé de la qualité ci-dessus exprimée, qui, par offres ou promesses agréées, dons ou présens reçus, se sera abstenu de faire un acte qui entrait dans l'ordre de ses devoirs.

</td><td>

TEXTE NOUVEAU.

La présente disposition est applicable à tout fonctionnaire, agent ou préposé de la qualité ci-dessus exprimée, qui, par offres ou promesses agréées, dons ou présens reçus, se sera abstenu de faire un acte qui entrait dans l'ordre de ses devoirs.

Sera puni de la même peine tout arbitre ou expert nommé soit par le tribunal, soit par les parties, qui aura agréé des offres ou promesses, ou reçu des dons ou présents, pour rendre une décision ou donner une opinion favorable à l'une des parties.

</td></tr>
</table>

Cet article n'est modifié que par l'addition du 3e §. Tout le monde applaudira à cette disposition qui assimile aux juges les experts ou arbitres nommés pour terminer un différend.

Cette décision, créant une pénalité nouvelle, ne devra pas avoir d'effet rétroactif.

Que faudra-t-il entendre par ces expressions: « *pour rendre une décision ou donner une opinion fa-* » *vorable à l'une des parties?* »

Nul doute que notre article ne soit applicable lorsqu'un arbitre ou un expert aura vendu son opinion à l'une des parties entre lesquelles il avait à prononcer. Mais que décider si sa décision est juste, s'il est parfaitement établi que les présents reçus n'ont point déterminé son opinion, ou même qu'il a opiné dans un sens défavorable à la partie dont il a reçu les présents?

Nous croyons que le troisième § de l'article 177 sera applicable dans tous ces cas : la loi ne tient nullement compte de la décision rendue, de l'opinion manifestée, du résultat, en un mot, que peut avoir eu la corruption. Il lui suffit que la somme reçue l'ait été, avec l'intention de la partie, connue de l'expert, d'obtenir une décision ou une opinion favorable. Peu importe que cette action ait ou n'ait pas été le motif déterminant de cette décision ou de cette opinion. La loi ne se préoccupe jamais du résultat d'un crime pour le punir. Ce serait d'ailleurs dans l'hypothèse qui nous occupe, chose impossible à vérifier, que l'influence de la corruption sur les déterminations de l'expert. Encore bien que le § 3 de l'article 177 n'ait pas répété ces expressions « *même juste* » employées par son premier §, nous croyons que la situation est toujours la même, et que l'on n'aura jamais à se préoccuper de la décision de l'expert, mais du but de la corruption.

Que décider dans le cas où un expert ou un arbitre aurait reçu des dons ou promesses pour s'abstenir de rendre une décision ou de donner une opinion contraire à l'une des parties? Si une décision intervient, l'abstention de l'arbitre ou de l'expert de rendre une décision ou d'émettre une opinion contraire au corrupteur, ne peut se produire que par l'émission d'une opinion favorable, et alors, ce cas rentre dans les termes mêmes de la loi. Notre question ne peut souffrir de difficulté que lorsqu'aucune décision n'intervient, lorsque l'expert ou l'arbitre acheté se récuse, refuse de juger, pour ne pas rendre une décision contraire à la partie qui l'a corrompu. Dans ce cas, nous pensons, en le regrettant, qu'il n'y a pas lieu d'appliquer le nouveau § de l'article 177. Ce texte suppose une décision, une opinion, et non une abstention, une récusation, ce qui est tout différent. Le 2e § de cet article atteint l'abstention dans les cas prévus par le § 1er. Ce fait n'est pas atteint dans le cas du § 3. Ce silence est significatif. Nous ne pouvons pas étendre la loi pénale.

Remarquons toutefois que l'on aura si rarement à regretter ce silence de la loi, que cela ne vaut véritablement pas la peine de lui en faire un reproche.

Le fait de récusation volontaire, achetée à prix d'or, d'un expert ou d'un arbitre est excessivement rare. Quand on est assez misérable pour se faire acheter, on va jusqu'au bout ; on ne se récuse pas pas ; on rend une décision, on émet une opinion favorable. Et d'autre côté la partie qui se compromettra pour obtenir la décision qu'elle désire, ne s'exposera pas aussi volontiers pour n'arriver qu'à une récusation qui la laissera en butte aux mêmes dangers. Voilà pourquoi sans aucun doute la loi nouvelle a négligé de prévoir le fait qui nous occupe. *De rarissimis non curat prætor.*

Nous n'avons pas besoin de faire remarquer que les faits prévus par l'article 177, étant punis de la dégradation civique, sont des crimes, aux termes des articles 1 et 8 du Code pénal, et que par conséquent, la tentative en sera punissable (article 2, C. p.).

Mais que faudra-t-il considérer comme la tentative de ce crime? C'est là encore une question assez délicate.

A notre avis, le texte la résout, comme dans l'article 174. Il atteint : 1° celui qui a reçu des dons ou présents, c'est le crime consommé; 2° celui qui a agréé des offres ou promesses, voilà la tentative. La corruption consommée, c'est la perception des avantages qui font le prix du marché honteux accepté par l'arbitre ou l'expert. Lorsqu'il n'y a qu'offres ou promesses, il y a seulement espoir d'obtenir ses avantages, démarche faite pour se les procurer, tentative de recevoir, c'est-à-dire de consommer le crime. Hors ce cas, nous ne voyons pas de tentative dans le sens légal du mot. Il est évident que l'on ne peut tenter d'agréer; ces deux mots jurent ensemble. Et d'ailleurs ce ne serait là que la tentative d'une tentative, la manifestation d'une intention, fait qui n'est jamais punissable.

Mais que décider de l'arbitre ou de l'expert qui aura tenté de recevoir des dons ou présents ? Nous ne parlons pas bien entendu de celui qui aura agréé des offres ou promesses ; le cas est prévu par la loi. Nous parlons de l'arbitre, de l'expert, assez dénués d'honneur pour provoquer des dons ou promesses, pour s'offrir en vente, pour se mettre à l'encan. Si cette démarche est couronnée de succès, pas de difficultés. Nous rentrons dans le texte ; le marché ne peut se conclure sans offres agréées ou présents reçus.

Mais si le marché ne se conclut pas, si la partie ainsi provoquée à la corruption ne reçoit pas la proposition arrêtée en chemin par quelque obstacle, ou refuse d'y donner suite, y aura-t-il là tentative du crime de corruption ? Nous ne le croyons pas. Les textes de la loi sont formels ; ils n'atteignent que le marché conclu entre l'arbitre, ou l'expert, et la partie. Ce marché seul constitue le crime, s'il est exécuté, la tentative, s'il ne l'est pas après avoir été conclu. La proposition de se laisser corrompre, fait unilatéral, ne constitue pas ce marché qui ne peut naître que de l'accord de deux volontés, fait synallagmatique.

D'un autre côté, la tentative d'un crime n'est punissable que quand son auteur ne peut plus se rétracter, qu'il a commencé à exécuter son crime. C'est ce qui a lieu quand l'arbitre a accepté des offres ou promesses, a conclu un engagement avec la partie. Mais quand rien de pareil ne s'est produit, il n'y a guère que manifestation d'une pensée mauvaise, provocation à un crime, faits qui ne tombent pas sous l'application de la loi pénale.

Ajouterons nous que la loi a prévu le cas où la partie ferait des offres ou promesses non agréées du fonctionnaire ou de l'expert, et que son silence en ce qui concerne les propositions de ces derniers, prouve au contraire qu'elle n'a pas voulu atteindre des faits de cette nature. Et nous le comprenons ; il faut le dire à l'honneur de l'humanité, ces actes seront tellement rares que le législateur n'a pas à s'en préoccuper. S'ils se produisaient, l'indignation publique, la destitution, le déshonneur ineffaçable du coupable entouré jusque là de la considération publique, en feraient prompte, sévère et suffisante justice.

ART. 179.

TEXTE ANCIEN.	TEXTE NOUVEAU.
Quiconque aura contraint ou tenté de contraindre par voies de fait ou menaces, corrompu ou tenté de corrompre par promesses, offres, dons où présens, un fonctionnaire, agent ou préposé, de la qualité exprimée en l'article 177, pour obtenir, soit une opinion favorable, soit des procès-verbaux, états, certificats ou estimations con-	Quiconque aura contraint ou tenté de contraindre par voies de fait ou menaces, corrompu ou tenté de corrompre par promesses, offres, dons ou présens, *l'une des personnes*, de la qualité exprimée en l'article 177, pour obtenir, soit une opinion favorable, soit des procès-verbaux, états, certificats ou estimations contraires à la vérité, soit des

TEXTE ANCIEN.	TEXTE NOUVEAU.
traires à la vérité, soit des places, emplois, adjudications, entreprises ou autres bénéfices quelconques, soit enfin tout autre acte du ministère du fonctionnaire, agent ou préposé, sera puni des mêmes peines que le fonctionnaire, agent ou préposé corrompu.	places, emplois, adjudications, entreprises ou autres bénéfices quelconques, soit tout autre acte du ministère du fonctionnaire, agent ou préposé, *soit enfin l'abstention d'un acte qui rentrait dans l'exercice de ses devoirs*, sera puni des mêmes peines que *la personne* corrompue.
Toutefois, si les tentatives de contrainte ou corruption n'ont eu aucun effet, les auteurs de ces tentatives seront simplement punis d'un emprisonnement de trois mois au moins et de six mois au plus, et d'une amende de cent francs à trois cents francs.	Toutefois, si les tentatives de contrainte ou corruption n'ont eu aucun effet, les auteurs de ces tentatives seront simplement punis d'un emprisonnement de trois mois au moins et de six mois au plus, et d'une amende de cent francs à trois cents francs.

Cet article n'est modifié qu'en un seul passage. Il atteint la corruption ou tentative de corruption opérée par un particulier dans le but d'obtenir *de l'une des personnes de la qualité exprimée en l'article 177 l'abstention d'un acte qui rentrait dans l'exercice de ses devoirs*.

Cette disposition est l'une des meilleures de la loi nouvelle. Elle comble une lacune de l'article 177, que depuis longtemps la magistrature déplorait en la constatant (Faustin Hélie, t. 2, p. 609).

Elle ne nous paraît pas de nature à soulever de

grandes difficultés dans la pratique. Il n'est pas cependant sans intérêt de la rapprocher de la disposition semblable de l'article 177. Nous venons de voir que ce dernier texte n'est point applicable à l'arbitre ou expert qui aura reçu des dons ou promesses pour s'abstenir de juger ou de faire son rapport. Evidemment l'article 179 sera applicable à la partie qui aura fait ces dons ou ces promesses.

Ce résultat fait sentir encore davantage le défaut de l'article 177. N'y aurait-il pas moyen de suppléer à cette lacune en considérant alors l'arbitre ou expert corrompu comme le complice du corrupteur, ce qui permettrait de lui appliquer les peines de l'article 179 ?

La même question se présentait en sens inverse, pour ainsi dire, sous l'empire de la loi ancienne. L'article 177 atteignait le fonctionnaire qui s'était laissé corrompre pour s'abstenir; l'article 177 laissait impuni, dans ce cas, le corrupteur. Et l'on s'était demandé si ce dernier ne devait pas être puni comme complice du corrompu, conformément aux dispositions des articles 57 et 60 du Code pénal. La jurisprudence et la doctrine s'étaient prononcées par la négative (Faustin Hélie , t. II, p. 608 et suiv. Cass. 31 janvier 1832, *Bull.* 31).

Nous croyons que la même solution doit être adoptée dans notre hypothèse. L'article 59 du Code

pénal porte que « les complices d'un crime ou
» d'un délit seront punis de la même peine que les
» auteurs mêmes de ce crime ou de ce délit, sauf
» les cas où la loi en aurait disposé autrement. »

En matière de corruption, la loi en a disposé
autrement. Elle a prévu dans l'article 177 le cas
de corruption passive; dans l'article 179, le cas de
corruption active. Chaque complice du même crime
de corruption est l'objet d'une disposition à part.
Il résulte de là implicitement que ces deux articles dérogent aux dispositions ordinaires sur la
complicité, et que, pour punir le corrupteur comme
complice du corrompu, ou réciproquement, il faut
s'en tenir au texte des articles 177 et 179. L'article 177 n'atteignant pas dans notre hypothèse le
corrompu comme complice du corrupteur, il en
résulte pour lui l'impunité. Ajoutons une raison
décisive : c'est que la solution contraire ne mène-
rait à rien dans la pratique; car le corrupteur lui-
même ne sera passible d'aucune peine dans le cas
où il aura agi dans le but d'obtenir une abstention,
une récusation d'un arbitre ou d'un expert. C'est
bien là, il est vrai, « l'abstention d'un acte qui
» rentrait dans l'exercice de leurs devoirs. » Mais
l'article 179 ajoute : « sera puni des mêmes pe nes
» que la personne corrompue ». Or, nous croyons
avoir démontré que l'article 177 ne prononce aucune peine dans cette hypothèse contre la personne

corrompue; il ne sera pas possible d'en prononcer contre le corrupteur, malgré la disposition nouvelle de l'article 179.

Le ministère public se trouvera à l'égard de ce dernier dans une situation assez singulière; il sera en présence d'un fait prévu par la loi nouvelle, mais contre lequel elle n'aura porté aucune peine dans le cas où il aura produit quelqu'effet, et qui tombera certainement au contraire sous l'application du § 2 de l'article 179 , lorsqu'il sera resté sans effet.

L'article 179, dans son § 1er, punit le corrupteur qui agit « *pour obtenir une opinion favorable.* » Il ne parle pas de celui qui veut « *obtenir une décision fa-* » *vorable.* » Est-ce à dire que cet article n'atteindra pas celui qui aura voulu corrompre un arbitre, et ne contient pas de disposition corrélative à celle du § 3 de l'article 177. L'honorable M. Millet qui s'est montré criminaliste si judicieux dans tout le cours de la discussion de notre loi, a insisté avec raison pour qu'on insérât dans l'article 179 ces mots « *soit* » *une décision, soit une opinion favorable* » qui au-raient levé tous les doutes. Sa rédaction eût sans doute été meilleure et plus correcte. Cependant, comme cet amendement eût retardé la discussion de la loi, en nécessitant un renvoi à la Commis-sion, les orateurs du Gouvernement ont combattu cette mesure. Ils ont fait observer que la décision supposait une opinion, et que par ce motif, sans aucun doute, l'article 179 serait applicable dans le cas dont s'occupait M. Millet. Les explications formelles des législateurs, leur avis unanime ne nous paraissent pas permettre que l'on conserve aucun doute sur cette question.

ART. 222.

TEXTE ANCIEN.	TEXTE NOUVEAU.
Lorsqu'un ou plusieurs magistrats de l'ordre administratif ou judiciaire auront reçu, dans l'exercice de leurs fonctions, ou à l'occasion de cet exercice, quelque outrage par paroles tendant à inculper leur honneur ou leur délicatesse, celui qui les aura ainsi outragés sera puni d'un emprisonnement d'un mois à deux ans. Si l'outrage a eu lieu à l'audience d'une cour ou d'un tribunal, l'emprisonnement sera de deux à cinq ans.	Lorsqu'un ou plusieurs magistrats de l'ordre administratif ou judiciaire, *lorsqu'un ou plusieurs jurés*, auront reçu, dans l'exercice de leurs fonctions, ou à l'occasion de cet exercice, quelque outrage par paroles, *par écrit ou dessin non rendus publics* tendant *dans ces divers cas* à inculper leur honneur ou leur délicatesse, celui qui leur aura *adressé cet outrage* sera puni d'un emprisonnement de *quinze jours* à deux ans. Si l'outrage *par paroles* a eu lieu à l'audience d'une cour ou d'un tribunal, l'emprisonnement sera de deux à cinq ans.

Nous sommes en présence de l'une des dispositions de la loi nouvelle les plus violemment attaquées. Plusieurs rédactions successives ont été proposées pour cet article. La première, soumise au

Corps législatif, n'a pas trouvé grâce devant lui. Ce n'est qu'à la seconde épreuve que cet article a pu être voté. Ncus allons donc l'étudier avec une attention toute particulière.

Remarquons d'abord que le minimum de la peine prononcée par cet article est abaissé d'un mois à quinze jours.

Cette disposition, favorable aux accusés, pourra être appliquée rétroactivement. Elle détruit l'harmonie qui existait précédemment entre l'article 222 et l'article 223, et cela sans autre motif que la nécessité de faire adopter au Corps législatif les dispositions nouvelles de l'article 222, trop vivement critiquées.

Les autres modifications de cet article sont les plus importantes.

La première consiste dans l'addition de ces mots « *lorsqu'un ou plusieurs jurés.* » Les jurés sont mis désormais au même rang que les magistrats dans les cas prévus par l'article 222. C'est là encore une regrettable lacune de la loi, heureusement comblée. L'article 6 de la loi du 25 mars 1822 avait déjà introduit cette assimilation, en ce qui concernait les outrages faits publiquement. Il n'y avait aucune raison de ne pas l'étendre aux outrages non publics.

Cette disposition créant un délit nouveau ne saurait avoir d'effet rétroactif.

Passons maintenant à la seconde modification, la

plus grave sans aucun doute, et qui a fait naître une certaine « émotion, » grande ou petite, dans la presse et au Corps législatif.

La loi ancienne atteignait seulement l'outrage par paroles; la loi nouvelle atteint en outre aujourd'hui l'outrage par écrit ou dessin *non rendus publics*.

Certains orateurs attaquaient avec si peu de réflexion la loi nouvelle qu'ils ont été jusqu'à demander ce que voulaient dire ces mots « *non » rendus publics* » et à critiquer leur emploi. Cette objection suppose que ceux qui l'ont faite, avaient, pour un moment, oublié les lois du 17 mai 1819 et du 25 mars 1822. Ces lois punissent les outrages faits publiquement, d'une manière quelconque, même par écrits ou dessins, à des magistrats ou à des jurés. Cela n'est susceptible d'aucun doute. Pour faire une loi raisonnable et logique, il fallait bien spécifier que l'on s'occupait dans l'article 222 d'outrages non rendus publics. Sans cela, on aurait paru faire une loi nouvelle sur une matière déjà réglementée par une autre loi que l'on n'abrogeait pas.

L'opposition a critiqué cette innovation. Elle aurait désiré que les outrages par écrits ou dessins non rendus publics demeurassent impunis. Pourquoi? Elle n'a pu en donner aucune raison sérieuse. M. Ollivier, le seul qui ait essayé de le faire, s'est

exprimé ainsi : « L'outrage consiste uniquement
» dans la parole, dans le mouvement, dans la
» physionomie, dans le geste, dans l'attitude, dans
» certaines manifestations physiques, extérieures,
» spontanées, matérielles, qui indiquent pour celui
» auquel on s'adresse l'absence de respect, la dé-
» considération ou le mépris. Par écrit, il ne peut
» y avoir d'outrages; il y a injure, il y a diffama-
» tion, il y a menace, il y a violence, il y a tout ce
» que vous voudrez, mais jamais d'outrage possi-
» ble. L'outrage suppose un rapport direct et
» personnel entre deux individus. » Tout cela est
très-éloquemment dit. Mais où M. Ollivier a-t-il
pris cette définition de l'outrage? Est-ce dans la
loi? Celle du 25 mars 1822 atteint l'outrage public, *fait d'une manière quelconque*, c'est-à-dire
adressé personnellement, ou non, au fonctionnaire
outragé. Le mot *offense* qui a été évidemment employé dans le même sens qu'*outrage*, dans les cha-
pitres III et IV de la loi du 17 mai 1819, dans les
articles 2 et 3 de la loi de septembre 1835 et l'article 86 du Code pénal, ne suppose pas non plus nécessairement une attaque personnelle (Conf. 226
et 227, C. p., avec 222 et suiv.). Est-ce dans la
jurisprudence? Le mot *outrage* se trouvait dans
l'ancien article 222; et M. Ollivier sait comment
l'interprétait la Cour de cassation dans ces deux
arrêts de 1861 que lui et ses amis ont attaqués avec

tant de vivacité. Est-ce enfin dans la pratique, dans la réalité des faits?

Comment! L'insulte par écrit ou par dessin n'est pas un outrage! Le lâche qui n'ose pas m'outrager en face, m'écrit les infamies que sa bouche répugne à prononcer. Et il ne m'outrage pas! Que fait-il donc?

« Il y a injure, diffamation, menaces, violences, » mais point d'outrage, » nous dit M. Ollivier. Mais ajoutez donc quelle différence existe entre l'outrage et ces divers faits. Peut-il donc y avoir une injure qui ne soit point un outrage? Et qu'est-ce donc qu'une diffamation adressée directement au fonctionnaire, objet de cette diffamation ? Le mot le dit, *fama,* pour que ce délit existe, il faut qu'il y ait atteinte à la renommée, à la réputation. Quelle atteinte portez-vous à ma renommée, si vous m'adressez un écrit, connu seulement de vous et de moi ? Vous ne pouvez ainsi que m'outrager ; mais certainement vous ne me diffamez pas. Qu'est-ce encore qu'une menace, sinon un outrage de la plus grande gravité. Lisez donc les articles 223 et 224 du Code pénal qui l'assimilent complètement à l'outrage par paroles ou par gestes. Vous dites enfin que dans l'écrit injurieux, il peut y avoir violence. Cette fois-ci, nous l'avouons, nous ne comprenons même plus. La violence, le mot le dit encore, c'est l'usage de la force, *vis*, c'est un fait du genre de ceux prévus par les articles 228 et 230, C. p. Et vous voulez que la lettre ou le dessin injurieux constitue une violence ! Définissez donc vos termes avant de les employer !

Nous le répétons : l'injure, la diffamation, la menace par écrit non public, ne sont rien autre chose que des outrages. Ce mot un peu vague a été employé exprès par le législateur afin que l'on pût y faire entrer toutes les offenses. Et certes l'outrage par écrit est une offense. C'est souvent la plus coupable ; car elle suppose une lâcheté, une préméditation, un sang-froid qui n'existent pas quand l'outrage est verbal et instantané. L'outrage par écrit, savez-vous ce que c'est, vous qui le défendez? C'est la lettre anonyme, c'est-à-dire la flèche du traître, l'arme du lâche, la vengeance du misérable, tout ce qu'il y a de plus méprisable, de plus coupable, de plus odieux ! (Conf. art. 305 et suiv., qui punissent la menace par écrit plus sévèrement que la menace verbale.) Et c'est un fait pareil que vous prenez sous votre protection ! Quand l'infâme qui l'aura commis, aura pu être découvert, vous voulez qu'il échappe à une juste répression ! C'est lui que la loi veut atteindre, et la plume éloquente de vos amis accuse le législateur de vouloir poursuivre l'écrit confidentiel, les mémoires d'un Tacite futur ! N'insistons pas davantage sur de telles exagérations. Nous n'en doutons pas, si les adversaires du projet de loi recevaient une offense par écrit, ils n'hésiteraient pas un instant à se croire outragés.

La nouvelle rédaction de l'article 222, si laborieusement préparée au Corps législatif, détermine les conditions essentielles du délit qu'elle prévoit. Ces conditions sont indiquées par ces expressions :
« *auront reçu........... quelque outrage.....,*
» *celui qui leur aura adressé cet outrage.* »

Ainsi pour qu'il y ait lieu à l'application des peines prononcées par cet article, il faut : 1° que l'outrage ait été *adressé*; 2° qu'il ait été *reçu*.

La première condition n'est pas difficile à comprendre, si on l'étudie isolément. Elle a été tellement développée et expliquée au Corps législatif que sa signification ne peut plus être l'objet d'aucun doute.

Le projet primitif contenait cette disposition :
« *Si l'outrage a été commis par écrit ou dessin non*
» *rendu public,* la peine de l'emprisonnement sera
» de quinze jours au moins et d'une année au
» plus. »

De là une émotion, des inquiétudes dans un certain parti. L'émotion, l'inquiétude sont parfois de bonnes choses à un certain point de vue. Ce sont des prétextes à éloquence, des sujets d'amplification. Celles dont nous parlons ont inspiré une période fort admirée au Corps législatif et véritablement

très-belle. Nous ne pouvons la passer sous silence. Nous aurons le double plaisir de la citer et d'essayer d'y répondre : « J'écris en ce moment, » dit le journaliste, « seul, tranquille, invisible, et je sens der-
» rière moi votre œil qui veille, votre main prête à
» s'étendre, j'entends vos pas qui s'avancent; cette
» page, que j'ai tracée pour moi-même, pour mes
» enfants, pour un lointain avenir peut-être, je la
» verrai en pleine lumière sur la table du juge; il la
» lira, étonné de la loi qui l'autorise à la lire; il me
» condamnera, affligé de la loi qui l'oblige à me
» frapper, et il restera célèbre pour m'avoir ap-
» pliqué cette loi extraordinaire, moins célèbre
» pourtant que ceux qui l'auront faite, et qui,
» poursuivant ma pensée jusqu'au fond de ma de-
» meure, auront ressuscité, au profit du plus
» humble fonctionnaire de France, cette accusation
» de lèse-majesté dont le peuple romain dégénéré
» a seul toléré l'existence au profit de ses empe-
» reurs. »

C'est magnifique! C'est plein de feu, de verve, d'imagination! Mais malheureusement on ne fait pas les lois et surtout on ne les applique pas avec l'imagination. Un article de journal se fait avec un paradoxe, mais un arrêt, avec les principes du droit. L'éloquent orateur que nous citons, l'a trop oublié! Son article est plein de littérature; et nous aurions toute confiance en lui s'il s'agissait d'une

question de rhétorique. Mais les principes juri-
diques ne s'y rencontrent pas au même degré; et
nous n'accorderions pas au jurisconsulte le même
crédit qu'à l'écrivain.

Cette éloquente tirade a eu pourtant un résultat;
elle a tué le projet primitif; elle a tué la première
rédaction soumise à la chambre. Puissance des
mots! Faiblesse de la raison! Le projet primitif
était certainement suffisant pour tout jurisconsulte
impartial. Nous en avons donné les termes. A
moins d'avoir un parti pris inébranlable, à moins
de fermer les yeux, à moins de violer tous les principes, il eût été impossible d'appliquer ce projet au
cas prévu par le critique que nous combattons.
Nous ne craignons pas de l'affirmer : l'idée n'en
serait jamais venue à un jurisconsulte, à un magistrat, dignes de ce nom. Qui donc ignore que pour
être passible des peines portées contre un délit, il
faut l'avoir commis avec une intention coupable?
Où il n'y a pas intention coupable, il y a innocence;
il n'y a ni poursuites ni condamnation possibles.
A quoi se résume le brillant article que nous avons
cité? A ceci: « j'écris pour moi ou les miens un ou-
» vrage où vous trouverez une injure; mais je ne
» veux pas le publier; mais je ne veux pas vous
» l'adresser; mais je n'ai pas la moindre intention de
» vous outrager. Et vous me condamnerez! Mais
» vous condamnerez un innocent. » Et de là une

« émotion ! » de là des inquiétudes ! Et le chœur de reprendre : « vous condamnerez un innocent ! » Et certains esprits de le croire, tant est vraie la vieille maxime : *vult decipi vulgus!*

Disons donc une bonne fois que rien de tout cela n'est sérieux ; que ces objections ne sont que des ballons vides qu'on lance devant un public étranger à la science, mais que l'on se garderait de produire devant des jurisconsultes. Vous commencez par bien établir que vous n'avez pas d'intention coupable, et puis vous nous dites : « vous me con- » damnerez, magistrats célèbres appliquant une loi » célèbre ! » Mais non, mille fois non, nous ne vous condamnerons pas. Avec la rédaction primitive du projet que vous avez si vivement critiquée, il ne serait jamais entré à l'esprit d'un tribunal de vous appliquer la loi. Encore une fois, la loi pénale ne s'applique que lorsque l'intention coupable est évidente ; vous n'avez pas d'intention coupable ; vous ne serez pas puni.

Le texte du projet primitif était d'accord avec ce principe élémentaire : « si l'outrage a été commis. » Dans votre hypothèse, aucun *outrage* n'eût été *commis.* L'on ne pouvait vous appliquer les termes, pas plus que l'esprit de la loi. Vous n'aviez donc rien à craindre ; et si vous êtes jurisconsulte, en écrivant votre éloquent article, permettez-moi de vous le dire, vous le saviez trop bien.

Le projet primitif suffisait donc à ce point de vue. Il règlait la situation conformément à l'esprit du législateur; il aurait satisfait l'opinion publique, si celle-ci n'avait pas été égarée. Malheureusement, il laissait entière la question de savoir si l'outrage, pour être punissable, devait être commis avec l'intention d'atteindre la personne, ou s'il suffisait qu'il fût commis même indirectement sans cette intention. La Cour de cassation avait adopté cette dernière interprétation dans une espèce célèbre où le condamné était un membre du Corps législatif. Nous ne voulons pas croire que cette circonstance ait eu quelque influence sur l'esprit de cette assemblée. Mais, ce qui est certain, c'est que le projet primitif fut modifié sur les observations de la Commission.

La première rédaction présentée au Corps législatif, fut la suivante :

« *Si l'outrage a été commis par écrit ou dessin*
» *non rendu public, adressé directement ou indirecte-*
» *ment à la personne qui en est l'objet, la peine de*
» *l'emprisonnement sera de quinze jours au moins et*
» *d'une année au plus.* »

La Commission et le Conseil d'Etat avaient donc ajouté ces mots : « *adressé directement ou indirec-*
» *tement à la personne qui en est l'objet.* »

L'effet produit par les critiques de la presse et de l'opposition était tel, que cette rédaction ne trouva pas grâce devant le Corps législatif. Hâtons-nous d'ajouter que la rédaction suivante contenta tout le monde et passa presque sans discussion. Pour donner à la Chambre toute satisfaction possible, on réduisit à quinze jours de prison le maximum de la peine fixée précédemment à un mois par l'article 222, sans craindre de détruire l'accord entre cet article et le suivant. Mais que l'on nous permette de dire que cette dernière rédaction ne nous paraît différer de la précédente que par les termes et non par le fond des choses.

Dans la première rédaction qui a succombé devant le Corps législatif, le § 1er portait : « *auront* » *reçu quelque outrage.....* » Le troisième : *Si l'ou-* » *trage adressé.....* »

Dans la rédaction définitive, ces deux mots sont réunis dans le § 1er, et c'est cette réunion qui a levé tous les doutes du Corps législatif. Mais n'é-taient-ils pas déjà réunis dans le projet précédent ? Le mot « *adressé* » n'était-il pas corrélatif du mot « *reçu*, » tout aussi bien dans le troisième § que dans le premier. En quoi, sous ce rapport, la ré-daction dernière a-t-elle modifié la précédente ? En rien, vraiment ! Et si elle a trouvé grâce devant la Chambre, c'est que celle-ci avait réfléchi dans l'intervalle des deux délibérations, et appris un peu tardivement à distinguer les vrais principes de brillants paradoxes.

Nous avons insisté sur cette discussion un peu longue parce qu'elle fait , pour ainsi dire, toucher du doigt la signification du mot « *adressé* » introduit dans l'article 222. Il faut pour qu'il y ait délit, que l'outrage soit *adressé*, c'est à dire que l'intention d'atteindre la personne existe. Voilà l'un des éléments essentiels du délit, indiqué par l'article nouveau.

Passons maintenant à la seconde condition de ce même délit. Il faut que l'outrage ait été *reçu*. Mais que faut-il entendre par ce mot? Cette question est de nature à soulever de graves difficultés dans la pratique et les longs débats du Corps législatif ne l'ont malheureusement pas éclaircie.

Pour que l'article 222 soit applicable, faudra-t-il que l'outrage ait été reçu personnellement, directement , immédiatement. Pourra-t-on l'étendre au contraire à l'outrage adressé médiatement, indirectement , bien entendu avec l'intention d'atteindre en définitive l'offensé , mais cependant de manière à ne le frapper que par ricochet, pour ainsi dire ?

Question qui sera très-grave, très-délicate !

La jurisprudence de la Cour de cassation, bien établie par deux arrêts célèbres, décidait que l'ancien article 222 qui ne prévoyait que l'outrage par paroles, s'appliquait même aux outrages adressés au magistrat en son absence, c'est à dire indirectement

(11 mai et 30 nov. 1861. *Bull.* 177 et 416) (1).

L'ancien article 222 portait seulement le mot *reçu*. Le mot *adressé* ne s'y trouvait pas.

La question revient donc à savoir si l'introduction de ce mot a modifié le texte ancien ; car s'il ne l'a pas modifié, la jurisprudence devra rester toujours la même, et entendre le mot *reçu* comme elle l'entendait précédemment.

Examinons donc si le mot *adressé* a cette signification qu'il faille que l'outrage ait été adressé directement, reçu personnellement.

Sans aucun doute les adversaires de la loi soutiendront l'affirmative. Leur argumentation n'est pas difficile à prévoir. L'avant dernier projet contenait le mot *indirectement ;* cette expression a été l'objet des attaques les plus vives. Elle a motivé le renvoi de l'article à la commission. C'est évidemment l'opinion contraire à cette disposition qui a triomphé. La chambre n'a pas voulu que les outrages reçus indirectement fussent atteints. M. Picard a formellement expliqué dans ce sens la rédac-

(1) On a paru attacher à ces arrêts une portée politique; on a essayé de représenter la Cour suprême comme ayant cédé à des entraînements indignes d'un corps de magistrature. C'est encore une attaque de la même nature que les autres. La Cour de Cassation ne faisait que persévérer dans une jurisprudence constante depuis 1847 (Conf. 10 avril 1817, S, 7, 1, 24. — 8 octobre 1842, *Bull.*, n° 267. — 20 décembre 1850, *Bull.*, n° 452). Il faut convenir que si elle a cédé à des entraînements regrettables, ces entraînements étaient depuis bien longtemps prémédités.

tion définitive, dans la séance du 18 avril, en disant que la Commission avait voulu renverser la jurisprudence des deux arrêts de la Cour de cassation de 1861 qui appliquait l'article 222 aux outrages reçus indirectement.

Nous ne nous dissimulons nullement combien cette argumentation a de force; cependant elle ne nous paraît pas décisive.

Les intentions de nos législateurs ne nous paraissent pas aussi évidentes que l'on veut bien le dire.

Il peut y avoir trois sortes d'outrages indirects non publics;

1° La parole, l'écrit, blessants, offensants si l'on veut, mais parole prononcée, écrit rédigé dans le secret, dans le silence, dans la vie privée sans intention de nuire. Quoiqu'on en ait dit, ce fait, n'ayant pas été commis avec une intention criminelle, n'a été atteint par aucune loi, par aucun des projets successifs.

2° L'outrage, commis avec intention coupable, mais cependant sans l'intention de l'adresser, de le faire parvenir à la personne qui en est l'objet.

Il nous semble encore certain que la loi nouvelle s'est refusée à incriminer ces sortes d'outrages. Le projet primitif s'en référait sur ce point à la jurisprudence de la Cour de cassation qui les jugeait punissables. La première rédaction soumise au Corps législatif, en introduisant dans la loi le mot *adressé,* était évidemment la condamnation de cette jurisprudence. Sur ce point nous sommes entièrement d'accord avec M. Picard. Il nous semble impossible, après les explications données devant la Chambre et les modifications successives du texte de la loi, d'appliquer désormais, comme le faisait précédemment la Cour de cassation, l'article 222 à des outrages envers des magistrats, commis sans publicité et sans intention de les adresser à ces magistrats.

3° L'outrage, commis avec intention coupable, et de plus avec l'intention de le faire parvenir à la personne offensée, de le faire porter à sa connaissance. Ainsi je veux outrager un magistrat; mais pour me mettre à l'abri de l'application de la loi, j'adresse mon outrage à sa femme, à ses enfants, à ses plus chers amis; ou bien je le profère dans une réunion non publique, mais où se trouvent des personnes tellement liées avec le fonctionnaire objet de mon offense, que je suis certain que celle-ci leur sera rapportée, qu'elle l'atteindra personnellement. Cette sorte d'outrage échappera-t-elle à l'application de l'article 222 ? Dans cette hypothèse, notre question devient extrêmement délicate. Il ne saurait être douteux que la Commission et le Conseil d'Etat n'aient voulu atteindre ce fait par la première rédaction proposée au Corps législatif. Tous leurs orateurs s'en sont formellement expliqués, et le mot *indirectement* qu'ils avaient employé, ne laissait aucun doute sur ce point. Cette rédaction a échoué devant la Chambre; et le mot *indirectement* a disparu du texte définitif. Quels ont été les motifs de cette modification dernière? Il est bien certain que l'on a voulu lever toute équivoque, retrancher un mot qui aurait permis, à ce que l'on prétendait, de punir l'outrage secret, confidentiel, si l'on peut s'exprimer ainsi, commis sans intention de nuire ou au moins sans intention d'atteindre personnellement le magistrat, objet de l'outrage. Mais la question nous paraît bien plus douteuse, en ce qui concerne le genre d'outrage dont nous nous occupons. La rédaction définitive de l'article 222 n'a été l'objet que de très-courtes explications qui ne nous paraissent pas l'avoir suffisamment éclaircie. M. Picard affirme que la commission a voulu « limiter » la peine au cas où la personne qui a outragé, » adresse directement l'outrage aux magistrats et » l'adresse intentionnellement. » Mais ce n'est là qu'une opinion personnelle. Pour lui donner plus de poids, l'honorable député de l'opposition provoque sur ce point une explication du gouvernement; et M. de Parieu fait une réponse qui ne nous paraît pas la confirmer entièrement: « Je ne pourrais avoir qu'une chose à dire, c'est que M. Picard me met en demeure de répéter ce que j'ai » expliqué moi-même, il y a deux ou trois jours, » au Corps législatif, sur le sens que nous donnons

» à l'article. Jamais il n'y a eu de dissidence
» sérieuse entre la Commission et les autres mem-
» bres de cette assemblée sur cette circonstance,
» qu'il fallait l'intention de faire arriver l'outrage
» au magistrat pour qu'il y ait délit commis. Il est
» évident que dans le Conseil d'Etat nous l'avons
» compris ainsi. Je me suis expliqué constamment
» en ce sens, lorsque l'article 222 était en discus-
» sion pour la première fois. Par conséquent, lors-
» que la rédaction préparée par les efforts nouveaux
» de la Commission et du Conseil d'Etat est plus
» prononcée en ce sens et plus claire que la pré-
» cédente, la déclaration demandée est superflue.

« Elle est, dans tous les cas, renouvelée si elle
» était nécessaire ».

C'est sur cette réponse que l'article 222 est définitivement voté sans contestation. Mais cette
explication ne résout qu'à demi la difficulté qui
nous est soumise.

Il en résulte, ce qui n'est pas douteux, à savoir
que la loi veut que l'offenseur ait l'intention de « faire
arriver » son outrage à l'offensé. Tout le monde
est d'accord sur ce point. Mais « faire arriver » est
une expression très-large. On peut faire arriver directement ou indirectement. Et quand M. de Parieu s'en réfère à tout ce qui s'est passé précédemment, quand il affirme que le Conseil d'Etat et
la Commission n'ont eu d'autre but que de rendre

plus précise la rédaction primitive, en exigeant clairement l'intention dé faire arriver l'outrage au magistrat, ne dit-il pas, en quelque sorte, que, si les mots du premier projet sont modifiés, le fond reste le même, que l'outrage sera puni, dans tous les cas qu'il ait été adressé directement ou indirectement?

Cette argumentation prend plus de force encore lorsque l'on compare les deux rédactions successivement présentées au Corps législatif. Nous avons déjà fait remarquer que la dernière n'était qu'une satisfaction donnée à cette assemblée dans les mots plus que dans les choses; que l'expression *adressé* était déjà corrélative du mot *reçu* dans le premier projet; que si cette corrélation lève les doutes dans la rédaction définitive, elle devait déjà les lever dans la précédente. Il est vrai que l'on a supprimé le mot *indirectement*; mais on a supprimé aussi le mot *directement*. Ces deux expressions donnaient au mot *adressé* le sens le plus général; mais en l'employant isolément dans le dernier projet, on l'a laissé avec sa signification entière, complète, sans restriction aucune ; on a abandonné à la jurisprudence le soin de l'interpréter; on se bornait à la prévenir qu'on avait voulu seulement exclure l'outrage non intentionnel ou non adressé à la personne, mais que pour le surplus, on persévérait dans le projet précédent. Et ce projet atteignait l'outrage indirectement adressé !

Si l'on a voulu mettre l'outrage indirect à l'abri des peines prononcées par l'article 222, pourquoi, après tant d'explications, n'a-t-on pas joint aux mots *adressé* ou *reçu,* le mot *directement?* C'était si facile à faire! Si on ne l'a pas fait, nous le répétons, c'est que l'on a employé ces mots dans leur sens le plus large, le plus compréhensif. Avec cette explication, nous nous trouvons entièrement libres dans l'interprétation de ce mot « *adressé* » qui renferme toute la solution de notre problème. Si nous l'étendons aux outrages indirectement adressés et reçus, il semblera même que nous soyons d'accord avec la Commission et le Conseil d'Etat, avec la rérédaction définitivement adoptée. Or, il nous paraît impossible que la jurisprudence n'aille pas jusque-là. Le mot « *adressé* » est général, et, nous ne pouvons trop le répéter, on ne lui a joint aucune restriction. Tout outrage *adressé* devra être puni. Or, un outrage commis indirectement, mais avec l'intention de le faire arriver à l'offensé, est certainement un outrage *adressé.* Pour être adressé indirectement, il n'en est pas moins adressé. Cela nous suffit. Nous sommes dans les termes de la loi.

Nous pouvons appuyer notre interprétation sur la haute opinion de M. le Garde des Sceaux, manifestée dans sa circulaire relative à l'exécution de la loi nouvelle (p. 3 et 4.)

Cette disposition ainsi entendue nous paraît souverainement raisonnable et juste. Comment ! un misérable rencontre la femme et les filles du magistrat qu'il veut outrager ! Il l'insulte, lui absent, en leur présence. Ou bien il va, dans la chambre du Conseil, outrager un membre du tribunal absent devant ses collègues rassemblés; il va, dans un lieu non public, insulter le Procureur impérial devant ses Substituts; le Préfet, le Maire devant les employés de leurs bureaux? Et cela ne constituerait pas un outrage! Et de pareils faits resteraient impunis! Un tel scandale n'est pas possible. Dans tous ces cas, l'intention d'outrager est évidente. L'intention d'adresser l'outrage, de le faire arriver à l'offensé, ne l'est pas moins. Le coupable sait trèsbien qu'il est impossible que son outrage n'arrive pas au magistrat qui en est l'objet. Il n'a pas osé le commettre en face. Il ne faut pas que sa lâcheté lui serve d'égide.

Toutefois, dans la pratique, nous reconnaissons qu'il faudra se garder d'aller trop loin en matière d'outrage indirect. On ne devra jamais présumer l'intention d'adresser, de faire arriver l'outrage. On ne pourra condamner que si cette intention est bien démontrée. Mais quand elle le sera, ce serait violer le texte de l'article 222 que de n'en pas faire l'application.

Toute cette discussion va nous permettre de résoudre aisément la question de savoir si les dis-

positions nouvelles de l'article 222 seront susceptibles d'avoir un effet rétroactif.

Les outrages par écrit ou dessin non rendus publics n'étaient point atteints par l'ancienne jurisprudence. Après quelques décisions en sens contraire, c'était un point définitivement reconnu par
la Cour de cassation et par la doctrine (Cass.,
11 février 1839, *Bull.*, n° 47. — Faustin Hélie,
t. III, p. 123). La loi nouvelle constitue donc une
innovation ; elle crée une incrimination qui n'existait pas ; elle ne saurait avoir d'effet rétroactif.

Quant à ce qui concerne les outrages, même
indirects, atteints par la loi nouvelle, il est évident
que cette loi peut être appliquée à des faits de cette
nature, antérieurs à sa promulgation. La loi ancienne, interprétée par la jurisprudence, était plus
sévère, puisqu'elle atteignait même l'outrage non
adressé au magistrat. La loi nouvelle n'est autre
chose que la loi ancienne restreinte. Rien ne s'oppose donc à son application rétroactive.

ART. 225.

TEXTE ANCIEN.	TEXTE NOUVEAU.
L'outrage fait par gestes ou menaces à un magistrat dans l'exercice ou à l'occasion de l'exercice de ses fonctions, sera puni d'un mois à six mois d'emprisonnement ; et si l'outrage a eu lieu à l'audience d'une cour ou d'un tribunal, il sera puni	L'outrage fait par gestes ou menaces à un magistrat *ou à un juré* dans l'exercice ou à l'occasion de l'exercice de ses fonctions, sera puni d'un mois à six mois d'emprisonnement ; et si l'outrage a eu lieu à l'audience d'une cour ou d'un tribunal, il

<table>
<tr><td>TEXTE ANCIEN.</td><td>TEXTE NOUVEAU.</td></tr>
<tr><td>d'un emprisonnement d'un mois à deux ans.</td><td>sera puni d'un emprisonnement d'un mois à deux ans.</td></tr>
</table>

« *Ou à un juré* ». — Disposition nouvelle, sans effet rétroactif.

ART. 224.

<table>
<tr><td>TEXTE ANCIEN.</td><td>TEXTE NOUVEAU.</td></tr>
<tr><td>L'outrage fait par paroles, gestes ou menaces à tout officier ministériel, ou agent dépositaire de la force publique, dans l'exercice ou à l'occasion de l'exercice de ses fonctions, sera puni d'une amende de seize francs à deux cents francs.</td><td>L'outrage fait par paroles, gestes ou menaces à tout officier ministériel, ou agent dépositaire de la force publique, *et à tout citoyen chargé d'un ministère de service public*, dans l'exercice ou à l'occasion de l'exercice de ses fonctions, sera puni *d'un emprisonnement de six jours à un mois et d'une amende de seize francs à deux cents francs ou de l'une de ces deux peines seulement*.</td></tr>
</table>

Cet article contient deux innovations. La première donne aux tribunaux la faculté de prononcer la peine de l'emprisonnement. Cette disposition est éminemment salutaire. Les outrages de la nature de ceux qui sont prévus par notre article, sont le plus souvent commis par des mendiants, des vagabonds, des ivrognes, des insolvables. L'article ancien, en ne permettant aux tribunaux que de prononcer une amende contre ces individus, leur assurait à peu près l'impunité. La peine de l'emprisonnement, très-modérée d'ailleurs, introduite par le nouvel article, donnera plus d'autorité sur les malfaiteurs, principalement à la gendarmerie qui rend tant de bons et d'utiles services, et ce sera certes un grand bien.

Cette aggravation de peine ne saurait évidemment avoir d'effet rétroactif.

La loi nouvelle étend la protection de l'article 224 « *à tout citoyen chargé d'un ministère de service public* ». Que signifient ces expressions? C'est là une question de fait, d'espèce, que résoudra la jurisprudence, mais qu'il est assez difficile de trancher à priori.

Il nous paraît que ces termes, dans leur généralité, sont susceptibles de la plus grande extension. Ils comprennent évidemment tous les fonctionnaires publics. Tous sont chargés d'un ministère de service public.

L'article 6 de la loi du 25 mars 1822 réprimait l'outrage fait *publiquement* à un fonctionnaire public. Aucun texte ne punissait l'offense qui lui était adressée sans publicité. L'article 230 réprimait les violences adressées au citoyen chargé d'un ministère public; mais les magistrats, les officiers ministériels et agents de la force publique, étaient seuls protégés par la loi contre les simples outrages. Cet espèce de privilége avait quelque chose de choquant. Il n'était pas juste que l'on pût insulter en face un percepteur, un ingénieur, un professeur, un fonctionnaire quelconque, de quelque rang qu'il fût, et rester impuni, quand pareille offense adressée au plus humble garde-champêtre tombait sous le coup de l'article 224 du Code pénal. Il n'était pas juste que la loi laissât sans défense des hommes qui consacraient leur existence au service de leur patrie. La disposition nouvelle nous paraît donc avoir autant de justice que de portée.

Maintenant, quelle que soit son étendue, il ne faudra pas aller trop loin, et faire jouir du bénéfice de sa protection des personnes qui n'y auront aucun droit. Ainsi les outrages adressés à un employé des compagnies de chemin de fer ne pourraient tomber sous l'application de l'article 224. Cet employé n'exerce point un ministère de service public. Le service des chemins de fer est essentiellement privé. Les commissaires de surveillance administrative sont seuls protégés par le Code pénal; mais, par l'article 222, comme officiers de police judiciaire, et non par l'article 224. Nous en dirons autant des employés de la banque de France, du crédit foncier et de toutes les entreprises analogues, dont les services quelqu'utiles qu'ils puissent être à l'Etat, quelque surveillés et protégés qu'ils soient par lui, ne sont, en somme, que des services privés, organisés par des associations privées. Pour s'assurer si la personne outragée exerce un ministère de service public, il faudra rechercher quel sera le chef, quelle sera l'autorité qu'elle représentera. Lorsqu'elle dépendra d'un ministère ou d'une administration publique quelconque, l'article 224 sera applicable. Sinon, la solution contraire devra être admise. Ainsi l'employé de la banque de France représente les actionnaires de cette banque, personnes privées. Celui qui l'outragera, ne commettra pas de délit. Le médecin d'une maison centrale de détention, le proviseur d'un lycée, le conducteur des ponts et chaussées, le receveur de l'enregistrement, représentent les administrations de l'intérieur, de l'instruction publique, des travaux publics, des finances. Tous exercent un ministère de service public. Tous seront protégés par la nouvelle loi.

Les employés des administrations départementales et communales devront-ils être considérés comme exerçant un ministère de service public? Les secrétaires de mairie, les receveurs des villes, les médecins et autres administrateurs des hospices, ou de tous autres établissements départementaux et communaux, les architectes, les agents-voyers des villes et des départements, les membres des jurys médicaux, seront-ils, par exemple, protégés par la disposition nouvelle de l'article 224. C'est plus délicat. Toutes ces personnes ne sont pas des fonctionnaires publics; ou au moins il pourrait être très-difficile de leur accorder cette qualité (Dal., v°. Fonctionnaire public, §§ 46 et suiv.). Nous croyons cependant que la disposition nouvelle de l'article 224 pourra être invoquée par toutes les personnes ci-dessus désignées et par toutes celles qui rempliront des fonctions analogues. Remarquons bien que l'article 224 n'exige pas que la personne outragée soit un fonctionnaire public; il suffit qu'elle exerce un ministère de service public, ce qui est bien différent. La loi nous paraît avoir employé cette expression si large précisément afin d'y comprendre les employés de cette catégorie, afin de l'étendre à une foule de personnes, non qualifiées fonctionnaires publics, mais représentant une administration publique. Or les administrations départementales et communales sont des administrations publiques, des services publics. Ce sont des fonctionnaires publics, des magistrats qui les dirigent. Les communes et les départements sont des fractions de l'Etat, nous le voulons bien ; mais on pourrait dire de l'Etat, en ce cas, ce que l'on dit de l'hypothèque : « *est tota in toto, tota in qualibet parte* ». La commune et le département sont dans l'Etat ; mais l'Etat, lui aussi, est dans la commune, dans le département, « *tota in qualibet parte* ». La preuve, c'est que les départements et les communes relèvent directement du ministère de l'intérieur. Chacun de leurs agents remplit donc un ministère de service public et doit être protégé par la loi nouvelle.

Après avoir interprété aussi largement que possible les dispositions nouvelles de la loi, il nous faut maintenant en poser les limites. Notre article cessera d'être applicable quand l'employé, fût-il attaché à un service public, n'exercera pas dans ses fonctions un ministère de ce service, en d'autres termes, n'aura aucune action, aucun pouvoir personnels.

Ainsi l'expéditionnaire d'un greffe, les simples commis et écrivains des administrations diverses, les concierges des palais de justice et des autres établissements publics, tous les subalternes, en un mot, qui sont attachés à la personne des fonctionnaires des diverses administrations plutôt que membres de ces administrations, ne pourront invoquer la protection de l'article 224. Ils n'exercent aucun ministère de service public. Ils n'ont aucun rôle public actif; leur fonctions sont essentiellement privées. Jamais ils n'ont entre les mains une parcelle, même infiniment petite, de la puissance publique. Et c'est cette puissance seule que l'article 224 a mission de faire respecter.

Avant de quitter cet article, nous ne pouvons résister au désir de rappeler un passage de la discussion à laquelle il a donné lieu devant le Corps législatif, passage qui montre dans quel esprit et avec quels arguments la loi nouvelle a été constamment attaquée par l'opposition. M. Suin, Conseiller d'Etat, commissaire du Gouvernement, venait de faire remarquer que la loi protégeait les officiers ministériels et qu'il y avait anomalie, injustice, à ce que cette protection ne s'étendît pas aux fonctionnaires publics. Et M. Jules Favre, de s'écrier : « La Chambre voit où l'on va : un geste » dirigé contre un notaire, contre un avoué, contre » un huissier, pourra donner lieu à un procès? Je » supplie la Chambre de ne pas s'engager dans » cette voie et de maintenir le droit commun ».

Qu'est-ce que cela veut dire? M. Favre suppose que la disposition dont il s'agit est introduite par la loi nouvelle. Il ne connaît donc pas l'article dont il parle! Lui, célèbre avocat, lui, jurisconsulte éminent, il ignore le droit commun auquel il renvoie le Gouvernement! Et cependant il faut l'admettre, ou croire qu'il a voulu égarer la Chambre!

ART. 225.

TEXTE ANCIEN.	TEXTE NOUVEAU.
La peine sera de six jours à un mois d'emprisonnement, si l'outrage mentionné en l'article précédent a été dirigé contre un commandant de la force publique.	*L'outrage mentionné en l'article précédent, lorsqu'il aura été dirigé contre un commandant de la force publique, sera puni d'un emprisonnement de quinze jours à trois mois, et pourra l'être aussi d'une amende de seize francs à cinq cents francs.*

Cet article ne contient pas d'autres modifications que des aggravations de peine qui ne devront pas avoir d'effet rétroactif.

ART. 228.

TEXTE ANCIEN.

Tout individu qui, même sans armes, et sans qu'il en soit résulté de blessures, aura frappé un magistrat dans l'exercice de ses fonctions, ou à l'occasion de cet exercice, sera puni d'un emprisonnement de deux à cinq ans.

Si cette voie de fait a eu lieu à l'audience d'une cour ou d'un tribunal, le coupable sera en outre puni de la dégradation civique.

TEXTE NOUVEAU.

Tout individu qui, même sans armes, et sans qu'il en soit résulté de blessures, aura frappé un magistrat dans l'exercice de ses fonctions, ou à l'occasion de cet exercice, *ou commis toute autre violence ou voie de fait envers lui dans les mêmes circonstances*, sera puni d'un emprisonnement de deux à cinq ans.

Le maximum de cette peine sera toujours prononcé si la voie de fait a eu lieu à l'audience d'une cour ou d'un tribunal.

Le coupable pourra en outre, dans les deux cas, être privé des droits mentionnés en l'article 42 *du présent Code pendant cinq ans au moins et dix ans au plus, à compter du jour où il aura subi sa peine, et être placé sous la surveillance de la haute police pendant le même nombre d'années.*

Le texte nouveau renferme plusieurs dispositions qui n'étaient pas dans la loi ancienne.

La première est la suivante : « *ou commis toute* » *autre violence ou voie de fait envers lui dans les* » *mêmes circonstances* ».

Cette disposition a pour but de résoudre une difficulté qui s'était élevée dans la pratique.

L'article 223 punissait l'outrage par gestes, dans lequel l'offensé n'était pas touché par l'offenseur; l'article 228, la violence commise en frappant. Aucun texte ne semblait atteindre la violence, la voie de fait commises sans frapper, mais différant du geste en ce que leur auteur touchait violemment l'offensé. Tels étaient les cas où la personne outragée était heurtée, poussée violemment, où on lui crachait au visage, où on lui lançait quelque corps dur. Au sujet de ces faits, une scission s'était opérée entre la doctrine et la jurisprudence. M. Faustin Hélie faisait remarquer avec beaucoup de raison que l'article 228 supposait que le magistrat était frappé, et qu'étendre cet article aux simples voies de fait et violences, c'était punir un acte qui n'était pas prévu par le texte de la loi pénale, c'est-à-dire, violer tous les principes du droit criminel (T. III, p. 145 et suiv). La Cour de cassation s'était prononcée en sens contraire (29 juillet 1826, *Bull.* n° 147), et c'est cette dernière solution qui est définitivement adoptée par le législateur.

Il est heureux que cette difficulté soit tranchée par un texte décisif. L'opinion de la Cour suprême n'était peut-être pas tellement bien motivée qu'aucun retour de jurisprudence ne fût à craindre, et dans ce cas il eût été déplorable d'être obligé de laisser impunis des faits de cette nature, alors que l'on réprimait des délits beaucoup moins graves, de simples outrages par paroles ou par gestes.

Dorénavant tout acte de violence, toute atteinte matérielle à la personne du magistrat sera réprimée par l'article 222.

La disposition nouvelle qui nous occupe aura-t-elle un effet rétroactif? Non, au point de vue de M. Faustin Hélie, qui trouvera en elle une incrimination qui n'existait pas dans la loi ancienne. Oui, au point de vue de la Cour de cassation qui ne verra dans ce texte que la confirmation de son ancienne jurisprudence.

Le texte ancien du § 2 ajoutait aux peines portées par le § 1er, la dégradation civique, dans le cas où la voie de fait avait eu lieu à l'audience d'une cour ou d'un tribunal; le texte nouveau remplace la dégradation civique par le maximum des peines prononcées au § 1er.

Il ne faut pas se tromper sur la nature de cette modification. Ce n'est point une aggravation; c'est au contraire une diminution de la peine. La dégradation civique, peine infamante, est remplacée par une peine correctionnelle. Le crime est transformé en délit. Cette disposition, favorable au coupable, devra donc avoir un effet rétroactif.

Son texte soulève la question de savoir si la peine qu'il prononce, pourra être abaissée en cas d'admission des circonstances atténuantes par application de l'article 463. La difficulté naît de ces expressions : « le maximum de cette peine sera *toujours* » prononcé. » Il semble qu'il n'y aura jamais d'abaissement possible, même en cas de circonstances atténuantes.

Nous croyons qu'admettre cette opinion, ce serait aller beaucoup trop loin. Le législateur s'est placé uniquement, comme il le fait partout, dans l'hypothèse où les circonstances atténuantes ne sont pas admises. Le mot *toujours* est employé pour indiquer que la peine sera fixe et ne pourra être abaissée au minimum établi par le § 1er. Mais le législateur n'a point songé aux circonstances atténuantes et n'a point usé dans cette hypothèse d'une sévérité exceptionnelle qui n'aurait aucune raison d'être. Il n'est pas moins impératif dans les articles spéciaux aux différents cas de récidive, et nous verrons que dans tous ces cas, la rigueur apparente du texte ne fait pas obstacle à l'application de l'article 463. Nous croyons donc qu'en cas de circonstances atténuantes, l'expression *toujours* dont s'est servi notre paragraphe ne fera nullement obstacle à l'abaissement de la peine, même jusqu'au minimum des peines correctionnelles.

Le 3e § est entièrement nouveau : « Le coupable

» pourra, en outre, dans les deux cas, être privé
» des droits mentionnés en l'article 42 du présent
» Code pendant cinq ans au moins et dix ans au
» plus, à compter du jour où il aura subi sa peine,
» et être placé sous la surveillance de la haute
» police pendant le même nombre d'années. »

Cette disposition constitue une aggravation de peine dans les cas prévus par le § 1er. Dans ces cas, elle ne devra pas avoir d'effet rétroactif. Mais, dans le cas prévu par le § 2, il ne faut pas perdre de vue que la loi ancienne prononçait la dégradation civique, peine supérieure à l'interdiction des droits de l'article 42. Dans ce cas l'interdiction des droits mentionnés en l'article 42, ne sera pas une peine nouvelle et pourra être appliquée rétroactivement.

Quant à la surveillance, comme elle n'était pas attachée à la dégradation civique, la disposition qui l'établit, ne saurait avoir d'effet rétroactif.

ART. 230.

TEXTE ANCIEN.	TEXTE NOUVEAU.
Les violences de l'espèce exprimée en l'article 228, dirigées contre un officier ministériel, un agent de la force publique, ou un citoyen chargé d'un ministère de service public, si elles ont eu lieu pendant qu'ils exerçaient leur ministère ou à cette occasion, seront punies	Les violences *ou voies de fait* de l'espèce exprimée en l'article 228, dirigées contre un officier ministériel, un agent de la force publique, ou un citoyen chargé d'un ministère de service public, si elles ont eu lieu pendant qu'ils exerçaient leur ministère ou à cette occasion, seront punies d'un

<table>
<tr><td>

TEXTE ANCIEN.

d'un emprisonnement d'un mois
à six mois.

</td><td>

TEXTE NOUVEAU.

emprisonnement d'un mois *au
moins et de trois ans au plus et
d'une amende de seize francs à
cinq cents francs.*

</td></tr>
</table>

L'article nouveau ne contient que des aggravations de peine qui n'auront point d'effet rétroactif.

Ces aggravations sont parfaitement logiques. L'ancien maximum fixé à six mois seulement mettait une différence trop considérable entre les violences adressées à des magistrats et celles dont étaient victimes les autres fonctionnaires ou agents.

ART. 238.

<table>
<tr><td>

TEXTE ANCIEN.

Si l'évadé était prévenu de délits de police, ou de crimes simplement infamans, ou s'il était prisonnier de guerre, les préposés à sa garde ou conduite seront punis, en cas de négligence, d'un emprisonnement de six jours à deux mois; et en cas de connivence, d'un emprisonnement de six mois à deux ans.

Ceux qui, n'étant pas chargés de la garde ou de la conduite du détenu, auront procuré ou facilité son évasion, seront punis de six jours à trois mois d'emprisonnement.

</td><td>

TEXTE NOUVEAU.

Si l'évadé était prévenu de délits de police, ou de crimes simplement infamans *ou condamné pour l'un de ces crimes*, s'il était prisonnier de guerre, les préposés à sa garde ou conduite seront punis, en cas de négligence, d'un emprisonnement de six jours à deux mois; et, en cas de connivence, d'un emprisonnement de six mois à deux ans.

Ceux qui, n'étant pas chargés de la garde ou de la conduite du détenu, auront procuré ou facilité son évasion, seront punis de six jours à trois mois d'emprisonnement.

</td></tr>
</table>

Le nouvel article ne diffère de l'ancien que par l'addition de ces mots « *ou condamné pour l'un de* » *ces crimes.* » Les articles 239 et 240 contenaient ces expressions, et il était regrettable qu'elles eussent été oubliées dans l'article 238. Cela ne pouvait être que le résultat d'une erreur, puisque cet article punissait l'évasion de prévenus, fait évidemment moins grave que l'évasion de condamnés. Aussi était-on unanime pour déclarer que ce dernier fait était punissable, en vertu de l'article 238, malgré l'omission que l'on y signalait (Carnot, t. 1, p. 679, n° 4; Faustin Hélie, t. 4, p. 432). La loi nouvelle ne fait donc que rendre plus claire une disposition ancienne. Elle devra par suite s'appliquer même aux faits antérieurs à sa promulgation.

ART. 241.

TEXTE ANCIEN.	TEXTE NOUVEAU.
Si l'évasion a eu lieu ou a été tentée avec violence ou bris de prison, les peines contre ceux qui l'auront favorisée en fournissant des instrumens propres à l'opérer, seront, au cas que l'évadé fût de la qualité exprimée en l'article 238, trois mois à deux ans d'emprisonnement; au cas de l'article 239, deux à cinq ans d'emprisonnement; et au cas de l'article 240, la réclusion.	Si l'évasion a eu lieu ou a été tentée avec violences ou bris de prison, les peines contre ceux qui l'auront favorisée en fournissant des instrumens propres à l'opérer, seront : *si le détenu qui s'est évadé se trouve dans le cas prévu par* l'article 238, trois mois à deux ans d'emprisonnement; au cas de l'article 239, *un an à quatre* ans d'emprisonnement; et au cas de l'article 240, *deux ans à cinq*

<table>
<tr><td>TEXTE ANCIEN.</td><td>TEXTE NOUVEAU.</td></tr>
</table>

ans de la même peine et une amende de cinquante francs à deux mille francs. Dans ce dernier cas, les coupables pourront, en outre, être privés des droits mentionnés en l'article 42 du présent Code pendant cinq ans au moins et dix ans au plus, à compter du jour où ils auront subi leur peine.

Le nouvel article ne renferme que des abaissements de peines.

Dans le cas prévu par l'article 238, la peine ancienne est maintenue.

Dans le cas prévu par l'article 239, la peine de deux à cinq ans d'emprisonnement est transformée en une peine d'un an à quatre ans; disposition favorable au condamné et susceptible en conséquence d'être appliquée rétroactivement.

Enfin, dans le cas de l'article 240, la peine de la réclusion est remplacée par un emprisonnement de deux ans à cinq ans et une amende de cinquante francs à deux mille francs, peines auxquelles les tribunaux peuvent ajouter l'interdiction des droits mentionnés en l'article 42.

Cette disposition nouvelle toute entière devra être appliquée rétroactivement. Les peines correctionnelles de l'emprisonnement et de l'amende, malgré leur cumul, sont inférieures à la peine afflictive et infamante de la réclusion. Et l'interdiction des droits mentionnés en l'article 42 est également inférieure à la dégradation civique qui entraînait nécessairement la réclusion.

ART. 251.

<table>
<tr><td>TEXTE ANCIEN.</td><td>TEXTE NOUVEAU.</td></tr>
<tr><td>

Quiconque aura, à dessein, brisé des scellés apposés sur des papiers ou effets de la qualité énoncée en l'article précédent, ou participé au bris des scellés, sera puni de la réclusion ; et si c'est le gardien lui-même, il sera puni des travaux forcés à temps.

</td><td>

Quiconque aura, à dessein, brisé, *ou tenté de briser*, des scellés apposés sur des papiers ou effets de la qualité énoncée en l'article précédent, ou participé au bris des scellés, *ou à la tentative de bris de scellés*, sera puni *d'un emprisonnement d'un an à trois ans. — Si c'est le gardien lui-même qui a brisé les scellés ou participé au bris des scellés, il sera puni d'un emprisonnement de deux à cinq ans. — Dans l'un et l'autre cas, le coupable sera condamné à une amende de cinquante francs à deux mille francs. — Il pourra en outre, être privé des droits mentionnés en l'article 42 du présent Code pendant cinq ans au moins et dix ans au plus à compter du jour où il aura subi sa peine ; il pourra aussi être placé pendant le même nombre d'années, sous la surveillance de la haute police.*

</td></tr>
</table>

Ici encore, il n'y a que des abaissements de peines, et l'article nouveau pourra être appliqué rétroactivement. L'article ancien prononçait la peine de la réclusion, et celle des travaux forcés à temps si le gardien était le coupable. Le nouveau prononce seulement un emprisonnement d'un an à trois ans, de deux à cinq ans si le coupable est le gardien. Il ajoute une amende de cinquante francs à deux mille francs; et deux peines accessoires facultatives, l'interdiction des droits mentionnés en l'article 42 et la surveillance de la haute police. Toutes ces peines correctionnelles étant inférieures aux peines anciennes qui étaient afflictives et infamantes, la situation de l'accusé devient évidemment plus favorable.

L'article nouveau prévoit les cas de tentative et de complicité de tentative. Il était inutile de s'en expliquer sous la législation ancienne, le fait prévu constituant un crime et l'article 2 du Code pénal punissant les tentatives de crimes comme les crimes eux-mêmes. La loi nouvelle n'incrimine donc pas pour la première fois les tentatives de bris de scellés; elle ne fait qu'adoucir la législation ancienne qui les concernait. Rien ne s'opposera encore à ce que cette disposition de l'article 281 ne soit appliquée à des faits antérieurs à sa promulgation.

ART. 279.

TEXTE ANCIEN.	TEXTE NOUVEAU.
Tout mendiant ou vagabond qui aura exercé quelque acte de	Tout mendiant ou vagabond qui aura exercé, *ou tenté d'exer-*

<table>
<tr><td>TEXTE ANCIEN.</td><td>TEXTE NOUVEAU.</td></tr>
<tr><td>

violence que ce soit envers les personnes, sera puni de la réclusion, sans préjudice de peines plus fortes, s'il y a lieu, à raison du genre et des circonstances de la violence.

</td><td>

cer, quelque acte de violence que ce soit envers les personnes, sera puni *d'un emprisonnement de deux à cinq ans*, sans préjudice de peines plus fortes, s'il y a lieu, à raison du genre et des circonstances de la violence.

Si le mendiant ou le vagabond qui a exercé ou tenté d'exercer des violences, se trouvait en outre, dans l'une des circonstances exprimées par l'article 277, il sera puni de la réclusion.

</td></tr>
</table>

Rien de changé dans la pénalité ancienne si le mendiant ou vagabond se trouve dans l'une des circonstances exprimées par l'article 277. Dans les autres cas, la peine de la réclusion est remplacée par un emprisonnement de deux à cinq ans. Comme dans l'article 251, la tentative du fait reste incriminée à l'égal du fait lui-même.

La disposition du § 1er, étant favorable au prévenu, sera susceptible de recevoir un effet rétroactif.

ART. 505.

<table>
<tr><td>TEXTE ANCIEN.</td><td>TEXTE NOUVEAU.</td></tr>
<tr><td>

Quiconque aura menacé, par écrit anonyme ou signé, d'assassinat, d'empoisonnement, ou de tout autre attentat contre les personnes, qui serait punissable de la peine de mort, des travaux

</td><td>

Quiconque aura menacé, par écrit anonyme ou signé, d'assassinat, d'empoisonnement, ou de tout autre attentat contre les personnes, qui serait punissable de la peine de mort, des travaux

</td></tr>
</table>

<table>
<tr><td>

TEXTE ANCIEN.

forcés à perpétuité, de la dépor-
tation, sera puni de la peine des
travaux forcés à tems, dans le
cas où la menace aurait été faite
avec ordre de déposer une som-
me d'argent dans un lieu indi-
qué, ou de remplir toute autre
condition.

</td><td>

TEXTE NOUVEAU.

forcés à perpétuité, ou de la
déportation, sera, dans le cas
où la menace aurait été faite
avec ordre de déposer une somme
d'argent dans un lieu indiqué,
ou de remplir toute autre con-
dition, *puni d'un emprisonnement
de deux ans à cinq ans et d'une
amende de cent cinquante francs à
mille francs. — Le coupable pourra,
en outre, être privé des droits men-
tionnés en l'article 42 du présent
Code pendant cinq ans au moins et
dix ans au plus, à compter du jour
où il aura subi sa peine.*

*Le coupable pourra être mis
aussi sous la surveillance de la
haute police pendant cinq ans au
moins et dix ans au plus, à dater
du jour où il aura subi sa peine.*

</td></tr>
</table>

La peine ancienne des travaux forcés à temps est remplacée par un emprisonnement de deux à cinq ans et d'une amende de cent cinquante francs à mille francs avec les peines accessoires facultatives de la surveillance et de l'interdiction des droits mentionnés en l'article 42. Nous ne pouvons dire de cette modification que ce que nous avons dit plus haut de celle de l'article 251.

ART. 506.

TEXTE ANCIEN.	**TEXTE NOUVEAU.**
Si cette menace n'a été accompagnée d'aucun ordre ou condition, la peine sera d'un emprisonnement de deux ans au moins et de cinq ans au plus, et d'une amende de cent francs à six cents francs.	Si cette menace n'a été accompagnée d'aucun ordre ou condition, la peine sera d'un emprisonnement *d'une année* au moins et de *trois* ans au plus, et d'une amende de cent francs à six cents francs. *Dans ce cas, comme dans celui de l'article précédent, la peine de la surveillance pourra être prononcée contre le coupable.*

La peine d'un emprisonnement de deux ans au moins et de cinq ans au plus est transformée en un autre d'une année au moins et de trois ans au plus.

Cette disposition est favorable à l'accusé et sera appliquée rétroactivement.

Le § 2 est entièrement nouveau, mais il ne l'est que dans l'article où il est inséré. La disposition qu'il contient, était inscrite précédemment dans l'article 308 dont elle n'est que la reproduction.

ART. 507.

TEXTE ANCIEN.	**TEXTE NOUVEAU.**
Si la menace faite avec ordre ou sous condition a été verbale, le coupable sera puni d'un emprisonnement de six mois à deux ans, et d'une amende de vingt-cinq francs à trois cents francs.	Si la menace faite avec ordre ou sous condition a été verbale, le coupable sera puni d'un emprisonnement de six mois à deux ans, et d'une amende de vingt-cinq francs à trois cents francs. *Dans ce cas, comme dans celui*

<table>
<tr><td>TEXTE ANCIEN.</td><td>TEXTE NOUVEAU.</td></tr>
<tr><td></td><td>des précédents articles, la peine de la surveillance pourra être prononcée contre le coupable.</td></tr>
</table>

Même observation sur le § 2 que sur celui de l'article précédent.

ART. 508.

<table>
<tr><td>TEXTE ANCIEN.</td><td>TEXTE NOUVEAU.</td></tr>
<tr><td>Dans les cas prévus par les deux précédens articles, le coupable pourra de plus être mis, par l'arrêt ou le jugement, sous la surveillance de la haute police, pour cinq ans au moins et dix ans au plus.</td><td>Quiconque aura menacé verbalement ou par écrit de voies de fait ou de violences non prévues par l'article 305, si la menace a été faite avec ordre ou sous condition, sera puni d'un emprisonnement de six jours à trois mois et d'une amende de seize francs à cent francs ou de l'une de ces deux peines seulement.</td></tr>
</table>

L'ancien article a été reporté dans les deux articles précédents. Il est remplacé par une disposition entièrement nouvelle. La loi atteindra désormais ceux qui auront menacé verbalement ou par écrit de voies de fait ou de violences non prévues par l'article 305.

Nous ne pouvons qu'applaudir à cette innovation qui atteint des faits malheureusement trop fréquents dans une certaine classe de la société! Nous regrettons même que le législateur n'ait pas cru devoir punir les menaces verbales faites sans condition,

que la loi n'atteint pas comme injures et qui,
beaucoup plus graves, à notre avis, que ces dernières, demeurent cependant impunies. Des actes
de cette nature constituent une véritable violence
morale beaucoup plus sérieuse parfois qu'un coup
ou qu'une voie de fait que la loi punit avec sévérité! Trop souvent, par exemple, l'on voit de mau-
vaises actions ou des craintes très-vives inspirées
par des menaces de cette espèce, et nous le répétons, il est désirable que l'on puisse les réprimer.

Remarquons les expressions dont s'est servie la
loi : « *Voies de fait ou violences* ». Ces termes sont
aussi larges, aussi compréhensifs que possible. Ils
comprennent non seulement les coups et blessures,
mais encore les actes de violence de toute autre
nature, les simples voies de fait qui ne constituent
que des contraventions de police. Il suffit, pour que
notre article soit applicable, que la menace annonce
une atteinte quelconque à la personne, une attaque
directe et violente, c'est-à-dire opérée *vi*, par
force.

Ainsi je vous menace de vous jeter à l'eau, ou
par la fenêtre, ou au bas d'un escalier, de vous jeter
un seau d'eau sur la tête ou de la boue à la figure,
de vous cracher au visage; voilà des violences, des
voies de fait. Toutes ces menaces rentreront dans
les termes de l'article 308 du Code pénal.

Cependant, malgré la généralité de ces termes,

il sera sage de ne pas étendre indéfiniment l'application de cet article. Pour peu que ces menaces soient légitimées par la situation de celui qui les fera, elles devront être aisément excusées. Ainsi, un ivrogne s'introduit chez moi ; je le menace de le jeter à la porte, s'il ne sort sur le champ. Un homme d'allures suspectes me suit la nuit dans la rue ; je le menace de le frapper de mon bâton, s'il ne passe pas au large. Un voleur tente de s'introduire chez moi la nuit ; je le menace de mon pistolet. Tous ces actes ne sont pas excusables aux termes des articles 321 et suivants, qui n'ont pas prévus des faits non réprimés par la loi lorsqu'ils ont été rédigés. Mais il nous semble impossible qu'on ne leur étende pas, par analogie, les principes de ces articles, et que l'on assimile l'homme qui menace pour se défendre, à celui qui menace pour voler. Dans le premier cas, nous ne trouvons pas l'intention criminelle, sans laquelle il ne peut exister de délit.

ART. 309.

TEXTE ANCIEN.

Sera puni de la réclusion, tout individu qui, volontairement aura fait des blessures ou porté des coups, s'il est résulté de ces sortes de violences une maladie ou incapacité de travail personnel pendant plus de vingt jours.

TEXTE NOUVEAU.

Tout individu qui, volontairement, aura fait des blessures ou porté des coups, *ou commis toute autre violence ou voie de fait*, s'il est résulté de ces sortes de violences une maladie ou incapacité de travail personnel pendant plus de vingt jours, *sera*

TEXTE ANCIEN.

Si les coups portés ou les blessures faites volontairement, mais sans intention de donner la mort, l'ont pourtant occasionnée, le coupable sera puni de la peine des travaux forcés à temps.

TEXTE NOUVEAU.

puni d'un emprisonnement de deux ans à cinq ans et d'une amende de seize francs à deux mille francs.

Il pourra, en outre, être privé des droits mentionnés en l'article 42 du présent Code pendant cinq ans au moins et dix ans au plus, à compter du jour où il aura subi sa peine.

Quand les violences ci-dessus exprimées auront été suivies de mutilation, amputation ou privation de l'usage d'un membre, cécité, perte d'un œil ou autres infirmités permanentes, le coupable sera puni de la réclusion.

Si les coups portés ou les blessures faites volontairement, mais sans intention de donner la mort, l'ont pourtant occasionnée, le coupable sera puni de la peine des travaux forcés à temps.

Les deux premiers paragraphes de cet article abaissent la peine de la réclusion prononcée par l'article ancien contre tous les faits ayant occasionné une incapacité de travail de plus de vingt jours. Ils la remplacent par un emprisonnement de deux ans à cinq ans, une amende de seize francs à deux mille francs et l'interdiction facultative des droits mentionnés en l'article 42, peines correctionnelles inférieures à la peine infamante prononcée par la loi ancienne. Ces dispositions, étant favorables aux prévenus, devront être appliquées rétroactivement.

Toutefois la pénalité reste la même dans le cas où les violences ont été suivies de *mutilation, amputation ou privation de l'usage d'un membre, cécité, perte d'un œil ou autres infirmités permanentes.*

Il est d'autant plus important de se rendre compte de la valeur de ces expressions qu'elles sont nouvelles dans le Code pénal, et répétées dans le nouvel article 310.

La *mutilation,* c'est la perte de tout ou partie d'un membre, occasionnée directement par la violence même. L'*amputation,* c'est la mutilation, opérée par les soins d'un chirurgien et nécessitée par la blessure reçue. Pour que l'on rentre dans les termes de la disposition qui nous occupe, il faudra qu'il soit démontré que l'amputation a été le résultat direct de la violence. La loi se montre sévère dans cette hypothèse, parce qu'elle voit dans les suites de la blessure la meilleure preuve de la violence, de l'intention mauvaise avec laquelle elle a été exercée. La gravité de la blessure donne la mesure de la gravité du crime. Mais ce terme de comparaison disparaît, s'il est établi que la violence n'a pas directement et nécessairement produit les accidents que l'on déplore. Ainsi Paul a légèrement écorché Pierre à la main dans une rixe. Par suite du mauvais état de santé de la victime ou d'une fâcheuse influence de la température, la gangrène se déclare. Pas d'autre chance de salut! On est obligé d'amputer le malade. Cette opération si grave n'est pas la suite nécessaire, directe de la blessure. Elle n'en est que la conséquence indirecte. Paul ne sera pas passible des peines portées par le § 2 de l'article 309.

Privation de l'usage d'un membre. Cette expression qui paraît bien claire, donnera lieu cependant à quelques difficultés! Que faudra-t-il décider si l'usage du membre n'est perdu qu'en partie? Ne pourra-t-on pas dire que les termes de la loi supposent une privation complète, absolue? Cette thèse pourrait être soutenue avec assez de force, si la privation partielle de l'usage d'un membre, par exemple, le raccourcissement, si fréquent après les fractures ou les luxations, ne rentrait pas dans les infirmités permanentes, désignées plus loin.

Cécité, perte d'un œil. Ces expressions sont aussi précises que possible. Elles indiquent une perte de la vue complète. L'affaiblissement de la vue, comme celui d'un membre, pourrait encore, selon les cas, rentrer au nombre des infirmités permanentes.

Et autres infirmités permanentes. Ces derniers

mots comprennent toutes les expressions précédemment employées. Les mots « *et autres* » ne laissent aucun doute sur ce point.

Ainsi il faut pour que notre paragraphe soit applicable, que la privation de l'usage du membre, la cécité, la perte d'un œil, soient *permanentes,* incurables. Si elles n'étaient que temporaires, on ne serait plus dans les termes de la loi.

Les mots *infirmités permanentes* ont un sens très-large. Ils supposent une atteinte profonde à la santé, une altération grave des fonctions des divers organes. De la faiblesse, des douleurs non caractérisées, ne suffisent pas pour constituer des infirmités permanentes. Il n'y a infirmité que quand il y a état morbide certain, lésion évidente.

Ici se présente la question suivante : pour que le paragraphe qui nous occupe soit applicable, sera-t-il nécessaire que les blessures reçues par la victime , aient entraîné de la part de cette dernière une incapacité de travail de plus de vingt jours.

On pourrait soutenir l'affirmative : 1° c'était un point reconnu dans l'ancienne jurisprudence que l'article 309 ne s'appliquait aux coups et blessures, ayant produit des mutilations ou infirmités permanentes, que lorsqu'il en était résulté une incapacité de travail personnel de plus de vingt jours (Cass. 17 déc. 1817, *Bull.,* n° 137; 14 déc. 1820,

Bull., n° 154; Faustin Hélie, t. IV, p. 27 et suiv.).
Les dispositions nouvelles de l'article 309 abaissent évidemment les pénalités; il n'est pas vraisemblable que le législateur nouveau qui se montrait si indulgent pour ces sortes de faits, en ait traité une certaine classe plus sévèrement que ne le faisait la loi ancienne, en transformant en crime ce qui ne constituait précédemment qu'un délit; 2° le texte de notre paragraphe se sert de ces expressions : « *Quand les violences ci-dessus exprimées* ». Or les violences ci-dessus exprimées, ce sont celles d'où il est résulté une maladie ou incapacité de travail personnel pendant plus de vingt jours. Donc le § 3 n'atteint les faits qu'il prévoit, que lorsque leurs suites ont entraîné une incapacité de travail personnel de plus de vingt jours.

Nous ne nous dissimulons pas que cette argumentation est très-sérieuse. Il nous paraît certain cependant que tel n'est pas le sens du texte qui nous occupe.

1° Il est très-vrai que la jurisprudence décidait que l'ancien article 309 n'était pas applicable quand les mutilations ou autres infirmités permanentes n'avaient pas occasionné une incapacité de travail personnel de plus de vingt jours. Mais c'était là un résultat éminemment regrettable (F. Hélie, loc. cit.). Si des contusions violentes avaient retenu le blessé au lit pendant vingt jours, la guérison eût-elle été complète, l'auteur de ces contusions était traduit devant la Cour d'assises. Mais il n'était coupable que d'un délit correctionnel, quelque grave qu'eût été la mutilation, ou l'infirmité permanente, produite par ses violences, si sa victime avait été capable d'un travail personnel, même peu important, avant l'expiration du délai de vingt jours. Il y avait là une injustice criante. Et ce n'est pas sur cet ancien état de choses qu'il faut s'appuyer pour interpréter la loi nouvelle. Il nous semble en résulter au contraire que le législateur, vivement frappé de cette lacune de la loi, a voulu la combler, et qu'éclairé par la jurisprudence, il a négligé l'ancienne condition de l'incapacité de travail pendant plus de vingt jours pour s'attacher à la permanence des résultats funestes de la blessure.

2° Le texte ne répugne nullement à cette interprétation équitable. Il est vrai que ses expressions : « *quand les violences ci-dessus exprimées* » renvoient aux dispositions du § 1er. Mais la question est de savoir dans quelle mesure s'opère ce renvoi. L'opinion que nous combattons, soutient qu'il s'étend à toutes les conditions posées par le § 1er. Nous ne le croyons pas. « *Les violences ci-dessus exprimées* », ce sont « *des blessures ou des coups, toute autre vio-* » *lence ou voie de fait* » ; voilà pourquoi et dans quelles limites le § 3 renvoie au § 1er. Maintenant celui-ci prévoit un effet de ces violences ; et celui-là en prévoit un autre. Ces diverses hypothèses ne sont unies par aucun lien ; la loi tient compte dans le premier cas de l'incapacité de travail qui seule peut lui faire apprécier la gravité de la blessure ; dans le second, elle peut se passer de cet élément assez discutable, et elle s'empresse de le faire. Les effets permanents et durables des violences parlent plus haut que ne pourrait le faire l'incapacité de travail personnel. La loi abandonne cette condition, assez difficile à constater, pour ne plus s'attacher qu'aux résultats des blessures visibles, apparents, appréciables pour tous.

La nouvelle rédaction de l'article 310 achève de confirmer notre interprétation. Il suffit de le lire pour se convaincre que la loi se place dans deux hypothèses entièrement différentes à ses yeux et qui n'ont aucune corrélation entre elles, quand elle s'occupe du cas d'infirmités permanentes et de celui d'incapacité de travail personnel. Il ne serait pas possible de soutenir, dans le cas de l'article 310, que les infirmités permanentes devraient avoir entraîné une incapacité de travail ; il ne saurait en être différemment dans le cas de l'article 309.

Le § 3 de l'article 309 sera-t-il susceptible de produire un effet rétroactif ? Pour répondre à cette question, il faut distinguer : si les violences qu'il prévoit n'ont pas produit, outre les infirmités permanentes qu'il détaille, une incapacité de travail personnel de plus de vingt jours, elles n'étaient pas atteintes par l'article 309 ancien. La jurisprudence ne les punissait qu'en leur appliquant l'article 311, c'est-à-dire en les considérant comme de simples délits. La disposition nouvelle est donc, en ce qui les concerne, une aggravation de la pénalité existante et ne saurait, par ce motif, être appliquée rétroactivement.

Dans les autres cas, c'est-à-dire lorsque les violences prévues par le paragraphe qui nous occupe, auront entraîné une incapacité de travail personnel de plus de vingt jours, comme elles tombaient sous l'application de la loi ancienne, la peine prononcée par ce paragraphe pourra être appliquée. Mais alors il nous semble que deux questions devront être posées au jury : 1° celle d'incapacité de travail, dont la solution affirmative établira que le fait était prévu par la loi ancienne ; 2° celle d'infirmités permanentes dont la solution affirmative établira également que le fait reproché à l'accusé ne rentrera pas dans ceux prévus par le § 1er de l'article 309, dont la peine a été abaissée. La réunion de ces deux conditions permettra seule d'appliquer aux faits de cette nature la peine de la réclusion, en démontrant que la loi nouvelle n'en aura pas changé la pénalité.

Le nouvel article 309 ajoute au texte ancien ces expressions : « *ou commis toute autre violence ou*

» *voie de fait*. » Cette innovation a d'autant plus d'importance qu'elle est répétée dans les articles 310 et 311.

Evidemment la loi a voulu employer ici une expression extrêmement large qui comprît tous les cas de violence. Nous n'avons pas à revenir sur la portée de ces termes que nous avons étudiés sous l'article 308. Bornons-nous à répéter ici que toute atteinte violente et matérielle à la personne rentre dans ces expressions. Ainsi je vous pousse contre la muraille ou je vous renverse ; je vous jette à l'eau ; je vous fais tomber dans un escalier ; voilà des violences, des voies de fait qui seront désormais punissables, sans aucun doute, aux termes des articles 307 et suivants.

La loi nouvelle comble une lacune de la loi ancienne, qui ne prévoyait que les coups et blessures. La jurisprudence avait, il est vrai, étendu à certaines violences particulières, le mot *coup*, dont la signification prêtait le plus à une interprétation extensive (Cass. 22 août 1834, *jour. du dr. crim.*, 1834, p. 347 ; — 5 mars 1831, *Bull,* n° 231 ; — 10 oct. 1822, *Bull.*, n° 141 ; — Faustin Hélie, t. 18, p. 19). Mais il est toujours fâcheux de procéder par voie d'interprétation extensive dans l'application des lois pénales. Et la disposition nouvelle nous paraît aussi salutaire que rationnelle.

Evidemment, elle ne pourra avoir d'effet rétroactif que pour les actes que l'ancienne jurisprudence faisait rentrer dans le mot « *coups* ». Tel est le fait d'avoir poussé et fait tomber une personne, de manière à la blesser. Ce sera là une question d'espèce. Mais pour tous les faits qui ne pourront, même par voie d'interprétation extensive, constituer des coups, il ne saurait y avoir de rétroactivité.

ART. 510.

TEXTE ANCIEN.	TEXTE NOUVEAU.
Lorsqu'il y aura eu préméditation ou guet-apens, la peine sera, si la mort s'en est suivie, celle des travaux forcés à perpétuité, et si la mort ne s'en est pas suivie, celle des travaux forcés à temps.	Lorsqu'il y aura eu préméditation ou guet-apens, la peine sera, si la mort s'en est suivie, celle des travaux forcés à perpétuité. *Si les violences ont été suivies de mutilation, amputation ou privation de l'usage d'un membre, cécité, perte d'un œil ou autres infirmités permanentes, la peine sera celle des travaux forcés à temps. Dans le cas prévu par le premier paragraphe de l'article 509, la peine sera celle de la réclusion.*

La loi introduit dans cet article la distinction qu'elle a créée dans l'article 309, entre les infirmités permanentes et l'incapacité de travail personnel. Dans le premier cas, elle conserve la peine ancienne des travaux forcés à temps, comme elle a conservé celle de la réclusion dans l'article 309. Dans le second, comme elle a abaissé la peine dans ce dernier article, elle l'abaisse également dans l'article 310. La peine des travaux forcés à temps devient celle de la réclusion. Cette disposition devra avoir un effet rétroactif.

Pour l'interprétation des mots *violences, mutilation, amputation*, etc., nous ne pouvons que renvoyer aux explications que nous avons données sous l'article précédent.

ART. 311.

TEXTE ANCIEN.	TEXTE NOUVEAU.
Lorsque les blessures ou les coups n'auront occasionné aucune maladie ou incapacité de travail personnel de l'espèce mentionnée en l'article 309, le coupable sera puni d'un emprisonnement de six jours à deux ans, et d'une amende de seize francs à deux cents francs, ou de l'une de ces deux peines seulement	Lorsque les blessures ou les coups, *ou autres violences ou voies de fait*, n'auront occasionné aucune maladie ou incapacité de travail personnel de l'espèce mentionnée en l'article 309, le coupable sera puni d'un emprisonnement de six jours à deux ans, et d'une amende de seize francs à deux cents francs, ou de l'une de ces deux peines seulement.
S'il y a eu préméditation ou guet-apens, l'emprisonnement sera de deux ans à cinq ans, et l'amende de cinquante francs à cinq cents francs.	S'il y a eu préméditation ou guet-apens, l'emprisonnement sera de deux ans à cinq ans, et l'amende de cinquante francs à cinq cents francs.

Pas d'autres modifications que l'addition de ces

mots : « *ou autres violences ou voies de fait* », que nous avons expliqués sous les articles 308 et 309.

ART. 512.

<table>
<tr><td>

TEXTE ANCIEN.

Dans les cas prévus par les articles 509, 510 et 511, si le coupable a commis le crime envers ses père ou mère légitimes, naturels ou adoptifs, ou autres ascendans légitimes, il sera puni ainsi qu'il suit :

Si l'article auquel le cas se référera prononce l'emprisonnement et l'amende, le coupable subira la peine de la réclusion.

Si l'article prononce la peine de la réclusion, il subira celle des travaux forcés à temps.

Si l'article prononce la peine des travaux forcés à tems, il subira celle des travaux forcés à perpétuité.

</td><td>

TEXTE NOUVEAU.

L'individu qui aura volontairement fait des blessures ou porté des coups à ses père ou mère légitimes, naturels ou adoptifs, ou autres ascendans légitimes, sera puni ainsi qu'il suit :

De la réclusion, si les blessures ou les coups n'ont occasionné aucune maladie ou incapacité de travail personnel de l'espèce mentionnée en l'article 509 ;

Du maximum de la réclusion, s'il y a eu incapacité de travail pendant plus de vingt jours, ou préméditation, ou guet-apens ;

Des travaux forcés à temps, lorsque l'article auquel le cas se référera, prononcera la peine de la réclusion ;

Des travaux forcés à perpétuité, si l'article prononce la peine des travaux forcés à temps.

</td></tr>
</table>

Cet article est à peu près semblable à l'ancien, en ce qui concerne la pénalité. La gradation des peines qu'il établit, est calquée, comme autrefois, sur celle des peines prononcées en l'absence de la circonstance aggravante qu'il prévoit.

Ainsi le § 2 prononce la réclusion dans les cas

prévus par l'article 311 ; c'est l'ancienne législation.
Il en est de même des §§ 4 et 5.

Mais le § 3 qui est entièrement nouveau, demande quelques explications :

« *Du maximum de la réclusion, s'il y a eu incapa-*
» *cité de travail pendant plus de vingt jours, ou pré-*
» *méditation ou guet-apens.*

Incapacité de travail pendant plus de vingt jours.
—Dans ce cas l'article 309 nouveau ne prononçant qu'une peine correctionnelle, l'ancien article 312 n'aurait porté que la réclusion ordinaire.

Au point de vue de la rétroactivité, il n'y a pourtant pas là aggravation de peine ; au contraire il y a, en somme, disposition favorable à l'accusé ; car l'ancien article 309 prononçant la réclusion, il y aurait eu lieu d'appliquer la peine des travaux forcés à temps dans le cas de l'article 312.

Préméditation ou guet-apens. — Ces expressions ne sont pas aussi faciles à interpréter que celles qui précèdent. Cette disposition sera-t-elle applicable dans tous les cas de préméditation ou de guet-apens ? Sa généralité semblerait l'indiquer. Mais s'il en était ainsi, ce texte serait absurde. L'article 310 prononce les travaux forcés à perpétuité, les travaux forcés à temps, la réclusion, selon les cas, s'il y a eu préméditation ou guet-apens, alors que la victime est étrangère à l'accusé. Et l'article 312 ne prononcerait que le maximum de la réclusion lorsque la victime serait l'ascendant du coupable ! Cela ne peut pas être.

Il nous semble évident que l'article 312 n'a eu en vue que les cas de préméditation ou de guet-apens, prévus par le 2ᵉ § de l'article 311, dans lesquels il n'y a pas eu incapacité de travail de plus de vingt jours. Ces faits sont punis de la même peine que les violences prévues par le § 1ᵉʳ de l'article 309. Voilà pourquoi ils leur sont assimilés dans le § 3 de l'article 312. Ces deux catégories de violences sont plus graves que celles qui sont atteintes par le § 1ᵉʳ de l'article 311 et le § 2 de l'article 312. Elles sont plus sévèrement punies par les articles 309 et 311. Il était naturel d'élever jusqu'au maximum de la réclusion la peine prononcée contre des faits de cette nature par l'article 312.

Les deux derniers paragraphes de cet article prévoient spécialement les cas où les peines prononcées par les articles précédents sont la réclusion ou les travaux forcés. C'est donc que les §§ 2 et 3 ne sont applicables qu'aux cas où les articles précédents ne prononcent que des peines correctionnelles. Ils ne sont, en quelque sorte, que le dédoublement de l'ancien § 2 : « Si l'article auquel le cas se refé- » rera prononce l'emprisonnement et l'amende, le » coupable subira la peine de la réclusion. »

La nouvelle rédaction de l'article 312 soulève une autre question : « *L'individu qui aura volon-*

» *tairement fait des blessures ou porté des coups*
» *à........* ».

Il semble résulter de là que cet article ne devra
être appliqué que lorsqu'il y aura coups portés,
blessures reçues, et que les violences et voies de
fait, exercées sur des ascendants du coupable, ne
devront être punies que des peines ordinaires. Vainement dirait-on que ces actes sont de nature aussi
grave que les coups et blessures, et que la loi qui
les assimile à ces faits lorsqu'ils s'adressent à des
étrangers, ne peut faire entre eux de différence,
lorsqu'ils sont commis sur des ascendants. Nous
croyons que la loi nouvelle a entendu dans cette
hypothèse rester dans les termes restreints de la législation antérieure. Pour s'en convaincre, il suffit
de comparer les termes anciens de notre article avec
sa rédaction actuelle. Il débutait ainsi : « *Dans les*
» *cas prévus par les articles* 309, 310 *et* 311 ». Si ces
expressions avaient été conservées après l'introduction des mots « *voies de fait et violences* » dans ces
derniers articles, aucun doute n'était possible; l'article 312 devenait applicable aux actes de cette
nature. Au contraire, le législateur juge à propos de
modifier cette rédaction. Lui qui se rend un compte
tout particulier de la portée de ces mots « *coups et*
» *blessures,* » de leur sens restrictif, ce sont ces
mots mêmes qu'il substitue aux termes beaucoup
plus larges de l'ancien article 312, qui auraient

compris les voies de fait et les violences. C'est donc que, dans cette hypothèse, il ne veut pas atteindre ces sortes de faits.

Et cette disposition ne nous paraît pas impossible à expliquer. Le mot « *coup* » interprété assez largement par l'ancienne jurisprudence, qui devra sans aucun doute être suivie dans l'application du nouvel article 312, a une signification assez complexe. Il ne laisse à l'écart que des voies de fait relativement légères. Il ne faut pas trop multiplier les crimes et soumettre au jury des faits peu graves que son indulgence, souvent trop grande, laisserait impunis. Ce n'est pas la peine d'ôter à ces faits leur caractère de délit pour arriver à un tel résultat. Les articles 309 et 311 seront applicables aux faits de cette nature quand ils seront commis envers des ascendants. Le tribunal correctionnel pourra tenir compte de la qualité de la victime dans l'évaluation de la peine. Mieux vaut une condamnation correctionnelle qu'une poursuite criminelle qui pourrait aboutir à un regrettable acquittement.

Nous croyons donc que c'est à dessein que le législateur s'est servi des mots « *coups et blessures* » dans l'article 312, et qu'il n'a pas voulu étendre l'application de cet article aux simples voies de fait.

ART. 520.

<table>
<tr><td>

TEXTE ANCIEN.

S'il n'est résulté du défaut d'adresse ou de précaution que des blessures ou coups, l'emprisonnement sera de six jours à deux mois et l'amende sera de seize francs à cent francs.

</td><td>

TEXTE NOUVEAU.

S'il n'est résulté du défaut d'adresse ou de précaution que des blessures ou coups, *le coupable* sera *puni* de six jours à deux mois *d'emprisonnement* et *d'une* amende de seize francs à cent francs, *ou de l'une de ces deux peines seulement.*

</td></tr>
</table>

La modification apportée à cet article est tellement peu importante que l'on a lieu de s'étonner qu'elle ait paru nécessaire au législateur. La quotité des peines reste la même; seulement, au lieu d'être obligés d'appliquer l'amende et l'emprisonnement cumulativement, les tribunaux pourront à l'avenir n'appliquer que l'une de ces peines. L'article 463 leur donnant déjà cette faculté, il ne nous paraît pas qu'il fût bien nécessaire de la leur concéder par une disposition formelle.

ART. 550.

<table>
<tr><td>

TEXTE ANCIEN.

Toute personne qui aura commis un outrage public à la pudeur, sera punie d'un emprisonnement de trois mois à un an, et d'une amende de seize francs à deux cents francs.

</td><td>

TEXTE NOUVEAU.

Toute personne qui aura commis un outrage public à la pudeur, sera punie d'un emprisonnement de trois mois à *deux ans*, et d'une amende de seize francs à deux cents francs.

</td></tr>
</table>

Le maximum de la peine établie par l'article an—

cien était un an d'emprisonnement. La loi nouvelle l'a élevé à deux ans. C'est la seule modification qu'ait subie notre article.

L'augmentation des outrages aux mœurs, malheureusement trop certaine et trop rapide, a motivé cette aggravation de peine.

ART. 331.

TEXTE ANCIEN.

Tout attentat à la pudeur, consommé ou tenté sans violence sur la personne d'un enfant de l'un ou de l'autre sexe, âgé de moins de onze ans, sera puni de la réclusion.

TEXTE NOUVEAU.

Tout attentat à la pudeur, consommé ou tenté sans violence sur la personne d'un enfant de l'un ou de l'autre sexe, âgé de moins de *treize* ans, sera puni de la réclusion.

Sera puni de la même peine l'attentat à la pudeur commis par tout ascendant sur la personne d'un mineur, même âgé de plus de treize ans, mais non émancipé par mariage.

Cet article contient deux modifications de la plus haute importance :

1° Il élève de onze ans à treize ans le maximum d'âge de la victime de l'attentat à la pudeur. Cette mesure est extrêmement salutaire ; car il était évidemment regrettable que les enfants de onze à treize ans ne fussent pas aussi protégés par la loi. A cette époque de la vie, le consentement ne saurait être éclairé. Il y a toujours violence, sinon matérielle,

au moins morale, de la part du misérable qui commet l'attentat. Vers treize ans, au contraire, âge où
la presque totalité des enfants a fait sa première
communion, où beaucoup de jeunes filles commen-
cent à s'apercevoir de leur sexe, le consentement
est mieux accusé ; le sentiment du mal est plus vif.
La violence doit se présumer moins aisément.

2° Le second paragraphe de notre article est
entièrement nouveau. Tout le monde applaudit sans
aucun doute à une disposition qui permet de réprimer des faits abominables que la promiscuité dans
laquelle sont si malheureusement obligées de vivre
tant de familles pauvres, rend si fréquents et
explique, si elle ne les excuse pas.

Ce n'est pas l'inceste que punit la loi nouvelle.
Ce fait, jadis puni de mort (Faustin Hélie, t. IV,
p. 181), et atteint encore aujourd'hui par diverses
législations (Code d'Autriche, article 113; *id.* de
Prusse, article 109; Statuts de New-York, tit. V,
§ 12, n° 3), n'est réprimé par la loi française que s'il
est commis avec violence physique ou morale, sans
le consentement de la victime. C'est l'*attentat* que
punit notre loi. Elle ne tient compte de l'inceste
que comme circonstance aggravante.

Que faut-il entendre par le mot ascendant employé par cette disposition nouvelle? Evidemment,
tous les ascendants légitimes, tous les ascendants
adoptifs, tous les pères et mères naturels qui, ayant

reconnu leur enfant, ont sur eux les droits que confère la puissance paternelle. Mais que décider des ascendants des pères et mères naturels, des pères et mères naturels qui n'auront pas reconnu légalement l'enfant, mais dont la qualité sera suffisamment établie par les circonstances de la cause, par exemple, par la possession d'état?

La question était tranchée par l'article 333 dans les cas prévus par cet article. Après avoir parlé des ascendants, il ajoutait ces termes généraux : « *S'ils* » *sont de la classe de ceux qui ont autorité sur elle.* » *Autorité* de droit ou de fait; c'était évident. Et dans nos hypothèses, sans aucun doute, les ascendants naturels, les père et mère naturels qui n'ont point reconnu leur enfant, en admettant même qu'ils ne soient pas des ascendants dans le sens légal du mot, sont évidemment « *de la classe de ceux qui ont au-* » *torité* » sur la victime. Mais l'article nouveau n'est pas à beaucoup près aussi explicite. Il laisse subsister la difficulté sans la résoudre. C'est à la jurisprudence qu'il appartient désormais de fixer le sens de ces mots « *tout ascendant,* » employés par le § 2 de cet article.

Pour nous, nous n'hésitons pas à penser que cette disposition est applicable, même dans les cas que nous avons indiqués ci-dessus. Sans doute, il ne s'agit pas alors d'ascendants dans le sens de ce mot, employé en droit civil. Mais la législation criminelle ne se place pas toujours au point de vue, parfois étroit, du droit civil. Elle se met plus souvent que ce dernier au niveau de la réalité sociale et tient plus grand compte des mœurs et des faits. Or il nous paraît évident que l'article 331, en employant ces mots « *tout ascendant* » qui sont aussi généraux que possible, a entendu s'affranchir de toutes les distinctions, de toutes les subtilités du droit civil. Les articles 299 et 312 spécifient que le meurtre ou les violences qu'ils punissent, doivent être commis envers des « *pères ou mères légitimes, » naturels ou adoptifs ou autres ascendants légitimes.* »

La loi pénale admet donc qu'il y a d'autres ascendants que les ascendants légitimes. Et quand elle emploie ces expressions « *tout ascendant* » sans faire les réserves qu'elle a faites dans d'autres circonstances, il ne nous paraît pas douteux qu'elle a entendu donner à ces termes toute l'extension dont ils étaient susceptibles dans le langage ordinaire. Les pères et mères des parents naturels sont évidemment des ascendants. Les articles 299 et 312 ne s'appliquent pas aux attentats dirigés contre leurs personnes parce qu'ils n'ont pas de puissance paternelle sur leurs petits-enfants. Mais s'ils n'ont pas de puissance légale sur eux, ils ont une puissance morale qui aggrave incontestablement les attentats aux mœurs commis par eux sur des mineurs qu'ils auraient dû conseiller et diriger.

Nous en dirons autant des pères et mères naturels qui n'ont pas reconnu leurs enfants, mais qui les ont élevés, dont, en fait, la paternité ou la maternité sont évidentes, établies, sinon par la reconnaissance légale, au moins par la possession d'état ou des circonstances équivalentes. Quoique l'on puisse dire, ce sont évidemment des ascendants au point de vue de la moralité sociale. Leur influence, leur pouvoir sur leur enfant sont les mêmes que s'ils l'avaient reconnu. S'ils en abusent, ils sont aussi coupables que s'ils l'avaient reconnu. Le scandale social est le même; le même trouble doit amener la même répression. L'article 333 les atteignait dans la généralité de ses termes; il les atteindra encore si l'enfant est âgé de moins de treize ans. Il les frappera même d'une peine supérieure à celle du § 2 de l'article 331. Il serait vraiment illogique et choquant qu'ils restâssent impunis si leur victime avait plus de treize ans. La question de filiation pourra être dans ce cas assez délicate à résoudre dans la pratique; nous ne nous dissimulons pas que là est la difficulté de notre thèse. Mais le jury l'appréciera, comme toutes les circonstances aggravantes, et si elle est douteuse, nous ne craignons pas qu'il la résolve dans un sens défavorable à l'accusé.

Les attentats à la pudeur commis par des ascendants ne seront pas punissables, hors les cas prévus par l'article 332, si le mineur est émancipé par mariage. Cela se comprend. L'émancipation par mariage, au point de vue des mœurs, équivaut à une véritable majorité. Et le mineur qui, dans cette situation, n'a pas résisté de manière à obliger son ascendant à recourir à la violence, ne peut être réputé avoir cédé à une violence morale et n'avoir pas consenti en connaissance de cause. Or, il ne faut pas perdre de vue en pareille matière, que ce que la loi punit, ce n'est pas l'inceste, c'est l'attentat, c'est la violence matérielle ou morale, c'est l'accomplissement de l'acte sans le consentement éclairé de la victime. Il est impossible de présumer que la femme mariée, par exemple, qui s'est livrée à son père sans résistance, n'a point agi en connaissance de cause et a été la victime d'une violence morale.

Les dispositions nouvelles de l'article 331 incriminant des faits qui n'étaient pas atteints par l'ancienne loi pénale, ne devront pas avoir d'effet rétroactif.

ART. 333.

TEXTE ANCIEN.	TEXTE NOUVEAU.
Si les coupables sont les ascendans de la personne sur laquelle a été commis l'attentat, s'ils sont de la classe de ceux qui ont autorité sur elle, s'ils sont instituteurs ou ses serviteurs à gages, ou serviteurs à gages des personnes ci-dessus désignées, s'ils sont fonctionnai	Si les coupables sont les ascendans de la personne sur laquelle a été commis l'attentat, s'ils sont de la classe de ceux qui ont autorité sur elle, s'ils sont ses instituteurs ou ses serviteurs à gages, ou serviteurs à gages des personnes ci-dessus désignées, s'ils sont fonctionnaires

<table>
<tr><td>TEXTE ANCIEN.</td><td>TEXTE NOUVEAU.</td></tr>
<tr><td>

naires ou ministres d'un culte, ou si le coupable, quel qu'il soit, a été aidé dans son crime par une ou plusieurs personnes, la peine sera celle des travaux forcés à temps, dans le cas prévu par l'article 331, et des travaux forcés à perpétuité, dans les cas prévus par l'article précédent.

</td><td>

ou ministres d'un culte, ou si le coupable, quel qu'il soit, a été aidé dans son crime par une ou plusieurs personnes, la peine sera celle des travaux forcés à tems, dans le cas prévu par *le § 1er de* l'article 331, et des travaux forcés à perpétuité, dans les cas prévus par l'article précédent.

</td></tr>
</table>

Cet article n'a subi d'autre modification que la substitution de ces mots « § 1er de l'article 331 » à ceux-ci « l'article 331 ». Les faits prévus par le § 2 de ce dernier article ne rentrent pas sous l'application de l'article 333. Ce paragraphe est une innovation particulière aux crimes commis par des ascendants. Les faits qu'il prévoit, diffèrent de ceux atteints par le § 1er. La victime étant dans ces cas plus avancée en âge, le crime est moins grave. Il fallait lever tous les équivoques afin que l'on ne prétendît pas lui appliquer l'article 333.

ART. 334.

Quiconque aura attenté aux mœurs, en excitant, favorisant ou facilitant habituellement la débauche ou la corruption de la jeunesse de l'un ou de l'autre sexe au-dessous de l'âge de vingt-un ans, sera puni d'un emprisonnement de six mois à deux ans, et d'une amende de cinquante francs à cinq cents francs.

Si la prostitution ou la corruption a été excitée, favorisée ou facilitée par leurs pères, mères, tuteurs, ou autres personnes chargées de leur surveillance, la peine sera de deux ans à cinq ans d'emprisonnement, et de trois cents francs à mille francs d'amende.

12

Nous n'aurions pas dû à la rigueur citer cet article puisque le texte du projet ayant été définitivement rejeté, le texte ancien a été maintenu. Nous avons cru devoir le faire cependant parce qu'il nous a paru important de remarquer que le vote de la Chambre était une confirmation éclatante de la jurisprudence suivie par la Cour de cassation en matière d'excitation à la débauche. Cette jurisprudence était l'objet de quelques critiques et de quelques doutes. Le Corps législatif, en adoptant, comme la discussion l'a prouvé d'une manière si complète, toutes les idées de la Cour suprême, bien qu'il ne les ait insérées dans aucun texte, nous paraît en quelque sorte leur avoir donné l'autorité d'une loi. L'éloquent discours de M. le Procureur général Cordouën, confirmé par le vote presqu'unanime de la Chambre, ne permet plus de conserver aucun doute sur les difficultés que soulevait autrefois l'application de l'article 334. Si, avant la présentation de la loi nouvelle, un revirement de jurisprudence était à craindre, ce vote l'a rendu désormais impossible (Conf. Cir. de S. E. M. le Garde des Sceaux, p. 5).

ART. 345.

TEXTE ANCIEN.	TEXTE NOUVEAU.
Les coupables d'enlèvement, de recélé ou de suppression d'un enfant, de substitution d'un enfant à un autre, ou de supposi-	Les coupables d'enlèvement, de recélé ou de suppression d'un enfant, de substitution d'un enfant à un autre, ou de suppo-

<table>
<tr><td>

TEXTE ANCIEN.

tion d'un enfant à une femme qui ne sera pas accouchée, se-ront punis de la réclusion.

La même peine aura lieu contre ceux qui, étant chargés d'un enfant, ne le représenteront point aux personnes qui ont le droit de le réclamer.

</td><td>

TEXTE NOUVEAU.

sition d'un enfant à une femme qui ne sera pas accouchée, seront punis de la réclusion.

S'il n'est pas établi que l'enfant ait vécu, la peine sera d'un mois à cinq ans d'emprisonnement.

S'il est établi que l'enfant n'a pas vécu, la peine sera de six jours à deux mois d'emprisonnement.

Seront punis de la réclusion ceux qui, étant chargés d'un enfant, ne le représenteront point aux personnes qui ont le droit de le réclamer.

</td></tr>
</table>

L'ancien texte n'est nullement modifié. Ses deux paragraphes sont devenus les §§ 1 et 4 de la disposition nouvelle.

Les §§ 2 et 3 sont entièrement nouveaux. Ils supposent, le troisième, qu'il est certain que l'enfant n'a pas vécu; le second, qu'il est douteux que l'enfant ait vécu.

Il importe d'en préciser la portée. Ces deux paragraphes se rapportent-ils à tous les faits prévus par le § 1er. Oui évidemment, dans leur contexte. Voyons maintenant comment dans la pratique ils pourront s'appliquer à ces diverses hypothèses.

L'enlèvement d'un enfant qui n'a pas vécu, ou dont l'existence est douteuse, est difficile à imaginer. On enlève rarement des enfants qui viennent de naître, surtout s'ils sont nés morts. Ce délit ne peut se commettre qu'avec le but de tirer un parti de l'enfant enlevé. Quel parti peut-on tirer d'un enfant mort ou qui vient de naître? Tout au plus l'enlèverait-on pour le supprimer ou le substituer à un autre, mais ce seraient là des faits qui rentreraient dans les autres termes du paragraphe qui nous occupe.

Le recélé d'enfant rentre dans le délit précédent ou dans le suivant. Il ne peut y avoir recélé d'enfant que lorsqu'il y a eu enlèvement ou suppression. C'est plutôt un fait de complicité qu'un fait principal. On ne peut recéler que ce qui a été dérobé. L'attentat contre l'enfant ne peut pas commencer par le recel. Ce fait doit être toujours connexe à un autre délit qui est le fait principal. Ce que nous avons dit de l'enlèvement, au point de vue des deux paragraphes dont nous nous occupons, s'applique évidemment au recélé, connexe à ce fait. Il en sera de même de ce que nous allons dire de la suppression d'enfant.

Le mot *recélé* peut encore être entendu dans un autre sens; il peut vouloir dire : action de cacher, de dissimuler l'existence; dans ce cas, il est entièrement synonime du mot *suppression*, et c'est vraisemblablement parce que le législateur lui donnait ce sens dans l'article 345 qu'il l'a relié par la conjonction *ou* au mot *suppression*, ce qu'il

n'a fait pour aucun des autres termes qu'il em-
ployait.

La suppression d'un enfant, c'est l'acte qui consiste à faire disparaître un enfant , à cacher son
existence, à dissimuler son état civil. C'est sans
contredit celui des faits prévus par l'article 345 qui
se représente le plus souvent. C'est ce crime que
la loi nouvelle a voulu particulièrement atteindre
dans tous les cas. La loi ancienne n'était point
suffisamment précise en ce qui le concernait. Elle
n'indiquait pas s'il était nécessaire que l'enfant
eût vécu pour que le crime existât. La Cour de
cassation avait d'abord jugé que l'article 345 s'appliquait à la suppression d'un enfant mort comme
à celle d'un enfant vivant (Cass. 5 sept. 1834,
S. 34, 1, 833 ; 21 févrie 1835, S. 35, 1, 307 ;
27 août 1835 , S. 35, 1, 920; 15 juillet 1836,
Bull. nº 231). Mais depuis elle était revenue en
audience solennelle sur sa jurisprudence. Elle décidait que le législateur n'avait eu en vue d'assurer l'état civil de l'enfant qu'au cas où il serait
vivant, et que supprimer un enfant mort ne constituait pas un des crimes envers l'enfant prévus par
les articles 345 et suivants du Code pénal (Cass.,
Chambres réunies, 1ᵉʳ août 1836, S. 36, 1, 545 ;
4 juillet 1840 , S. 40, 1, 796. — Faust. Hélie,
t. IV, p. 352 et suiv.).

La disposition nouvelle a pour but de remplir la

lacune constatée par la jurisprudence. Il ne sera plus désormais nécessaire de prouver que l'enfant aura vécu, pour que la suppression en soit punissable. Seulement la loi distingue avec raison trois cas. Si l'existence de l'enfant est certaine, il y aura lieu d'appliquer le texte ancien de l'article 345. Si elle est douteuse, on ne prononcera que la peine d'un mois à cinq ans d'emprisonnement. S'il est certain au contraire que l'enfant n'a pas vécu, la peine ne sera que de six jours à deux mois d'emprisonnement.

Il y a loin de la peine de la réclusion prononcée dans le premier cas à la peine de six jours à deux mois prononcée dans le troisième. C'est qu'à s'en tenir à l'extrême rigueur des principes, il pourrait paraître douteux que le fait de supprimer un enfant né mort constituât un délit. On pourrait dire qu'un enfant né mort n'est pas même un enfant; qu'il n'a jamais eu d'état, puisqu'il n'a pas existé; que la vie intra-utérine ne compte pas au point de vue social, et que la vie extra-utérine constitue seule l'être, le citoyen, l'individu susceptible d'avoir un état civil, et partant, d'en être privé, d'être l'objet d'une *suppression* frauduleuse; que l'enfant né mort n'a et ne peut avoir aucun droit; que sa suppression ne peut faire de tort à personne, et que là où il n'y a pas possibilité de préjudice, il ne saurait y avoir de délit.

Quant au cas où l'existence de l'enfant est simplement douteuse, il devrait être assimilé à celui où sa non-existence est certaine. La loi criminelle ne peut condamner sur un doute. On est ou n'est pas. Si l'enfant est ou a été, sa suppression est un crime. Mais si le ministère public ne peut prouver son existence, l'auteur de la suppression doit être présumé n'avoir supprimé qu'un enfant mort-né, c'est-à-dire non pas un être, mais une chose, non pas un citoyen, mais un objet inerte.

Ces raisons ont incontestablement un côté très-sérieux ; et la loi nouvelle leur a fait une part très-large, en abaissant considérablement, lorsque l'existence est douteuse ou la non-existence certaine, la peine prononcée par elle dans le cas où l'existence est démontrée. Cependant elles ne sont pas entièrement satisfaisantes. La mère qui contient un enfant dans son sein, n'y porte pas une personne civile ; mais elle n'y porte pas non plus une chose. Elle y nourrit un être futur, un citoyen en espérance, et pour cette cause, elle a de grands devoirs à remplir. Ce citoyen futur ne lui appartient pas exclusivement comme un objet inerte. La loi criminelle la punit si elle en dispose en se procurant un avortement (317, C. p.). La loi civile lui donne, si cela est nécessaire, un curateur au ventre (393, C. N.). Elle répond de son enfant envers la famille et envers la société. Elle leur doit compte de sa vie et surtout de sa naissance, celle-ci n'eût-elle pas été distincte de sa mort. Elle doit les prévenir de cette mort, afin qu'elles puissent en contrôler les causes et lui en demander raison à elle-même si ces causes lui peuvent être imputées. Si la mère manque à ces obligations, et qu'elle puisse impunément dissimuler la naissance de son enfant, comment protéger cette infortunée créature contre la femme dénaturée qui doit lui donner la vie et qui n'aspire qu'à lui donner la mort ? Obliger la mère à révéler la naissance de son enfant mort, c'est la soumettre au contrôle de la justice, c'est protéger l'enfant jusque dans la vie intra-utérine contre tant de manœuvres criminelles dont il peut être l'objet. Frapper la femme qui n'aura pas rempli ce devoir, ce sera le plus souvent atteindre indirectement l'avortement, l'infanticide que le défaut de charges suffisantes n'auront pas permis d'atteindre directement.

Il ne faut pas se le dissimuler ; c'est là vraisemblablement le but que se sont proposé les rédacteurs du nouvel article 345, et certes il est excellent. Ce texte donne au ministère public, trop désarmé jusqu'alors en pareille matière, un pouvoir dont l'usage sera éminemment moralisateur. Désormais toute fille-mère, obligée de déclarer la naissance de son enfant mort, hésitera davantage que par le passé devant les conséquences d'un avortement ou d'un infanticide. Et si, malgré les dispositions de la loi nouvelle, elle ne craint pas de supprimer le fruit de son inconduite, c'est qu'elle aura les motifs les plus graves pour le faire, c'est que la mort de son enfant sera suspecte. La mère coupable sera justement frappée. Que de crimes, impunis jadis, pourront désormais être atteints ! Et quelle garantie nouvelle pour ces pauvres petits êtres dont la conception imposera à leurs mère une responsabilité si grande qu'elles n'auront d'autre moyen de s'en affranchir que de les présenter vivants à la société !

Réduites à choisir entre des poursuites presque certaines et la vie de leur enfant qui fera éclater leur déshonneur au grand jour, il est permis d'espérer que les filles reculeront davantage devant l'inconduite et que si elles s'y abandonnent, elles n'en pourront plus faire supporter la peine à ces êtres innocents dont l'éducation leur offre pourtant le seul moyen de racheter leur faute et de reconquérir, sinon l'honneur, au moins l'estime publique.

Exposer ainsi les motifs et la portée des dispositions nouvelles de l'article 345, c'est faire comprendre la différence si considérable qui existe entre la peine établie par lo § 2 et celle établie par le § 3 de cet article.

S'il est constant que l'enfant n'a pas vécu, la peine est très-faible, parce que le soupçon qui s'élève contre la mère est également très-faible. Il est démontré par là même qu'elle n'a pas volontairement privé la société d'un citoyen. Sa seule faute, consiste à n'avoir pas déclaré la naissance et la mort de son enfant. Il n'y a guère dans ce fait autre chose que le délit de non déclaration de naissance prévu par l'article 346 du Code pénal. Encore la loi s'est-elle montrée plus indulgente pour la mère que pour les étrangers, en abaissant pour la première à deux mois de prison le maximum de la peine qu'elle avait fixé pour les derniers à six mois. L'article 346 n'était évidemment pas applicable à la mère; il y aurait eu barbarie à contraindre celle-ci à se relever de son lit de douleur pour aller dans les trois jours faire à la mairie la déclaration de la naissance de son enfant. Mais si elle l'a supprimé, si elle l'a fait disparaître, si elle a ainsi rendu impossible la déclaration de sa naissance, fût-il mort-né, elle est évidemment coupable du défaut de déclaration, en même temps que du délit de suppression. Il était regrettable que cette double faute restât impunie. Mais il était impossible, le décès de l'enfant étant certain, de la punir avec une grande sévérité.

La situation change du tout au tout s'il n'est pas établi que l'enfant ait vécu, mais en même temps s'il n'est pas établi que l'enfant n'ait pas vécu. Ce doute rend la suppression éminemment suspecte. Il y a tout lieu de présumer qu'elle n'a été opérée que pour dissimuler un crime. Et d'un autre côté, si les coupables sont excusables jusqu'à un certain point lorsqu'ils n'ont caché qu'un enfant mort, ils ne le sont plus quand ils ne peuvent justifier de cette mort. Nous l'avons déjà dit : la mère ou ses complices répondent de l'enfant jusqu'à sa naissance. Ils ne peuvent se décharger de cette responsabilité qu'en présentant l'enfant à la société et qu'en justifiant de sa mort. S'ils ne le font pas, ils manquent bien plus gravement à leurs devoirs que s'ils font disparaître un petit cadavre dont ils peuvent démontrer le décès antérieur à la naissance.

Dans la pratique, ces faits se présenteront toujours avec un caractère particulièrement grave. Si l'enfant supprimé est retrouvé, on procédera à son autopsie. La science reconnaît à des signes infaillibles si un enfant a respiré ou au contraire, s'il n'a pas respiré, partant s'il a, ou non, vécu. Dans le premier cas, on appliquera le § 1er de l'article 345; dans le second, le § 3e. Le doute ne pourra jamais sérieusement exister si la justice est mise en présence du cadavre. Mais si l'enfant n'est pas représenté, si la mère s'obstine à cacher le lieu de sa sépulture, si elle a si complétement détruit le pauvre petit corps qu'aucune vérification ne soit plus possible, ne comprend-on pas combien la situation devient grave, quels terribles soupçons s'élèvent contre les coupables, quelle responsabilité pèse sur leurs têtes, combien grande est la faute qu'ils ont commise en ne rendant pas compte à la société, dans de pareilles circonstances, de l'enfant dont ils répondaient? Voilà pourquoi la loi s'est montrée si sévère dans cette hypothèse; et elle a eu parfaitement raison de l'être.

Cette disposition sera très-utile dans la pratique pour la répression des infanticides qui ne seront pas suffisamment caractérisés. Elle a été évidemment inspirée par les acquittements si nombreux et si regrettables que les accusées de crimes de cette nature ont si souvent obtenu dans ces derniers temps de la pitié, peut-être exagérée, du jury.

La jurisprudence admettait depuis longtemps que, suivant les cas, l'accusée d'infanticide acquittée par le jury, pouvait être poursuivie ensuite devant le tribunal de police correctionnelle sous l'inculpation d'homicide par imprudence. Cette procédure avait sans aucun doute l'avantage de corriger beaucoup d'abus. Mais elle était vivement discutée. Elle avait peine à s'accorder avec les dispositions de l'article 360 du Code d'instruction criminelle. Elle était d'ailleurs insuffisante. Le ministère public restait désarmé quand il n'était pas établi que l'enfant eût vécu; car l'homicide par imprudence supposait que la vie de la victime n'était l'objet d'aucun doute.

La loi nouvelle, sans détruire l'ancienne jurisprudence, assure, comme elle, mais d'une manière beaucoup plus large et plus juridique peut être, une juste répression. L'infanticide étant presque toujours accompagné de la suppression de l'enfant, si la poursuite dirigée contre le premier crime échoue, le second pourra toujours être puni. Et dans ce cas, on ne pourra plus répéter une objection que l'on faisait à l'ancienne jurisprudence : on ne pourra pas dire que l'on intentera une seconde poursuite à raison d'un même fait, la mort de l'enfant; que l'on violera par conséquent la maxime *non bis in idem.* Le fait de suppression d'un enfant est entièrement distinct de la mort de cet enfant; il y a dans cette hypothèse, non seulement deux incriminations distinctes, mais encore deux faits entièrement différents. L'argument tiré de la règle *non bis in idem* qui rend, il faut en convenir, assez difficile à motiver l'ancienne jurisprudence que nous rappellions tout à l'heure, ne sera donc ici d'aucune autorité !

Avant de quitter ce sujet si neuf et si intéressant, nous croyons nécessaire d'insister tout particulièrement sur un point très-important; nous voulons parler de la preuve de l'existence de l'enfant.

Evidemment, dans le cas du § 1er, si le ministère public affirme que l'enfant a existé, c'est à lui d'en fournir la preuve. *Onus probandi incumbit ei qui dicit.* C'est au demandeur à établir ce qu'il avance.

Dans le cas prévu par le 2ᵉ §, le ministère public n'a rien à prouver, en ce qui concerne l'existence de l'enfant. Il lui suffit de dire : « il n'est pas établi » que l'enfant ait vécu. » La seule obligation qui lui incombe, c'est de prouver l'accouchement. On dira peut être que si le cadavre de l'enfant a disparu, le corps du délit manque. Ce serait une erreur. Cela ne serait vrai que s'il s'agissait d'un infanticide. Le corps du délit, dans cette dernière hypothèse, ne peut être constaté si le cadavre de l'enfant n'est point découvert. Les blessures, les coups, les manœuvres qui ont occasionné la mort et constituent le corps du délit, ne peuvent être vérifiées que sur le cadavre. Mais, en matière de suppression d'enfant, le corps du délit n'est point, en quelque sorte, écrit sur le corps de la victime, comme en matière d'infanticide; il est purement immatériel. On a caché; on a recélé; on a supprimé; on a fait disparaître. La preuve de ce recel, de cette suppression, peut se faire indépendamment de la représentation du corps de l'enfant, victime du délit. Il suffit de prouver qu'un enfant est né; et cette preuve peut se faire sans que l'on soit obligé d'apporter le corps; elle résulte de l'accouchement, tout aussi bien que de la présence du corps. Et l'accouchement se reconnaît facilement dans les premiers jours. Souvent on retrouve les linges ensanglantés; souvent aussi, le placenta. Dans toutes ces circonstances il est certain qu'un enfant a été mis au jour et qu'il a disparu. Cela suffit. Quand le ministère public a fait cette preuve, il a rempli toutes ses obligations. Le contraindre à représenter l'enfant, serait véritablement absurde, puisque le fait qu'il poursuit, en est la suppression, et que le premier effet de ce crime, le mot le dit, c'est de *supprimer* l'enfant, c'est de rendre sa représentation difficile, souvent même, impossible.

Le ministère public aura donc tout fait quand il aura prouvé l'accouchement. Quant à l'accusé, s'il ne nie pas ce fait, il ne lui restera qu'un seul système de défense; ce sera de prouver que l'enfant n'aura pas vécu. Mais cette preuve restera à sa charge. La partie publique n'est pas obligée de lever les doutes qui peuvent naître sur l'existence de l'enfant.

Situation bien remarquable, unique peut être en droit pénal, où l'on voit un fait incertain engendrant une aggravation de peine, une poursuite fondée sur un doute, une défense obligée de prouver quand il suffit à l'accusation d'émettre des soupçons! Nous l'avons expliquée et, nous le pensons, justifiée plus haut. Il n'en est pas moins important de faire remarquer combien elle est extraordinaire, et quelles obligations inaccoutumées elle impose à l'accusé.

Le 1er § de l'article 345 prévoit encore le cas de substitution d'un enfant à un autre. Les §§ 2 et 3 seront-ils applicables dans cette hypothèse? Nous le comprendrions difficilement. D'abord, ils ne parlent que d'un seul enfant. S'appliqueraient-ils indifféremment à l'enfant substitué et à l'enfant auquel on en substitue un autre? Ce serait déjà une question délicate à résoudre. Nous ne voyons pas d'ailleurs quelle influence pourrait avoir sur la gravité de ce crime l'existence ou la non existence de l'un de ces enfants. La substitution reste toujours aussi coupable, que l'un de ces enfants soit mort ou qu'il soit vivant. Et quant à substituer deux enfants morts-nés l'un à l'autre, ce serait un acte de folie, un fait sans raison et sans but.

Nous ne croyons donc pas que les deux nouveaux paragraphes de l'article 345 puissent recevoir jamais leur application dans le cas de subtitution d'un enfant à un autre.

Que décider dans le cas de supposition d'un enfant à une femme qui ne sera pas accouchée? Les cas prévus par les deux nouveaux paragraphes sont de nature à ne se présenter jamais dans cette hypothèse. La vie de l'enfant qu'on suppose, ne saurait jamais rester douteuse; il est produit au grand jour et inscrit sur les registres de l'état civil; il est l'innocent instrument d'une fraude publiquement commise. La société le voit, avant peut-être de découvrir cette fraude. Il n'est pas possible d'imaginer que son existence puisse jamais être douteuse.

Quant à la supposition d'un enfant mort-né, et déclaré tel, c'est là encore un fait que l'on ne peut imaginer, un crime commis sans but et sans résultat possible, un acte de folie.

La supposition d'un enfant né-mort et déclaré vivant, serait au contraire un fait abominable, une fraude odieuse, commise probablement en vue de capter un héritage, compliquée d'un faux dans la déclaration de la naissance. Appliquer à ce cas les dispositions si peu sévères du § 3 de notre article, serait tout à fait contraire à l'équité et aux intentions du législateur. Malgré la généralité des termes de ce texte, nous croyons qu'il n'est point fait pour cette hypothèse.

En résumé, on le voit, les deux nouveaux paragraphes de l'article 345, malgré la généralité de leurs termes, ne sont faits qu'en vue de la suppression d'enfant; ils seront difficilement et rarement applicables dans les autres cas prévus par le § 1er.

Nous avons établi, autant qu'il nous a été possible, le sens et la portée des dispositions nouvelles de notre article. Il nous reste à examiner une dernière question. Lorsque l'on applique l'article 345 du Code pénal, il ne faut jamais perdre de vue les dispositions des articles 326 et 327 du Code Napoléon, qui contiennent de si graves dérogations aux principes posés par l'article 3 du Code d'instruction criminelle:

« 326. Les tribunaux civils seront seuls compétents pour statuer sur les réclamations d'état.

» 327. L'action criminelle contre un délit de suppression d'état ne pourra commencer qu'après le jugement définitif sur la question d'état. »

Evidemment quand il s'agit de la suppression d'un enfant né vivant, l'état de cet enfant est supprimé en même temps que sa personne; et le ministère public doit se conformer aux dispositions des articles 326 et 327 du Code Napoléon. Mais que décider dans les cas où l'existence de l'enfant supprimé n'est pas établie? Comment concilier les dispositions nouvelles de l'article 345 avec celles du Code civil? Dans les cas prévus par les §§ 2 et 3 de notre article, les articles 326 et 327 de ce Code seront-ils applicables ? L'action publique sera-t-elle subordonnée à l'action privée? Le ministère public sera-t-il enchaîné jusqu'à ce que la partie lésée ait saisi et fait statuer la juridiction civile? Question grave, que nos législateurs ont négligé de résoudre !

Lorsqu'il sera établi que l'enfant n'aura pas vécu, la difficulté ne sera pas très-sérieuse. L'enfant né mort n'a jamais existé au point de vue social; il n'a jamais eu d'état civil. Il n'y a pas eu à son préjudice de suppression d'état. On ne supprime pas ce qui n'existe pas; on ne peut porter préjudice à un cadavre. La suppression d'état n'ayant pas lieu dans cette hypothèse, l'article 327 du Code Napoléon ne saurait être appliqué. L'on rentre, au contraire, dans les termes de l'article 3 du Code d'instruction criminelle.

Mais que décider quand la vie et la mort de l'enfant sont également douteuses, dans le cas prévu par le nouveau § 2 de notre article ? La question devient ici beaucoup plus délicate. Le doute qui plane sur l'existence de l'enfant, permet à ceux qui l'ont supprimé d'invoquer l'article 327 du Code Napoléon. Ils peuvent répondre à la poursuite du ministère public : « Nous acceptons le terrain sur
» lequel vous nous conduisez; nous reconnaissons
» qu'il n'est pas prouvé que l'enfant supprimé ait
» vécu. Mais vous êtes obligé de reconnaître qu'il
» n'est pas non plus démontré qu'il soit né sans
» vie. Il est donc possible qu'il ait vécu. S'il a
» vécu, il a eu un état. Vous êtes alors en présence
» d'un crime de suppression d'état. Vous ne pou-
» vez le poursuivre qu'après le jugement rendu au
» civil sur la question d'état. Ce doute suffit pour
» nous mettre, quant à présent, à l'abri de vos
» poursuites, pour suspendre l'action publique
» jusqu'à ce qu'il ait été rendu un jugement civil.

» S'il en était autrement, l'existence de l'enfant
» pourrait être démontrée plus tard. Il pourrait
» être retrouvé plein de vie. Et son état serait cons-
» taté à l'avance par un jugement rendu par un
» tribunal criminel ! Ce serait là une violation fla-
» grante des articles 326 et 327 du Code Napoléon.
» Vous ne pouvez vous exposer à un résultat pareil,
» et, dans le doute, vous devez surseoir jusqu'à ce
» que la question civile ait été définitivement
» jugée ».

Nous ne nous dissimulons nullement toute la gravité de cette argumentation. Nous la trouvons même si forte que nous aurions été heureux de voir la loi nouvelle concilier dans une disposition spéciale l'article 345 avec les articles 326 et 327 du Code Napoléon. Cependant nous croyons très-fermement que nos législateurs n'ont nullement entendu tenir compte de ces textes de la loi civile et qu'ils y ont tacitement dérogé :

1° C'est à notre avis le seul moyen d'expliquer et de rendre efficaces les §§ 2 et 3 de l'article 345. Nous en avons développé les motifs et la portée. Le législateur a voulu atteindre des faits très-coupables qui échappaient trop souvent à la loi pénale. Subordonner dans ces hypothèses l'action publique à l'action civile, ce serait ôter à la loi toute autorité; ce serait la rendre complétement inutile. Comment l'enfant supprimé par une mère indigne de ce nom, très-vraisemblablement mort, et mort d'une manière suspecte, pourrait-il jamais réclamer l'état dont il a été privé? Qui s'intéresse à ces pauvres disparus? Qui les représente? Quels sont leurs héritiers? Qui pourrait agir en leur nom? Personne, si ce n'est peut-être leur mère, c'est-à-dire le principal auteur de leur disparition. Subordonner dans ce cas l'action publique à l'action civile, ce serait la mettre à la discrétion du coupable, lequel probablement ne s'empresserait pas de détruire l'obstacle qui le mettrait à l'abri des rigueurs de la loi. Il faut admettre que le législateur a voulu faire quelque chose de sérieux, et il n'a pu faire quelque chose de sérieux qu'en dérogeant, en tant que de besoin, aux articles 326 et 327 du Code Napoléon.

2° Cette opinion est d'autant plus vraisemblable que lorsque deux textes sont évidemment inconciliables, il est de principe que le texte nouveau doit être présumé déroger à l'ancien. Nous sommes en présence de deux textes inconciliables dont l'un doit paralyser l'autre. Il est évident que le rédacteur du Code Napoléon ne peut être présumé avoir voulu détruire l'œuvre du législateur de 1863 et que c'est la présomption contraire qui doit être adoptée.

3° Il est bon de remarquer que les articles 326 et 327 ont été inspirés par des motifs qui trouveraient difficilement leur application dans les hypo-

thèses prévues par les §§ 2 et 3 de l'article qui nous occupe. Le législateur, à l'aide de ces dispositions du Code Napoléon, paraît avoir voulu « prévenir le
» retour des abus de l'ancienne pratique et empêcher
» que la preuve de la filiation réclamée fût plus ou
» moins difficile suivant qu'il plaîrait à la partie
» de prendre telle ou telle voie et de déjouer ainsi
» les sages précautions de la loi » (Demolombe,
t. V, p. 247. — *Discussion préparatoire*, Bigot de Préameneu et Duveyrier). En d'autres termes, il a voulu empêcher que l'enfant dont l'état avait été supprimé, ou ses représentants, pussent directement saisir la juridiction criminelle et se soustraire ainsi aux règles et aux garanties offertes par la juridiction civile. Nous n'avons pas à critiquer ici ces motifs ; nous nous bornons à les constater.

Il est évident qu'ils n'auront aucune raison d'être dans les hypothèses nouvellement prévues par l'article 348 du Code pénal.

L'existence de l'enfant est incertaine. Dès lors rien n'est à craindre ; il ne peut commettre aucune fraude. Personne ne peut agir en son nom ; car on ne peut agir qu'au nom d'une personne dont l'existence est certaine. La poursuite criminelle ne peut être mise au service d'intérêts civils ou de passions peu avouables. La partie publique seule agira. Aucune partie civile n'entrera en cause.

L'action publique ne saurait avoir sur le civil que

des résultats tout à fait indirects. Le plus souvent la suppression aura eu de tels effets, que l'enfant ne reparaîtra jamais, et que le jugement criminel ne pourra être invoqué par aucun intéressé. Subordonner l'action publique à de telles éventualités serait vraiment porter la défiance des tribunaux criminels jusqu'aux dernières limites. Les articles 326 et 327 ont créé une situation que beaucoup déplorent. C'est chose grave que de mettre l'action publique aux mains de la partie privée. Il faut se garder d'étendre de pareilles dispositions. Il faut s'en abstenir surtout quand l'existence de cette partie privée est plus que douteuse. Lorsque les circonstances sont telles qu'une plainte est presqu'impossible, il serait véritablement funeste d'obliger le ministère public à l'attendre pour agir.

4° (Et cette observation nous paraît décisive) Dans l'hypothèse prévue par le § 2 de l'article 345, l'accusation nous paraît avoir le droit de nier qu'il y ait suppression d'état, et partant que l'on rentre dans les termes de l'article 327 du Code Napoléon. Elle peut dire d'abord : « je soutiens la prévention » sans désigner aucun enfant particulièrement. » Je me borne à établir qu'une femme est accou- » chée et que son enfant a disparu. Je m'en tiens » là. La question fût-elle jugée conformément à » mes réquisitions, la décision n'influerait en rien » sur l'état de tel ou tel enfant. Je ne nomme per-

» sonne comme étant l'enfant supprimé. Je puis
» d'autant moins le faire que cet enfant a disparu.
» Personne donc ne pourra invoquer le jugement
» rendu; personne ne pourra en prendre droit au
» civil. Il ne saurait jamais constater la suppres-
» sion d'état, et partant l'état véritable de qui que
» soit. Il laisse complétement intacte l'action en
» réclamation d'état. Les articles 326 et 327 n'ont
» rien à faire dans cette hypothèse, toute différente
» de celle où l'enfant supprimé est vivant, où il est
» impossible de ne pas le nommer, de ne pas le
» désigner formellement dans l'accusation et où,
» par suite, le jugement doit nécessairement tran-
» cher, au moins implicitement, la question d'état
» qui le concerne. »

Enfin le ministère public peut ajouter : « En
» toute matière criminelle, le droit commun, c'est
» que l'action publique n'est point subordonnée à
» l'action civile, n'est point suspendue par la pos-
» sibilité de l'exercice de cette dernière. Quand
» un délit ou un crime m'est signalé, mon devoir
» est de poursuivre immédiatement; j'en suis saisi
» de plein droit, à moins qu'un texte formel ne
» m'en dessaisisse. Mais dans ce cas, c'est à la
» personne poursuivie à invoquer ce texte, à établir
» que l'action qui lui est reprochée, rentre dans
» ses expressions. *Reus excipiendo fit actor.* Vous
» dites que le fait que je vous reproche, rentre

» dans les termes de l'article 327, C. N. C'est à
» vous de le prouver. Or cela vous est impossible.
» Vous ne pouvez le faire qu'en établissant que
» l'enfant supprimé a eu un état, c'est-à-dire a
» vécu. Mais c'est un point douteux pour vous
» comme pour moi. S'il n'a pas vécu, il n'y a pas
» eu d'état supprimé, je puis certainement agir. Le
» droit commun me donne qualité pour le faire;
» vous êtes impuissant à me démontrer que je suis
» dans le droit exceptionnel. Donc il faut suivre le
» droit commun.

5° Disons enfin que cette solution est parfaitement conforme à l'esprit de la loi nouvelle. Elle ne
s'est nullement préoccupée de l'état de l'enfant. Ce
n'est pas la suppression de cet état qu'elle a voulu
atteindre; ce sont évidemment des faits tout différents, la suppression de l'enfant lui-même, sa disparition suspecte, le défaut de déclaration et la
dissimulation de sa naissance et de sa mort, le
silence blâmable de la mère, la négligence de celle-
ci à justifier de l'accomplissement de ses devoirs
envers la créature intéressante qu'elle a portée
dans son sein. Il n'y a point là de question d'état
en jeu; et suspendre l'action de la loi nouvelle, en
vue de l'éventualité d'une question de cette nature
qui ne surgira presque jamais, ce serait évidemment
renverser toutes les prévisions du législateur.

ART. 561.

<table>
<tr><td>TEXTE ANCIEN.</td><td>TEXTE NOUVEAU.</td></tr>
</table>

Quiconque sera coupable de faux témoignage en matière criminelle, soit contre l'accusé, soit en sa faveur, sera puni de la peine des travaux forcés à temps.

Si néanmoins l'accusé a été condamné à une peine plus forte que celle des travaux forcés à tems, le faux témoin qui a déposé contre lui subira la même peine.

Quiconque sera coupable de faux témoignage en matière criminelle, soit contre l'accusé, soit en sa faveur, sera puni de la peine *de la réclusion.*

Si néanmoins l'accusé a été condamné à une peine plus forte que celle *de la réclusion,* le faux témoin qui a déposé contre lui subira la même peine.

Aucune autre modification que la substitution de la peine de la réclusion à celle des travaux forcés à temps. — Disposition favorable aux accusés. — Effet rétroactif.

ART. 362.

<table>
<tr><td>TEXTE ANCIEN.</td><td>TEXTE NOUVEAU.</td></tr>
</table>

Quinconque sera coupable de faux témoignage en matière correctionnelle, soit contre le prévenu, soit en sa faveur, sera puni de la réclusion.

Quiconque sera coupable de faux témoignage en matière de police, soit contre le prévenu, soit en sa faveur, sera puni de la dégradation civique et de la peine de l'emprisonnement pour

Quiconque sera coupable de faux témoignage en matière correctionnelle, soit contre le prévenu, soit en sa faveur, sera puni *d'un emprisonnement de deux ans au moins et de cinq ans au plus et d'une amende de cinquante francs à* 2000 *francs. — Si néanmoins le prévenu a été condamné à plus de cinq années d'emprisonnement, le faux témoin qui a dé-*

TEXTE ANCIEN.

un an au moins et cinq ans au plus.

TEXTE NOUVEAU.

posé contre lui subira la même peine.

Quiconque sera coupable de faux témoignage en matière de police, soit contre le prévenu, soit en sa faveur, sera puni *d'un* emprisonnement d'un an au moins et *de trois* ans au plus, *et d'une amende de seize francs à cinq cents francs.*

Dans ces deux cas, les coupables pourront, en outre, être privés des droits mentionnés en l'article **42** *du présent Code, pendant cinq ans au moins et dix ans au plus, à compter du jour où ils auront subi leur peine, et être placés sous la surveillance de la haute police pendant le même nombre d'années.*

Les peines de la réclusion et de la dégradation civique prononcées par l'ancien article sont remplacées par des peines correctionnelles. Le dernier paragraphe joint à ces peines les peines accessoires facultatives de l'interdiction des droits mentionnés en l'article 42 et de la surveillance de la haute police.

Toute ces peines étant inférieures aux peines anciennes et contenues dans ces peines devront être appliquées rétroactivement. Faisons toutefois une exception pour la surveillance de la haute police lorsqu'il s'agira d'un faux témoignage en matière de police. Cette peine accessoire est entièrement nouvelle. Elle n'était point attachée à la peine ancienne de la dégradation civique. Elle ne saurait avoir d'effet rétroactif.

Cette modification de l'ancien article 363 aura une conséquence pratique très-salutaire, en ce qui concerne le faux témoignage en matière correctionnelle. Il résulte des dispositions de l'article 181 du Code d'instruction criminelle que le faux témoignage en matière correctionnelle étant devenu un simple délit, le tribunal pourra, et devra même, lorsqu'il sera constaté, le punir sans désemparer. Cette disposition nouvelle assurera donc une répression plus énergique, plus exemplaire et en même temps une économie pour le trésor (Circ. de S. E. Monsieur le Garde des Sceaux, p. 5). C'est là incontestablement l'une des meilleures innovations de la loi nouvelle.

ART. 363.

TEXTE ANCIEN.	TEXTE NOUVEAU.
Le coupable de faux témoignage, en matière civile, sera puni de la peine de la réclusion.	Le coupable de faux témoignage, en matière civile, sera puni *d'un emprisonnement de deux à cinq ans, et d'une amende de cinquante francs à deux mille francs. Il pourra l'être aussi des peines accessoires mentionnées en l'article précédent.*

Même observation que sous l'article précédent.

L'article 181 du Code d'instrution criminelle permettra également aux tribunaux civils d'appliquer, séance tenante, les peines du faux témoignage, lorsque ce délit sera commis à leur audience, par exemple, en matière sommaire.

ART. 564.

<table>
<tr><td>TEXTE ANCIEN.</td><td>TEXTE NOUVEAU.</td></tr>
</table>

TEXTE ANCIEN.

Le faux témoin en matière correctionnelle ou civile, qui aura reçu de l'argent, une récompense quelconque, ou des promesses, sera puni des travaux forcés à tems

Le faux témoin en matière de police, qui aura reçu de l'argent, une récompense quelconque ou des promesses, sera puni de la réclusion.

Dans tous les cas, ce que le faux témoin aura reçu sera confisqué.

TEXTE NOUVEAU.

Le faux témoin, en matière criminelle, qui aura reçu de l'argent une récompense quelconque ou des promesses, sera puni des travaux forcés à temps, sans préjudice de l'application du 2e § de l'article 561.

Le faux témoin en matière correctionnelle ou civile, qui aura reçu de l'argent, une récompense quelconque, ou des promesses, sera puni de *la réclusion.*

Le faux témoin en matière de police, qui aura reçu de l'argent, une récompense quelconque ou des promesses, sera puni *d'un emprisonnement de deux à cinq ans et d'une amende de cinquante francs à deux mille francs. Il pourra l'être aussi des peines accessoires mentionnées en l'article 562.*

Dans tous les cas, ce que le faux témoin aura reçu sera confisqué.

Cet article est modifié dans presque toutes ses dispositions. Le § 1er punit le faux témoin en matière criminelle de la peine des travaux forcés à temps. Cette disposition n'existait pas dans l'ancien Code. Elle eût été inutile puisque cette peine était prononcée dans ce cas par l'article 361, alors même que le faux témoin n'avait pas reçu de récompense. Il n'y a donc pas là, à proprement parler, de disposition nouvelle. Par conséquent ce paragraphe pourra être appliqué rétroactivement.

Le § 2 remplace par la peine de la réclusion celle prononcée par l'ancien article contre le faux témoin en matière correctionnelle. —Abaissement de peine. — Effet rétroactif.

Les §§ 3 et 4 remplacent la peine de la réclusion prononcée précédemment contre le faux témoin en matière de simple police par l'emprisonnement de deux à cinq ans et une amende de 50 francs à 2000 francs, avec les peines accessoires, facultatives, de la surveillance temporaire et de l'interdiction des droits mentionnés en l'article 42, peines contenues précédemment dans celle de la réclusion. Ici encore, abaissement de peine ; effet rétroactif.

ART. 566.

TEXTE ANCIEN.	TEXTE NOUVEAU.
Celui à qui le serment aura été déféré ou référé en matière civile, et qui aura fait un faux	Celui à qui le serment aura été déféré ou référé en matière civile, et qui aura fait un faux

TEXTE ANCIEN.

serment, sera puni de la dégradation civique.

TEXTE NOUVEAU.

serment, sera puni *d'un emprisonnement d'une année au moins et de cinq ans au plus et d'une amende de cent francs à trois mille francs.*

Il pourra, en outre, être privé des droits mentionnés en l'article 42 du présent Code, pendant cinq ans au moins et dix ans au plus, à compter du jour où il aura subi sa peine, et être placé sous la surveillance de la haute police pendant le même nombre d'années.

La peine ancienne de la dégradation civique est remplacée par des peines correctionnelles inférieures. — Abaissement de peine; effet rétroactif.

ART. 582.

TEXTE ANCIEN.

Sera puni de la peine des travaux forcés à tems, tout individu coupable de vol commis à l'aide de violence, et, de plus, avec deux des quatre premières circonstances prévues par le précédent article.

Si même la violence à l'aide de laquelle le vol a été commis, a laissé des traces de blessures ou de contusions, cette circonstance seule suffira pour que la peine des travaux forcés à perpétuité soit prononcée.

TEXTE NOUVEAU.

Sera puni de la peine des travaux forcés à tems, tout individu coupable de vol commis à l'aide de violence.

Si la violence à l'aide de laquelle le vol a été commis a laissé des traces de blessures ou de contusions, cette circonstance suffira pour que la peine des travaux forcés à perpétuité soit prononcée.

Cet article semble renfermer une aggravation considérable de peine, puisqu'il supprime deux des conditions, exigées par l'ancien texte, dans ce passage qui a été retranché : « et de plus, avec deux » des quatre premières circonstances prévues par » le précédent article ». Mais cette aggravation n'est qu'apparente. Le vol commis avec violence, lorsque la violence n'avait laissé aucune trace de blessures ou de contusions, ou qu'elle n'était accompagnée d'aucune autre circonstance, était déjà puni de la peine des travaux forcés à temps par l'article 385. On ne s'expliquait pas quel pouvait être le but de cette distinction faite par les articles 382 et 385 entre le vol avec violence, accompagné de deux autres circonstances aggravantes, et le vol avec violence sans autres circonstances, puisque la peine était la même dans les deux cas. Il y avait là évidemment un vice de rédaction qu'il fallait corriger. Pas de peine nouvelle. — Effet rétroactif.

ART. 585.

TEXTE ANCIEN.	TEXTE NOUVEAU.
Sera également puni des travaux forcés à tems, tout individu coupable de vol commis, soit avec violence, lorsqu'elle n'aura laissé aucune trace de blessure ou de contusion et qu'elle ne sera accompagnée	Sera également puni de la peine des travaux forcés à temps, tout individu coupable de vol commis avec *deux* des trois circonstances suivantes : 1° Si le vol a été commis la nuit ;

<table>
<tr><td>

TEXTE ANCIEN.

d'aucune autre circonstance, soit sans violence, mais avec la réunion des trois circonstances suivantes :

1° Si le vol a été commis la nuit ;

2° S'il a été commis par deux ou plusieurs personnes;

2° Si le coupable, ou l'un des coupables, était porteur d'armes apparentes ou cachées.

</td><td>

TEXTE NOUVEAU.

2° S'il a été commis dans une maison habitée, ou dans un des édifices consacrés aux cultes légalement établis en France.

3° S'il a été commis par deux ou plusieurs personnes ;

Et si, en outre, le coupable, ou l'un des coupables, était porteur d'armes apparentes ou cachées.

</td></tr>
</table>

Cet article a subi plusieurs modifications.

La disposition relative au vol commis avec violence a été retranchée.

Il atteint désormais le vol commis avec trois circonstances aggravantes, dont l'une doit toujours être la présence d'armes apparentes ou cachées sur la personne de l'un des coupables.

Les deux autres circonstances doivent être l'une des combinaisons deux à deux des trois circonstances indiquées par l'article nouveau qui en a introduit une non prévue par l'ancien texte, à savoir celle où le vol a été commis dans une maison habitée ou dans un des édifices consacrés aux cultes légalement établis en France.

Ainsi, outre la circonstance essentielle d'armes apparentes ou cachées, il faudra qu'il y ait l'une des trois combinaisons suivantes :

1° Vol commis la nuit et dans une maison habitée;

2° Vol commis la nuit par deux ou plusieurs personnes;

3° Vol commis par deux ou plusieurs personnes dans une maison habitée.

La seconde combinaison était la seule prévue par l'ancien texte. Notre article aura sans aucun doute effet rétroactif en ce qui la concerne.

Les deux autres sont nouvelles par suite de l'introduction de la circonstance de maison habitée. Les vols prévus par ces dispositions ne pouvaient rentrer, sous l'ancienne législation, que dans les termes de l'article 386 qui ne prononçait que la peine de la réclusion. Il y a donc, en ce qui les concerne, aggravation de peine, et partant il ne saurait y avoir d'effet rétroactif.

Tout le monde approuvera ces dispositions nouvelles. La loi ancienne s'était évidemment montrée trop indulgente pour des faits d'une gravité exceptionnelle. Il est même assez vraisemblable qu'elle n'avait pas songé à ces deux combinaisons qui supposent un crime beaucoup plus grand et des coupables plus dangereux que ceux dont elle s'était occupée dans l'article 386. Il y avait là une lacune regrettable que la loi nouvelle fait heureusement disparaître.

ART. 587.

TEXTE ANCIEN.	TEXTE NOUVEAU.
Les voituriers, bateliers ou leurs préposés, qui auront altéré des vins ou toute autre espèce de liquides ou de marchandises dont le transport leur avait été confié, et qui auront commis cette altération par le mélange de substances malfaisantes, seront punis de la peine portée au précédent article.	Les voituriers, bateliers ou leurs préposés, qui auront altéré, *ou tenté d'altérer*, des vins ou toute autre espèce de liquides ou de marchandises dont le transport leur avait été confié, et qui auront commis, *ou tenté de commettre*, cette altération par le mélange de substances malfaisantes, seront punis *d'un emprisonnement de deux à cinq ans et d'une amende de vingt-cinq francs à cinq cents francs.*
S'il n'y a pas eu mélange de substances malfaisantes, la peine sera un emprisonnement d'un mois à un an, et une amende de seize francs à cent francs.	*Ils pourront, en outre, être privés des droits mentionnés en l'article 42 du présent Code pendant cinq ans au moins et dix ans au plus ; ils pourront aussi être mis, par l'arrêt ou le jugement, sous la surveillance de la haute police pendant le même nombre d'années.*
	S'il n'y a pas eu mélange de substances malfaisantes, la peine sera un emprisonnement d'un mois à un an, et une amende de seize francs à cent francs.

Cet article renferme deux innovations. Le fait qu'il prévoit, qualifié crime par l'ancienne loi, devient un délit. La peine de la réclusion est remplacée par des peines correctionnelles et par des peines accessoires facultatives, inférieures à celles qui étaient nécessairement attachées à la peine ancienne de la réclusion. Ensuite le texte déclare que la tentative de ce délit sera punissable. Ce n'est pas une incrimination nouvelle. La tentative était punie par la loi antérieure, ce fait constituant un crime, et la tentative du crime étant punie comme le crime même. Il n'y a donc, en ce qui concerne la tentative, qu'abaissement de peine, et non incrimination nouvelle.

Favorables aux accusés, les deux modifications de cet article devront avoir un effet rétroactif.

ART. 389.

TEXTE ANCIEN.	TEXTE NOUVEAU.
Sera puni de la réclusion celui qui, pour commettre un vol, aura enlevé ou déplacé des bornes servant de séparation aux propriétés.	*Tout individu* qui, pour commettre un vol, aura enlevé, ou *tenté d'enlever,* des bornes servant de séparation aux propriétés, *sera puni d'un emprisonnement de deux ans à cinq ans et d'une amende de seize francs à cinq cents francs.* *Le coupable pourra, en outre, être privé des droits mentionnés en l'article* 42 *pendant cinq ans au moins et dix ans au plus, à compter du jour où il aura subi sa peine, et être mis, par l'arrêt ou le jugement, sous la surveillance de la haute police pendant le même nombre d'années.*

Les modifications qu'a subies cet article sont absolument semblables à celles qui ont été apportées à l'article 387. Nous ne pouvons donc que renvoyer à ce que nous avons dit de ces dernières.

Remarquons seulement que le texte nouveau n'a pas reproduit le mot *déplacé* employé par l'ancien article. La législation n'en sera pas changée pour cela. L'individu qui déplace des bornes, ne peut le faire sans les enlever de leur place primitive. Quant il y a déplacement, il y a enlèvement. Le mot *déplacé* était surabondant, et le législateur a jugé à propos de le supprimer. Voilà tout. Mais il n'a pas voulu accorder l'impunité au fait de déplacement de bornes. Cela nous paraît évident.

ART. 599.

TEXTE ANCIEN.	TEXTE NOUVEAU.
Quiconque aura contrefait ou altéré des clés sera condamné à un emprisonnement de trois mois à deux ans, et à une amende de vingt-cinq francs à cent cinquante francs.	Quiconque aura contrefait ou altéré des clés sera condamné à un emprisonnement de trois mois à deux ans, et à une amende de vingt-cinq francs à cent cinquante francs.
Si le coupable est un serrurier de profession, il sera puni de la réclusion.	Si le coupable est un serrurier de profession, il sera puni *d'un emprisonnement de deux ans à cinq ans et d'une amende de cinquante francs à cinq cents francs.*
Le tout sans préjudice de plus fortes peines, s'il y échet, en cas de complicité de crime.	*Il pourra, en outre, être privé de tout ou partie des droits mentionnés en l'article 42 pendant cinq ans au moins et dix ans au plus, à compter du jour où il aura subi sa peine.*

<table>
<tr><td>

TEXTE NOUVEAU.

</td><td>

TEXTE ANCIEN.

Il pourra aussi être mis , par l'arrêt ou le jugement, sous la surveillance de la haute police pendant le même nombre d'années.

Le tout, sans préjudice de plus fortes peines, s'il y échet, en cas de complicité de crime.

</td></tr>
</table>

Cet article n'a subi d'autre changement qu'un abaissement de peine. La réclusion est remplacée par des peines correctionnelles et par des peines accessoires facultatives, inférieures à celles qu'elle entraînait nécessairement. Cette disposition pourra donc être appliquée rétroactivement.

ART. 400.

<table>
<tr><td>

TEXTE ANCIEN.

Quiconque aura extorqué par force, violence, ou contrainte, la signature ou la remise d'un écrit, d'un acte, d'un titre, d'une pièce quelconque contenant ou opérant obligation, disposition ou décharge, sera puni de la peine des travaux forcés à temps.

Le saisi qui aura détruit, détourné ou tenté de détourner des objets saisis sur lui et confiés à sa garde, sera puni des peines portées en l'article 406.

Il sera puni des peines portées en l'article 401 si la garde des objets saisis et par lui détruits

</td><td>

TEXTE NOUVEAU.

Quiconque aura extorqué par force, violence, ou contrainte, la signature ou la remise d'un écrit, d'un acte, d'un titre, d'une pièce quelconque contenant ou opérant obligation, disposition ou décharge, sera puni de la peine des travaux forcés à temps.

Quiconque, à l'aide de la menace écrite ou verbale, de révélations ou d'imputations diffamatoires, aura extorqué ou tenté d'extorquer, soit la remise de fonds ou valeurs, soit la signature ou remise des écrits énumérés ci-dessus, sera puni d'un emprisonnement

</td></tr>
</table>

<table>
<tr><td>

TEXTE ANCIEN.

ou détournés avait été confiée à un tiers.

Celui qui aura recélé sciemment les objets détournés, le conjoint, les ascendants et descendants du saisi qui l'auront aidé dans la destruction ou le détournement de ces objets, seront punis d'une peine égale à celle qu'il aura encourue.

</td><td>

TEXTE NOUVEAU.

d'un an à cinq ans et d'une amende de cinquante francs à trois mille francs.

Le saisi qui aura détruit, détourné ou tenté de *détruire ou de détourner* des objets saisis sur lui et confiés à sa garde, sera puni des peines portées en l'article 406.

Il sera puni des peines portées en l'article 401 si la garde des objets saisis *et qu'il aura* détruits ou détournés, *ou tenté de détruire ou de détourner*, avait été confiée à un tiers.

Les peines de l'article 401 seront également applicables à tout débiteur, emprunteur ou tiers donneur de gage qui aura détruit des objets par lui donnés à titre de gages.

Celui qui aura recélé sciemment les objets détournés, le conjoint, les ascendants et descendants du saisi qui l'auront aidé dans la destruction, le détournement, *ou dans la tentative de destruction ou de détournement* de ces objets, seront punis d'une peine égale à celle qu'il aura encourue.

</td></tr>
</table>

Cet article contient dans son § 2 une innovation très-importante. Il atteint des actes odieux, infâmes, qui, jusque là, échappaient à une juste répression, et qu'un langage vulgaire, mais énergique, avait flétris du mot de *chantage*.

Nous n'avons pas à justifier ici les motifs qui ont inspiré cette disposition nouvelle. Ils ont été développés au Corps législatif avec une telle éloquence, et surtout, avec un tel sentiment du vrai, du bien, de l'honnête, par M. le Procureur général Cordouën, que personne après lui n'osera reprendre cette thèse épuisée. Ce discours que nos lecteurs reliront sans doute, comme l'un des plus remarquables de toute cette discussion, a eu sur l'assemblée une influence irrésistible.

Quand l'honorable commissaire du Gouvernement s'est assis, la cause de la disposition nouvelle était gagnée. L'opposition a senti qu'elle ne pouvait désormais répondre sans blesser tous ces sentiments d'honneur et de délicatesse que l'éminent magistrat avait si bien réveillés dans tous les cœurs.

M. Picard s'est cru obligé de défendre M. Jules Favre, en disant que M. Cordouën l'avait mal compris. Comme si les attaques de M. Jules Favre n'étaient pas consignées au *Moniteur !* Comme si toute la France ne les avait pas comprises et appréciées comme le Procureur général de la Cour de Paris ! Mais, comme il fallait attaquer quand même, obligé de renoncer aux critiques de fond,

M. Picard s'est attaché à la forme. Il s'est plaint de la place donnée dans le Code à la disposition nouvelle. Il a demandé qu'elle fût reportée dans l'article 405, relatif à l'escroquerie.

Un peu de réflexion et moins de parti pris auraient sans aucun doute autrement inspiré l'honorable député de Paris. L'escroquerie est l'appréhension de la chose d'autrui par la ruse, par le vol, par la tromperie, par la fraude. C'est le *dolus malus* des anciens jurisconsultes. Les articles 400 et 401 prévoient des faits tout différents : les filouteries, l'extorsion par force, violence ou *contrainte*. La contrainte, c'est-à-dire la violence morale, était déjà atteinte par l'article 400. Dans le cas d'escroquerie, il n'y a point violence morale ; la victime n'est point contrainte ; elle est amenée par ruse à une remise volontaire. Dans le cas de l'ancien article 400 et dans celui de chantage, au contraire, la victime proteste intérieurement ; elle n'agit point volontairement ; elle cède, comme le volé, à la violence. Le législateur avait assimilé au vol les extorsions prévues par l'ancien article 400. Les mêmes motifs devaient encore faire assimiler à ce délit les extorsions atteintes par le Code nouveau. Une raison de plus expliquait ce rapprochement : c'était le précédent, résultant du § 1 de l'article 400. Mettre à toute autre place dans le Code la disposition nouvelle, en laissant à la même place ce paragraphe ancien , c'eût été séparer deux dispositions très-voisines, faites pour se confondre souvent dans l'application, rentrant même parfois l'une dans l'autre, dont la nouvelle ne faisait que compléter l'ancienne. C'eût été souverainement illogique. La défense de l'article en discussion était désormais trop bien assurée pour qu'une attaque de cette force pût suffire à le faire rejeter.

Il nous faut maintenant étudier la portée des différents termes de cette disposition nouvelle.

Remarquons d'abord le mot *extorqué*. Il suppose la remise, effectuée involontairement, d'une chose qui n'est pas due, l'appréhension de la chose d'autrui par des moyens déshonnêtes, illégitimes. Le créancier qui fait payer sa dette par des moyens violents, le volé qui se fait rendre de la même manière par le voleur les objets soustraits, ne tomberont pas sous l'application de la loi. Ils n'auront pas *extorqué* tout ou partie de la fortune d'autrui. On n'extorque pas sa propre chose, pas plus qu'on ne la vole. Nul doute sur ce point.

De même, le fait de la partie lésée par un délit qui transige sur l'action civile qui lui est accordée par l'article 1er du Code d'instruction criminelle, alors même qu'elle menacerait le coupable de révélations dans le but d'obtenir une réparation pécuniaire, ne rentrerait pas dans les termes de l'article 400. Il n'y aurait pas là extorsion, mais transaction autorisée par l'article 2046 du Code Napoléon. Le mari lui-même, qui, au lieu de poursuivre le complice de l'adultère de sa femme, se ferait indemniser par lui, en le menaçant de dénonciation ou de révélations diffamatoires, ne tomberait pas sous l'application de notre article, si honteuse que fût son action. Il n'aurait pas *extorqué* les sommes reçues par lui. Il se serait fait seulement remettre une indemnité que la loi lui donnait le droit de réclamer. (Circ. de S. E. M. le Garde des Sceaux, p. 7.)

Mais il ne faudrait pas pousser trop loin cette doctrine. Si, dans les hypothèses précédentes, l'auteur des menaces s'était, par ce moyen, fait remettre beaucoup plus que ce qui lui était dû, il rentrerait évidemment sous l'application de l'article 400. Ainsi, le mari d'une femme publique qui en menaçant l'homme qui se serait oublié avec celle-ci, d'une plainte en adultère, se serait fait acheter son silence par une somme considérable, aurait *extorqué* beaucoup plus que l'indemnité à laquelle il aurait pu avoir droit, et, pour le surplus, il nous paraîtrait coupable du délit prévu par la loi nouvelle.

Nous ne nous dissimulons pas combien pourrait être délicate en pareille circonstance l'appréciation du préjudice causé que pourraient avoir à faire les tribunaux ; mais, comme elle peut leur être demandée par l'action civile, nous ne voyons aucun empêchement à ce qu'elle leur soit soumise par l'action publique.

Que faudra-t-il entendre par ces expressions de notre article « *tenté d'extorquer ?* » Quels faits constitueront la tentative d'extorsion punie par la loi nouvelle? Cette question se rapproche beaucoup de celle à laquelle a donné naissance la disposition de l'article 405, relative à la tentative d'escroquerie, que nous examinerons plus loin.

Nul doute que lorsque l'argent a été remis au *chanteur* (que l'on nous permette ce mot, désormais consacré), mais repris sur-le-champ sans qu'il en profite, il n'y ait non-seulement tentative, mais véritablement délit consommé. Nul doute encore qu'il n'y ait tentative quand la chose demandée a été adressée à l'auteur du délit et que celui-ci n'a manqué de la recevoir, de l'appréhender que par des circonstances indépendantes de sa volonté.

De même, si le *chanteur* a fait des démarches pour recevoir, s'il est venu, par exemple, chez sa victime, s'il est arrêté au moment, pour ainsi dire, où il tend la main, il y a commencement d'exécution, tentative qui n'a manqué son effet que par des circonstances indépendantes de sa volonté.

Mais que décider quand il n'y aura que menace, écrite ou verbale, quand aucun autre acte de la part de l'auteur de ces menaces n'aura commencé l'exécution du délit, alors qu'il aura encore le temps de réfléchir, de se repentir, de revenir à de meilleurs sentiments, d'abandonner l'œuvre d'iniquité commencée. Le poursuivre dans ce cas, ne serait-ce pas aller bien au-delà des principes fixés par l'article 2 du Code pénal, punir une tentative qui n'en est pas une dans le sens légal du mot? Nous verrons combien est grave la question analogue en matière d'escroquerie. Ici la difficulté ne nous paraît pas aussi grande. Il ne faut pas perdre de vue les articles 305, 306 et 308. Les principes posés par ces articles doivent nous permettre, dans la matière qui nous occupe, de ne nous préoccuper que d'une manière très-secondaire des règles ordinaires en matière de tentative.

Disons plus : il nous semble que le mot *tenté* employé par le § 3 de l'article 400, n'a pas la signification attachée ordinairement par la loi à ce mot. Ce que cet article veut particulièrement atteindre, ce n'est pas tant l'extorsion, l'appréhension par la contrainte morale de la chose d'autrui, que cette contrainte morale elle-même, que les manœuvres déloyales, que le marché infâme, que la pression odieuse, en un mot que la menace écrite ou verbale de révélations ou d'imputations diffamatoires. Il se passe ici ce qui a lieu dans les cas prévus par les articles 305, 306 et 308. Ce n'est pas la remise de l'argent au lieu indiqué, ou l'accomplissement de tout autre condition imposée par le coupable, qui constitue aux yeux du législateur la perpétration du crime. C'est là une circonstance du fait incriminé ; ce n'est pas ce fait lui-même. Le fait atteint par la loi, c'est la violence ; c'est la crainte inspirée par la menace d'un mal physique. Le fait atteint par le nouveau paragraphe de l'article 400, c'est encore la violence ; c'est la crainte inspirée par la menace d'un mal, non plus physique cette fois, mais moral. La situation est identiquement la même dans les deux cas. Le délit, c'est la menace. La remise de l'argent ou l'accomplissement de tout autre condition, ce n'est que la circonstance.

C'est ainsi, croyons-nous, que le législateur a envisagé le délit nouveau. Après avoir puni la menace de violences matérielles, il a voulu punir la menace de tortures morales. Et dès lors on voit où nous en arrivons. Si la menace est le délit, et l'extorsion d'argent la circonstance, la tentative d'extorsion n'est point la tentative du délit. Les principes suivis ordinairement en matière de tentative de délit n'ont rien à faire dans cette hypothèse.

Le mot *tenté* employé par l'article 400 signifie seulement que la menace doit être faite sous condition, comme les menaces de violences physiques, dans un but d'extorsion, avec l'intention de tirer un profit honteux de la terreur inspirée par la menace. Mais voilà toute la signification de ce mot.

Peu importe que l'extorsion ait, ou non, réussi, ait été accomplie, ou seulement tentée, pourvu que la menace ait été adressée dans un but d'extorsion, avec l'intention criminelle définie par le législateur. Cela suffit pour que le délit existe ; non pas la tentative, mais bien le délit consommé. La tentative de ce délit, ce serait la tentative de menace, fort difficile à concevoir et qui, dans tous les cas, n'est point atteinte par l'article 400, pas plus que par les articles 306 et 308.

Remarquons en terminant que la question que nous venons d'examiner n'a qu'une analogie apparente avec celle qui se présente en matière de tentative d'escroquerie. Quand j'ai menacé d'une révélation diffamatoire en exigeant la concession d'un avantage quelconque, j'ai jeté la terreur dans l'âme de ma victime. Je l'ai atteinte dans ses plus chers intérêts, dans son repos, dans sa conscience, dans ses sentiments les plus intimes, dans sa plus légitime susceptibilité. Je l'ai fait souffrir mille fois plus peut-être que si je l'avais menacée d'une violence matérielle, que si même j'avais exercé sur elle un acte de cette nature. Il y a préjudice et préjudice très-grand. En matière d'escroquerie, quand j'ai dressé mes batteries, préparé mon terrain, exercé mes manœuvres frauduleuses, mais sans en être encore arrivé à l'exécution, sans avoir, en quoi que ce soit, commencé à me faire remettre tout ou partie

de la fortune d'autrui, il n'y a pas encore de préjudice causé; il n'y a que l'intention de le causer,
intention qui peut changer encore et que la loi
n'atteint pas. Il n'y a encore que tromperie sans
préjudice. Cela ne saurait constituer un délit. Mais
autre chose est de tromper; autre chose est de menacer. Autre chose est de faire croire un conte
absurde à un badaud ; autre chose est de troubler
l'existence d'un homme par une menace infâme.

Voilà pourquoi, nous le répétons, dans l'hypothèse prévue par le nouveau paragraphe de l'article 400, le délit existe, alors même qu'il n'y a eu
de la part de l'auteur de la menace qu'intention
d'extorsion.

Que faudra-t-il entendre par ces mots « *révélations ou imputations diffamatoires ?* » Evidemment,
ces expressions sont très-larges et comprennent
toutes les diffamations possibles. Pour expliquer
cette disposition, il faudra toujours se reporter à
la définition de la diffamation, donnée par l'article
13 de la loi du 17 mai 1819 : « Toute allégation
» ou imputation d'un fait qui porte atteinte à l'hon-
» neur ou à la considération de la personne ou du
» corps auquel le fait est imputé, est une diffama-
» tion. »

Ainsi, la menace de révéler un fait de nature à
porter atteinte à l'honneur ou à la considération de
la personne à laquelle s'adressera cette menace,

constituera le délit prévu par l'article qui nous occupe.

Mais, bien entendu, il faudra qu'il ait résulté de cette menace une pression morale, une contrainte efficace et sérieuse. Si le fait diffamatoire a peu de gravité, ou si la réputation de l'homme auquel la menace s'adresse, est tellement perdue qu'aucune contrainte sérieuse n'en puisse résulter, la possibilité de préjudice, et partant, le délit n'existent pas. C'est là une question d'espèce, abandonnée à la sagacité des magistrats.

Cette disposition nouvelle leur imposera des devoirs bien plus grands, une mission bien plus délicate encore ! Souvent, hélas! en pareille matière, la poursuite sera plus scandaleuse que le délit, et fera bien plus de mal à l'offensé qu'à l'offenseur. Il y aura lieu d'agir avec une circonspection toute particulière. Le danger serait grand de mettre l'action publique au service des haines privées. La mission du magistrat est tracée avec une haute raison par la circulaire de M. le Garde des Sceaux (p. 6.)

« Le ministère public doit se faire un devoir d'ap-
» porter dans une matière aussi délicate uno ré-
» serve et des ménagements tout particuliers. Il
» faut éviter qu'une intervention irréfléchie vienne
» précipiter des révélations qu'il importerait de
» prévenir plus encore que de réprimer. L'intérêt
» privé peut avoir tout à perdre et la morale publi-

» que n'a peut-être rien à gagner, à l'éclat d'un
» scandale prémédité. »

En pareille matière le magistrat sera donc avant
tout administrateur. Sa mission sera plutôt préventive que répressive. Il devra se préoccuper principalement de la question de savoir lequel de ces deux
faits aura les conséquences sociales les plus funestes, de l'impunité d'un coupable ou de la révélation
d'un scandale ignoré. Tâche souvent bien difficile,
que d'avoir à choisir entre deux maux ! Mais aussi
le ministère public sera puissamment armé contre
l'intrigue, puissamment armé pour le bien ! L'article 400 à la main, lui aussi pourra, mais cette
fois dans un noble but, énergiquement menacer et
contraindre par la terreur. Ses sévères avertisse-
ments arrêteront l'effet d'odieuses menées. Le misérable qui s'y sera livré tremblera à son tour devant la
justice prête à le saisir et à lui infliger une rigoureuse
punition. Il se taira pour toujours, et sa victime,
respirant enfin après tant d'angoisses, remerciera le
magistrat qui lui aura rendu un double service en la
débarrassant d'un intriguant odieux et en la sau-
vant du déshonneur, en étouffant un scandale où
elle aurait eu tout à perdre et la société, rien à gagner.

Il nous reste à faire une dernière remarque sur
le texte du nouveau paragraphe 2 de notre article :
il punit le cas de chantage où le coupable, à l'aide
des manœuvres qu'il prévoit, se sera procuré la

signature ou remise des écrits énumérés dans le paragraphe précédent. Cette disposition était-elle bien nécessaire? Ne rentre-t-elle point dans les termes de ce paragraphe précédent? A première vue, on serait tenté de le penser. Le mot « *contrainte* » employé par le § 1er, suppose toute contrainte morale, et la contrainte morale, même non accompagnée de violence, suffit pour constituer le crime puni par le § 1er de l'article 400. Or, dans le cas prévu par le nouveau § 2, il y a évidemment contrainte morale. M. Faustin Hélie rappelle à cette occasion l'article 1112 du Code civil d'après lequel il suffit que la contrainte ait été de nature à faire impression sur une personne raisonnable et qu'elle ait pu lui inspirer la crainte d'exposer sa personne ou sa fortune à un mal considérable et présent. Sans aucun doute la contrainte qui résulte de la menace de révélations diffamatoires, offre tous ces caractères. Ce fait était donc atteint par le § 1 de l'article 400. C'est là un fait qui paraît résulter de la doctrine et de la jurisprudence. (Faustin Hélie, t. V, p. 249. — Cass. 15 janvier 1825, *Bull.* n° 5.)

Ceci posé, on voit que l'article nouveau nous met dans une situation assez délicate. Il punit dans son § 2 de peines correctionnelles des faits qu'il vient de punir dans son § 1er de la peine des travaux forcés à temps. Comment sortir de cette apparente antinomie? La question ne laisse pas que d'être assez délicate. Pour la résoudre, on pourrait dire : il est inutile de s'arrêter à discuter le point de savoir si les manœuvres prévues par le § 2 peuvent engendrer parfois la contrainte morale prévue par le § 1er. Il suffit de nous rappeler que le § 2 est la loi nouvelle, et que la loi nouvelle doit toujours être réputée déroger à la loi ancienne en cas d'antinomie. L'extorsion de signature ou d'écrit, réprimée jadis par le § 1er de l'article 400, le sera donc dorénavant par le § 2.

Cet argument est sans aucun doute très-spécieux. Mais il ne nous satisfait pas. Il serait singulier que le législateur eût réformé le § 1er de l'article 400 dans le § 2 du même article, sans modifier autrement l'ancien texte ; nos lois n'offriraient pas un second exemple d'un vice de rédaction pareil. Et s'il existait, les adversaires du projet de loi n'auraient pas manqué de le signaler. Il nous semble évident au contraire que les auteurs de la disposition nouvelle et la chambre qui l'a votée, n'ont nullement entendu réformer la disposition ancienne de l'article 400, abaisser les peines qu'elle prononçait contre des faits pour lesquels ils se montraient particulièrement sévères, atteindre des actes déjà réprimés par la loi. Il nous paraît hors de doute que le nouveau paragraphe de l'article 400 est dirigé exclusivement contre des délits entièrement nouveaux. Il faut donc chercher si cette disposi—

tion ne peut pas s'appliquer à des faits qui ne rentrent pas dans les termes du § 1er et qui, par conséquent, n'étaient point atteints par la loi ancienne.
En se conformant ainsi à l'esprit du législateur,
on arrive bien vite, nous le pensons du moins, à
la véritable solution. Il suffit pour cela de se reporter à l'explication que nous avons donnée plus
haut de la portée du mot *tenté* dans le § 2 de notre
article. Nous avons fait remarquer que ce mot ne
paraissait pas dans cet article tout-à-fait employé
dans son sens légal ordinaire ; qu'il exigeait l'existence de l'intention d'extorsion, plutôt qu'un commencement d'exécution, et que ce commencement
d'exécution n'était pas nécessaire pour que le nouveau délit existât. Cette idée nous conduit directement à la solution de la question qui nous occupe.
Lorsque la menace de révélations diffamatoires
aura eu pour but l'extorsion de signatures et d'é-
crits, prévue par les §§ 1 et 2 de l'article 400, il
faudra distinguer : s'il y a eu commencement
d'exécution, extorsion opérée ou tentée dans le sens
légal du mot, il y aura contrainte morale dans le
sens employé dans le § 1er, et partant, crime ou tentative de crime. S'il n'y a pas eu, au contraire, commencement d'exécution, si le coupable s'est borné à
une menace sous condition, sans qu'il ait commencé
à en tirer profit, il n'y aura pas contrainte dans le sens
du § 1er. Loin de là, la personne, objet de la me-

nace, l'aura peut-être méprisée ou repoussée en la signalant à la justice. La contrainte morale a été essayée, le premier acte a été joué, s'il est permis de s'exprimer ainsi. Mais le second n'est même pas commencé ; aucun fait d'extorsion n'a eu lieu ; il n'y a pas même tentative du crime prévu dans le § 1er. Mais il y a délit consommé dans le sens du § 2 ; nous croyons l'avoir démontré. Ce sont ces sortes de faits qui échappaient à l'ancien article, que la loi nouvelle a voulu atteindre. Elle n'en a pas prévu d'autres. Elle s'est bien gardée de réformer et d'affaiblir la disposition ancienne. Elle lui a laissé toute sa vigueur ; et elle a eu raison. L'extorsion d'écrits par contrainte est un fait beaucoup plus grave que celle de fonds ou valeurs par menaces de diffamation. Elle suppose plus d'audace, plus d'habileté, plus de persévérance ; elle porte sur des intérêts presque toujours beaucoup plus important ; elle peut avoir des conséquences beaucoup plus funestes. Il était juste de la traiter avec une sévérité toute particulière quand la contrainte avait existé ou commencé d'exister. Mais la même sévérité n'était pas nécessaire quand l'extorsion n'avait pas reçu de commencement d'exécution. Dans ce cas, il n'y avait qu'une menace. La peine pouvait être abaissée sans danger. Telle est, à notre avis, la portée du renvoi aux dispositions du § 1er que nous trouvons dans le § 2.

Remarquons que l'explication que nous avons essayée, la seule qui donne un sens raisonnable à cette disposition, qui ne la mette pas en antinomie avec celle qui la précède, ne fait que confirmer l'interprétation du mot *tenté* que nous avons développée plus haut. Si l'on admettait, contrairement à notre opinion, que, pour que le délit nouveau existât, il fallût un commencement d'exécution de l'extorsion, dans le cas d'extorsion d'écrit ou de titre, on rentrerait toujours dans les termes du § 1er; il y aurait toujours extorsion ou tentative d'extorsion par contrainte. Les deux paragraphes seraient en antinomie évidente et on serait nécessairement amené à conclure que le législateur s'est contredit sans s'en apercevoir. Hypothèse inadmissible, conséquence absurde qui ferait infailliblement condamner l'opinion dont elle serait déduite !

Le § 3 de notre article n'est que la reproduction de l'ancien paragraphe légèrement modifié. Le texte ancien avait omis de prévoir la tentative de destruction; il ne punissait que la tentative de détournement. Cet oubli est réparé par la loi nouvelle.

De même la tentative de destruction et même celle de détournement avaient été omises dans l'ancien § 3, aujourd'hui le § 4. La rédaction nouvelle comble encore cette lacune.

Le § 5 est entièrement nouveau : « *Les peines de*

» *l'article 401 seront également applicables à tout*
» *débiteur, emprunteur ou tiers donneur de gage, qui*
» *aura détruit, détourné, ou tenté de détruire ou de dé-*
» *tourner, des objets par lui donnés à titre de gages.* »

Cette disposition a été l'objet d'un débat assez long devant le Corps législatif. Non pas que l'on en critiquât les termes, au contraire; on trouvait cette innovation si bonne que l'on voulait l'étendre au déposant qui détruit ou détourne l'objet mis par lui en séquestre, en dépôt judiciaire, et le commettant qui se livre aux mêmes actes pour dépouiller le commissionnaire de la marchandise, objet du contrat de commission, sur lequel ce dernier peut exercer un privilége. Ces faits ont, sans aucun doute, quelque analogie avec ceux prévus par le paragraphe qui nous occupe. Mais ils sont de nature à se présenter beaucoup plus rarement. C'est chose très-grave que de punir l'homme qui dispose de sa propre chose, même dans le cas où un créancier a des droits sur elle. On s'en aperçoit souvent dans la pratique, en rencontrant les tribunaux très-indulgents en matière de détournement d'objets saisis. Il faudrait se garder d'aller trop loin dans le système de l'article 400, et d'assimiler à des délits des fraudes, certainement très-coupables, mais qui ne sont en définitive que des infractions aux lois civiles et qui ne troublent point l'ordre public.

La soustraction de l'objet mis en séquestre, par le déposant, est un fait très-rare. C'est un vol, s'il est prouvé que le déposant, contraint à s'en désaisir, n'était point propriétaire. Mais s'il l'était, son adversaire n'y avait aucun droit. Et punir un homme pour reprendre son bien, ce serait pousser bien loin la sévérité.

Quant au détournement par le commettant de marchandises confiées au commissionnaire, c'est là sans doute un fait plus blâmable que le précédent. Mais si on le punit, il faudra punir également tous ceux qui porteront atteinte à un droit de rétention ou de privilège appartenant à un créancier, le destinataire qui s'empare des objets que détient encore le voiturier, le locataire non saisi qui déménage clandestinement, le fermier qui détourne les pailles et fumiers de son exploitation, le prêteur qui reprend sa chose avant l'expiration du terme fixé pour sa restitution! Où s'arrêterait-on dans cette voie!

Nous le répétons : c'était déjà très-grave que d'atteindre le détournement de l'objet donné en gage par son propriétaire, c'est-à-dire la simple violation d'un contrat civil, n'entraînant pas appréhension de la chose d'autrui. Il eût été dangereux d'étendre l'application d'une disposition pareille, unique peut-être dans notre législation. Le détournement d'objets saisis, seul prévu par la loi ancienne, avait un caractère plus grave ; il y avait dans ce cas main-mise du créancier par autorité de justice. C'était d'ailleurs un fait de nature à se reproduire trop souvent. Ces deux considérations avaient fait déroger quelque peu aux principes ordinaires. On considérait, non sans raison, jusqu'à un certain point, le tiers saisi comme n'étant plus propriétaire. Sa chose allait, selon toute apparence, être vendue ; la saisie, suivie de la vente, l'en dépossédait pour toujours. Le donneur de gage n'est déjà plus dans cette situation. Aucun acte de justice ne l'a dépossédé, même temporairement ; si le contrat de gage suit son cours naturel, il rentrera au contraire en possession de sa chose. Bien plus différente encore est la situation du commettant dont le droit de propriété est incontestable, subsiste en entier, et ne peut être gêné que pendant un instant, pour une question de comptes, pour un débat purement privé !

La disposition nouvelle est bonne et salutaire. Elle offre au commerce une garantie de plus. Tout le monde l'approuvera. Mais elle est de celles qu'il faut bien se garder d'étendre, sous peine d'atteindre des faits qui ne sauraient constituer des délits, de mettre l'action publique au service d'intérêts privés, d'obliger la société à intervenir dans des querelles qui ne troublent en rien sa sécurité. Ce serait oublier tous les principes sur lesquels repose le droit de punir. La société ne puise ce droit que dans le devoir qui lui incombe d'assurer sa conservation. Rien ne l'autorise à punir des fraudes privées qui ne troublent pas sa tranquillité ; et si le détournement de l'objet donné en gage met en danger la tranquillité et la sécurité sociale, ce qui est déjà discutable, il n'en est certainement pas ainsi du détournement des meubles, objets d'un contrat de commission ou de tout autre contrat engendrant un privilége ou un droit de rétention. Il faudrait, pour l'admettre, décider que toutes les fraudes dans les contrats privés troublent l'ordre social. Où conduirait une pareille théorie !

Concluons donc que de pareils faits ne menacent point la conservation de la société, et que celle-ci, dès lors, n'a pas le droit de les punir.

Le § 6 de notre article n'est que la répétition de l'ancien § 4 avec l'addition des mots « *du débiteur,* » *de l'emprunteur ou tiers donneur de gage.* » Cette addition que rendait nécessaire l'introduction du précédent paragraphe, ne peut être l'objet d'aucune difficulté.

Remarquons, en terminant ce sujet, que les dispositions nouvelles de l'article 400 répriment des faits qui n'étaient point atteints par la loi ancienne. Elles ne sauraient donc avoir d'effet rétroactif.

ART. 405.

TEXTE ANCIEN.

Quiconque, soit en faisant usage de faux noms ou de fausses qualités, soit en employant des manœuvres frauduleuses pour persuader l'existence de fausses entreprises, d'un pouvoir ou d'un crédit imaginaire, ou pour faire naître l'espérance ou la crainte d'un succès, d'un accident ou de tout autre événement chimérique, se sera fait remettre ou délivrer des fonds, des meubles ou des obligations, dispositions, billets, promesses, quittances ou décharges, et aura, par un de ces moyens, escroqué ou tenté d'escroquer la totalité ou partie de la fortune d'autrui, sera puni d'un emprisonnement d'un an au moins et de cinq ans au plus, et d'une amende de cinquante francs au moins et de trois mille francs au plus.

Le coupable pourra être, en outre, à compter du jour où il aura subi sa peine, interdit, pendant cinq ans au moins et dix ans au plus des droits mentionnés en l'article 42 du présent Code : le tout, sauf les peines plus graves, s'il y a crime de faux.

TEXTE NOUVEAU.

Quiconque, soit en faisant usage de faux noms ou de fausses qualités, soit en employant des manœuvres frauduleuses pour persuader l'existence de fausses entreprises, d'un pouvoir ou d'un crédit imaginaire, ou pour faire naître l'espérance ou la crainte d'un succès, d'un accident ou de tout autre événement chimérique, se sera fait remettre ou délivrer, *ou aura tenté de se faire remettre ou délivrer*, des fonds, des meubles ou des obligations, dispositions, billets, promesses, quittances ou décharges, et aura, par un de ces moyens, escroqué ou tenté d'escroquer la totalité ou partie de la fortune d'autrui, sera puni d'un emprisonnement d'un an au moins et de cinq ans au plus, et d'une amende de cinquante francs au moins et de trois mille francs au plus.

Le coupable pourra être, en outre, à compter du jour où il aura subi sa peine, interdit, pendant cinq ans au moins et dix ans au plus des droits mentionnés en l'article 42 du présent Code : le tout, sauf les peines plus graves, s'il y a crime de faux.

La seule modification introduite dans cet article résulte de l'addition de ces mots « *ou aura tenté de* » *se faire remettre ou délivrer.* » Quelle est la portée de ces expressions? Elle est très-grande à notre avis. Il n'en résulte pas seulement l'incrimination de tentatives qui n'étaient pas atteintes par la loi ancienne, et sur lesquelles le Corps législatif a si longuement discuté, sans peut-être éclaircir la question autant qu'on l'aurait désiré. Il en résulte une modification radicale des éléments constitutifs du délit d'escroquerie.

Pour le démontrer, il nous faut exposer tout d'abord la théorie de l'ancien article 405, telle que l'avaient depuis longtemps fixée la doctrine et la jurisprudence. L'escroquerie, d'après les termes de cet article, se composait de trois éléments : 1° l'emploi de manœuvres frauduleuses ; 2° la remise des fonds ; 3° leur détournement. L'existence des deux premiers éléments était absolument indispensable pour que l'escroquerie existât. Quant au détournement, il suffisait qu'il fût tenté, pour que l'article 405 fut applicable. C'était la tentative de détournement, après la remise effectuée, qui seule constituait la tentative de l'escroquerie (Faustin Hélie, t. V, p. 327 et suiv., 334 et suiv., et Rev. de législ., t. 1er de 1846, p. 327. Cass., 29 nov. 1828, chambres réunies, Sir. 27, 1, 122 ; 25 juin 1834, Sir. 34, 1, 833 ; 6 sept. 1839, Sir. 40, 1, 422 ;

30 juin 1845, Sir. 45, 1, 401 ; 22 mai 1847, *Bull.* 110.) Cette interprétation n'avait pas été la première adoptée par la Cour de cassation (V. Cass. 24 fév. 1827, *Bull.* n° 43) ; et elle avait trouvé quelques contradictions dans la jurisprudence des Cours Impériales. Elle était cependant incontestablement la plus conforme, sinon à la réalité des faits, du moins au texte de l'article 405. Ce texte distinguait évidemment entre la remise et le détournement. La première devait toujours avoir lieu ; elle était indispensable : les mots « *se sera fait remettre ou déli-» vrer* » ne permettaient aucun doute sur ce point. L'addition des mots relatifs à la tentative dans la loi nouvelle ne fait que confirmer cette interprétation. Les mots « *escroqué ou tenté d'escroquer* » supposaient le détournement, l'appropriation définitive des valeurs remises, fait entièrement distinct de la délivrance. L'entière perpétration de ce fait n'était pas indispensable, comme celle de la remise, pour que le délit existât. Il suffisait qu'il eût été tenté. Les mots « *tenté d'escroquer* » avaient en vue cette hypothèse.

On voit que la jurisprudence que nous venons d'analyser établissait une sorte d'affinité, d'assimilation entre l'escroquerie et l'abus de confiance. En matière d'abus de confiance, il y a également remise volontaire et détournement. Le délit ne se consomme que par le détournement. Seulement, à

cause du caractère de la remise en matière d'escroquerie, la loi s'était montrée plus sévère pour ce dernier fait. Elle en punissait la tentative ; tandis qu'elle
n'atteignait pas la tentative d'abus de confiance.

La Cour suprême avait abandonné sa seconde
jurisprudence, si bien établie par de nombreux
arrêts dont plusieurs avaient été rendus en au-
diences solennelles. Elle était revenue dans les derniers temps à celle de l'arrêt du 24 février 1827.
Elle décidait que la simple tentative d'obtenir une
remise de fonds ou valeurs, alors même que cette
remise n'avait pas été opérée, constituait la tentative d'escroquerie (Cass. 20 mai 1858, Sir., 58, 1,
486. — Paris, Sir. 5, 91, 7, et 2 mai 1860, *Monit.
des trib.*, 60, 2, 132).

C'est ce dernier système qui a été consacré par la
loi nouvelle.

Les manœuvres frauduleuses et la remise des
valeurs seront considérées désormais comme les
seuls éléments constitutifs du délit. On a voulu
consacrer définitivement la dernière jurisprudence
de la Cour de cassation, éviter un revirement nouveau dans ses décisions peu stables en cette matière, décider une question sur laquelle elle s'était
trop souvent démentie.

Les explications des orateurs du Gouvernement
ne laissent aucun doute sur la signification de la loi
nouvelle. Ils ont particulièrement insisté sur ce

point que la remise des fonds ou valeurs une fois opérée, le délit était consommé. Et cela ressort évidemment du texte. Du moment que le délit existe, lorsque l'escroc a simplement tenté de se faire remettre, il n'est plus nécessaire que le détournement soit consommé ou au moins tenté. Cette dernière condition ne saurait s'accorder avec la simple tentative d'obtenir délivrance, dont l'idée l'exclut nécessairement.

Dorénavant, nous le répétons, l'escroquerie sera consommée par la simple remise, et la tentative d'escroquerie consistera dans le fait d'avoir tenté d'obtenir cette remise. Nous avions donc sujet de dire en commençant l'examen de cet article qu'il modifiait profondément les caractères constitutifs du délit d'escroquerie, puisqu'il supprime radicalement l'un de ceux qu'avait si longtemps exigés la Cour de cassation, et que semblait exiger également le texte de l'article 405.

Cette disposition nouvelle, comme l'a très-bien fait remarquer M. Roques-Salvaza, rend presque surabondantes les expressions anciennes de la loi : « *et aura, par un de ces moyens, escroqué ou tenté* » *d'escroquer la totalité ou partie de la fortune* » *d'autrui* ». Ce passage n'a plus d'autre utilité que d'indiquer la volonté frauduleuse, l'intention de s'approprier le bien d'autrui qui doit toujours se rencontrer chez le coupable.

Le sens de la disposition nouvelle ne nous paraît pas douteux. Est-il nécessaire que nous entreprenions de la justifier, après tant d'éminents orateurs? N'est-il pas évident que la remise effectuée approprie l'escroc de tout ou partie de la fortune d'autrui; qu'il a, à partir de ce moment, dessaisi, à son profit, la personne qu'il a trompée? N'y a-t-il pas là un fait matériel coupable et parfaitement caractérisé? Exiger en outre le détournement opéré ou tenté, se comprend en matière d'abus de confiance, parce que, dans ce cas, la remise est opérée et reçue de bonne foi, et que la mauvaise foi n'apparaît que par le détournement. Mais il en est tout autrement en matière d'escroquerie. L'intention frauduleuse apparaît dès les premières manœuvres qui préparent le délit, et le but du délit est atteint quand la remise est consommée. Exiger, comme l'a fait si longtemps la Cour de cassation, que le détournement vienne se joindre à la remise, distinguer les deux faits, c'est supposer que la remise n'emporte pas translation de propriété. C'est là une idée complétement inexacte. Et d'ailleurs, la remise opérée, comment une tentative de détournement peut-elle exister? Est-ce qu'en matière d'escroquerie, le détournement peut être rationnellement distingué de la remise? Est-ce que ces deux faits ne se confondent pas? Est-ce qu'ils peuvent exister indépendamment l'un de l'autre? Est-ce que la remise opérée ne consomme pas le détournement? Dans l'abus de confiance, le détournement seul approprie l'auteur du délit. Mais il en est tout autrement dans l'escroquerie où il est approprié par la simple remise.

On a dit : « La victime de l'escroquerie reprend » la valeur par elle remise; l'escroc est arrêté » avant d'avoir pu profiter du produit du délit; » voilà la tentative de détournement prévue par » l'ancien article 405 ». C'est une erreur. Le détournement est consommé dans ces hypothèses; de même que le vol serait consommé en pareil cas. Et il est impossible d'imaginer rien autre chose qui ressemble à des tentatives de détournement. L'ancienne jurisprudence aboutissait en réalité à ne jamais punir que le délit d'escroquerie consommé.

Les adversaires du projet de loi se sont récriés comme toujours. Ils ont dit : « on punira les sim- » ples manœuvres, des tentatives qui n'auront pas » encore reçu d'exécution! » Pourquoi? Est-ce que la loi nouvelle abroge les principes posés par l'article 3 du code pénal? Est-ce que la tentative, pour être punissable, ne doit pas être manifestée par un commencement d'exécution et n'avoir manqué son effet que par des circonstances indépendantes de la volonté de son auteur? De simples manœuvres ne seront donc pas punies; car il n'y aura pas eu commencement d'exécution. Et de même l'escroc qui se repentira au moment où la remise sera près de se faire, ne sera pas punissable; sa tentative aura manqué son effet par des circonstances dépendantes de sa volonté. Tous les principes seront donc religieusement suivis et sauvegardés. Mais quant à l'escroc qui est arrêté au moment où la remise va s'opérer, alors que par des faits matériels il a commencé à obtenir cette remise, pourquoi veut-on qu'il ne soit pas puni? Est-ce qu'il n'a point passé des manœuvres aux actions? Est-ce qu'il n'y a pas eu de sa part commencement d'exécution? Est-ce que cette tentative n'a pas manqué son effet par des circonstances absolument indépendantes de la volonté de son auteur? En le laissant impuni, bien loin de se conformer aux vrais principes, on y ferait au contraire une nouvelle exception. Evidemment, cet homme est tout aussi coupable que si la remise avait été opérée. Rien ne sera plus juste que de lui appliquer les peines de l'escroquerie.

Nous croyons devoir faire remarquer en terminant qu'il n'y avait logiquement d'autre moyen d'atteindre des faits de cette nature que de supprimer le troisième caractère du délit d'escroquerie exigé par la seconde jurisprudence de la Cour de cassation, la plus conforme à l'ancien texte, il faut le reconnaître; nous voulons parler du détournement. Ce dernier fait supposant la remise toujours effectuée, il n'était pas possible, en cas de simple tentative d'obtenir la remise, que le détournement fût jamais opéré ou tenté. Le législateur nouveau a donc été conduit nécessairement à cesser d'exiger cette troisième condition pour pouvoir logiquement atteindre cette catégorie de faits blâmables, ces tentatives qu'il voulait punir des mêmes peines que l'escroquerie consommée.

Les faits prévus par la nouvelle disposition de l'article 400 étaient atteints avant elle par l'ancien article, si l'on s'en rapporte au dernier état de la jurisprudence de la Cour de cassation. A ce point de vue le texte actuel pourra être appliqué rétroactivement.

ART. 408.

TEXTE ANCIEN.	TEXTE NOUVEAU.
Quiconque aura détourné ou dissipé, au préjudice des propriétaires, possesseurs ou détenteurs, des effets, deniers, marchandises, billets, quittances ou tous autres écrits contenant ou opérant obligation ou décharge, qui ne lui auraient été remis qu'à titre de louage, de dépôt, de mandat, ou pour un travail salarié ou non salarié, à la charge de les rendre ou représenter, ou d'en faire un usage ou un emploi déterminé, sera puni des peines portées en l'article 406.	Quiconque aura détourné ou dissipé, au préjudice des propriétaires, possesseurs ou détenteurs, des effets, deniers, marchandises, billets, quittances ou tous autres écrits contenant ou opérant obligation ou décharge, qui ne lui auraient été remis qu'à titre de louage, de dépôt, de mandat, *de nantissement, de prêt à usage,* ou pour un travail salarié ou non salarié, à la charge de les rendre ou représenter, ou d'en faire un usage ou un emploi déterminé, sera puni des peines portées en l'article 406.
Si l'abus de confiance prévu	

TEXTE ANCIEN. | TEXTE NOUVEAU.

et puni par le précédent paragraphe a été commis par un domestique, homme de service à gages, élève, clerc, commis, ouvrier, compagnon ou apprenti, au préjudice de son maître, la peine sera celle de la réclusion.

Le tout sans préjudice de ce qui est dit aux articles 254, 255 et 256, relativement aux soustractions et enlèvements de deniers, effets ou pièces, commis dans les dépôts publics.

Si l'abus de confiance prévu et puni par le précédent paragraphe a été commis par *un officier public ou ministériel, ou* par un domestique, homme de service à gages, élève, clerc, commis, ouvrier, compagnon ou apprenti, au préjudice de son maître, la peine sera celle de la réclusion.

Le tout sans préjudice de ce qui est dit aux articles 254, 255 et 256, relativement aux soustractions et enlèvements de deniers, effets ou pièces commis dans les dépôts publics.

Cet article renferme deux importantes innovations. Il comble d'abord une lacune de l'ancien texte, en ajoutant aux contrats dont la violation était prévue par ce dernier, le nantissement et le prêt à usage. Cette excellente disposition ne nous paraît de nature à faire naître aucune difficulté. Elle n'est, en ce qui concerne le nantissement, que le complément, en quelque sorte, de la disposition finale de l'article 400. L'exécution de ce contrat est désormais garantie d'une manière toute particulière. La loi nouvelle a tenu grand compte du rôle que les progrès de la science économique lui ont dorénavant assigné dans le commerce de tous les pays.

Remarquons seulement que l'article 400 s'est servi du mot *gage*, tandis que notre article a emploié le mot *nantissement*. Cette dernière expression est la plus générale ; elle désigne également le gage et l'antichrèse, le nantissement de la chose mobilière et celui de la chose immobilière. Elle n'a pas évidemment cette signification si large dans l'article 408. Elle ne désigne que le nantissement d'une chose mobilière, le gage. Le nantissement d'une chose immobilière qui ne peut être « *détournée ou dissipée* » dans le sens de l'article 408, ne saurait donner lieu à un abus de confiance. Ce point est hors de doute. Néanmoins, notre article nous eût paru d'un meilleur style, si, au lieu du mot *nantissement*, il eût employé le mot *gage*.

Le § 2 punit des peines de la réclusion, l'abus de confiance commis par un officier public ou ministériel. C'est là une innovation excellente que l'opinion publique réclamait depuis longtemps. Combien de fois a-t-on eu l'occasion de regretter la faiblesse de l'ancienne loi, en voyant des notaires, et même des fonctionnaires haut placés, prendre la fuite en emportant les fonds d'un grand nombre de familles, et être punis ensuite d'une peine correctionnelle, alors que le vol de quelques lapins ou de quelques poules, commis avec des circonstances aggravantes, pouvait être puni des travaux forcés. Cette comparaison trop souvent faite n'était pas à l'avantage de notre législation pénale. Il est heureux qu'elle soit devenue impossible désormais.

Les mots « *officier public* » sont excessivement larges; ils comprennent évidemment tous les fonctionnaires publics, tous ceux qui sont revêtus d'une charge publique. Quant aux officiers ministériels, leur qualité ne peut jamais susciter de difficultés.

Faisons ici une courte remarque. La loi ancienne spécifiait que les abus de confiance prévus par son § 2 devaient être commis au préjudice des maîtres des coupables, pour que cette disposition fût applicable. La loi nouvelle a oublié d'expliquer que les délits de cette nature, pour qu'ils rentrent dans ses termes, devront être commis par les officiers publics ou ministériels dans l'exercice de leurs fonctions. Cela ne saurait être l'objet d'aucune difficulté. M. Millet a signalé cette omission de la loi au Corps législatif. Mais tout le monde a été d'accord sur le sens de cette disposition. Il est parfaitement entendu que l'abus de confiance commis par l'officier public ou ministériel, en dehors de ses fonctions, est commis par un homme privé, non plus par un homme public, et est dépouillé de toute circonstance aggravante.

Mais tous les abus de confiance commis par les officiers publics dans l'exercice de leurs fonctions seront-ils atteints par le § 2 de l'article 408 ?

Evidemment non. Les articles 169 et suivants punissent un certain nombre de crimes de cette nature, et ces articles ne sont nullement abrogés par la disposition qui nous occupe. En pareille matière, il faudra rechercher d'abord si l'abus de confiance commis par l'officier public offrira les caractères de l'un des faits prévus et réprimés par les articles 169 et suivants. Quand il ne rentrera pas dans les termes de ces articles, il faudra en revenir à la disposition qui nous occupe. C'est là une question d'espèce, qu'il ne nous paraît pas utile d'essayer de résoudre en thèse et à priori.

ART. 418.

TEXTE ANCIEN.

Tout directeur, commis, ouvrier de fabrique, qui aura communiqué à des étrangers ou à des Français résidant en pays étranger, des secrets de la fabrique où il est employé, sera puni de la réclusion et d'une amende de cinq cents francs à vingt mille francs.

Si ces secrets ont été communiqués à des Français résidant en France, la peine sera d'un emprisonnement de trois mois à deux ans, et d'une amende de seize francs à deux cents francs.

TEXTE NOUVEAU.

Tout directeur, commis, ouvrier de fabrique, qui aura communiqué *ou tenté de communiquer* à des étrangers ou à des Français résidant en pays étranger des secrets de la fabrique où il est employé, sera puni *d'un emprisonnement de deux ans à cinq ans* et d'une amende de cinq cents francs à vingt mille francs.

Il pourra, en outre, être privé des droits mentionnés en l'article 42 du présent Code pendant cinq ans au moins et dix ans au plus, à compter du jour où il aura subi sa peine. Il pourra aussi être mis sous la surveillance de la

TEXTE ANCIEN.

TEXTE NOUVEAU.

haute police pendant le même nombre d'années.

Si ces secrets ont été communiqués à des Français résidant eu France, la peine sera d'un emprisonnement de trois mois à deux ans et d'une amende de seize francs à deux cents francs.

Le maximum de la peine prononcée par les §§ 1er et 3 du présent article sera nécessairement appliqué, s'il s'agit de secrets de fabriques d'armes et munitions de guerre appartenant à l'Etat.

Cet article renferme trois dispositions nouvelles : La peine de la réclusion prononcée par l'ancien article est remplacée par des peines correctionnelles et par des peines accessoires facultatives, inférieures à celles qui l'accompagnaient nécessairement. Cet abaissement de peine devra avoir un effet rétroactif.

Il en sera de même de l'incrimination nouvelle de la tentative du fait prévu par cet article. Cette incrimination n'est nouvelle qu'en apparence. La tentative était punie sous l'ancienne législation, le fait constituant un crime (art. 2). En ce qui la concerne, il n'y a donc pas incrimination nouvelle, mais seulement abaissement de peine.

Le dernier paragraphe est entièrement nouveau. Il ne saurait donc avoir d'effet rétroactif.

ART. 423.

TEXTE ANCIEN.	TEXTE NOUVEAU.
Quiconque aura trompé l'acheteur sur le titre des matières d'or ou d'argent, sur la qualité d'une pierre fausse vendue pour fine, sur la nature de toutes marchandises ; quiconque, par usage de faux poids ou de fausses mesures, aura trompé sur la quantité des choses vendues, sera puni de l'emprisonnement pendant trois mois au moins, un an au plus, et d'une amende qui ne pourra excéder le quart des restitutions et dommages-intérêts, ni être au-dessous de cinquante francs.	Quiconque aura trompé l'acheteur sur le titre des matières d'or ou d'argent, sur la qualité d'une pierre fausse vendue pour fine, sur la nature de toutes marchandises ; quiconque, par usage de faux poids ou de fausses mesures, aura trompé sur la quantité des choses vendues, sera puni de l'emprisonnement pendant trois mois au moins, un an au plus, et d'une amende qui ne pourra excéder le quart des restitutions et dommages-intérêts, ni être au-dessous de cinquante francs.
Les objets du délit, ou leur valeur, s'ils appartiennent encore au vendeur, seront aussi confisqués, et de plus seront brisés.	Les objets du délit, ou leur valeur, s'ils appartiennent encore au vendeur, seront confisqués : les faux poids et les fausses mesures seront aussi confisqués, et de plus seront brisés.
	Le tribunal pourra ordonner l'affiche du jugement dans les lieux qu'il désignera, et son insertion intégrale ou par extrait dans tous les journaux qu'il désignera, le tout aux frais du condamné.

Le dernier paragraphe seul est nouveau. C'est une innovation des plus heureuses que tout le monde applaudira. Cette disposition n'est pas nouvelle, au reste, dans notre législation. Elle n'est que la reproduction textuelle de l'article 6 de la loi du 10 mars 1851, si fréquemment appliqué avec tant d'efficacité par nos tribunaux correctionnels.

ART. 434.

TEXTE ANCIEN.	TEXTE NOUVEAU.
Quiconque aura volontairement mis le feu à des édifices, navires, bateaux, magasins, chantiers, quand ils sont habités ou servent à l'habitation, et généralement aux lieux habités ou servant à l'habitation,. qu'ils appartiennent ou n'appartiennent pas à l'auteur du crime, sera puni de mort.	Quiconque aura volontairement mis le feu à des édifices, navires, bateaux, magasins, chantiers, quand ils sont habités ou servent à l'habitation, et généralement aux lieux habités ou servant à l'habitation, qu'ils appartiennent ou n'appartiennent pas à l'auteur du crime, sera puni de mort.
Sera puni de la même peine quiconque aura volontairement mis le feu à tout édifice servant à des réunions de citoyens.	Sera puni de la même peine quiconque aura volontairement mis le feu *soit à des voitures ou wagons contenant des personnes, soit à des voitures ou wagons ne contenant pas des personnes, mais faisant partie d'un convoi qui en contient.*
Quiconque aura volontairement mis le feu à des édifices, navires, bateaux, magasins chantiers, lorsqu'ils ne sont ni habités, ni servant à l'habitation, ou à des forêts, bois taillis ou récoltes sur pied, lorsque ces objets ne lui appartiennent pas, sera puni de la peine des travaux forcés à perpétuité.	Quiconque aura volontairement mis le feu à des édifices, navires, bateaux, magasins, chantiers, lorsqu'ils ne sont ni habités, ni servant à l'habitation, ou à des forêts, bois taillis ou récoltes sur pied, lorsque ces objets ne lui appartiennent pas, sera puni de la peine des travaux
Celui qui, en mettant le feu à l'un des objets énumérés dans le paragraphe précédent et à	

TEXTE ANCIEN.

lui-même appartenant, aura volontairement causé un préjudice quelconque à autrui, sera puni des travaux forcés à temps.

Quiconque aura volontairement mis le feu à des bois ou récoltes abattus, soit que les bois soient en tas ou en cordes, et les récoltes en tas ou en meules, si ces objets ne lui appartiennent pas, sera puni des travaux forcés à temps.

Celui qui, en mettant le feu à l'un des objets énumérés dans le paragraphe précédent et à lui-même appartenant, aura volontairement causé un préjudice quelconque à autrui, sera puni de la réclusion.

Celui qui aura communiqué l'incendie à l'un des objets énumérés dans les précédens paragraphes, en mettant volontairement le feu à des objets quelconques, appartenant soit à lui, soit à autrui, et placés de manière à communiquer ledit incendie, sera puni de la même peine que s'il avait directement mis le feu à l'un desdits objets.

Dans tous les cas, si l'incendie a occasionné la mort d'une ou plusieurs personnes, se trouvant dans les lieux incendiés au

TEXTE NOUVEAU.

forcés à perpétuité.

Celui qui, en mettant *ou en faisant mettre* le feu à l'un des objets énumérés dans le paragraphe précédent et à lui-même appartenant, aura volontairement causé un préjudice quelconque à autrui, sera puni des travaux forcés à temps. *Sera puni de la même peine celui qui aura mis le feu sur l'ordre du propriétaire.*

Quiconque aura volontairement mis le feu *soit à des pailles ou récoltes en tas ou en meules, soit à des bois disposés en tas ou en stères, soit à des voitures ou wagons chargés ou non chargés de marchandises, ou autres objets mobiliers, et ne faisant point partie d'un convoi contenant des personnes,* si ces objets ne lui appartiennent pas, sera puni des travaux forcés à temps.

Celui qui, en mettant le feu *ou en faisant mettre le feu* à l'un des objets énumérés dans le paragraphe précédent et à lui-même appartenant, aura volontairement causé un préjudice quelconque à autrui, sera puni de la réclusion. *Sera puni de la même peine celui qui aura mis le feu sur l'ordre du propriétaire.*

Celui qui aura communiqué

<table>
<tr><td>

TEXTE ANCIEN.

moment où il a éclaté, la peine
sera la mort.

</td><td>

TEXTE NOUVEAU.

l'incendie à l'un des objets énu-
mérés dans les précédens para-
graphes, en mettant volontai-
rement le feu à des objets quel-
conques, appartenant soit à lui,
soit à autrui, et placés de ma-
nière à communiquer ledit in-
cendie, sera puni de la même
peine que s'il avait directement
mis le feu à l'un desdits objets.

Dans tous les cas, si l'incendie
a occasionné la mort d'une ou
plusieurs personnes, se trouvant
dans les lieux incendiés au mo-
ment où il a éclaté, la peine
sera la mort.

</td></tr>
</table>

Ce long article a subi de nombreuses modifications. Examinons les successivement.

Le § 2 ne punit plus l'incendie d'édifices servant
à des réunions de citoyens. Ce crime rentre dorénavant dans la catégorie des faits prévus par le §
3. Il n'est plus punissable que des travaux forcés à
perpétuité. Abaissement de peine; effet rétroactif.
En revanche, le § 2 réunit aux crimes prévus par
le § 1er, l'incendie de wagons ou voitures contenant des personnes ou faisant partie d'un convoi
qui en contient. Cette disposition qui assimile avec
tant de raison aux bateaux et navires les voitures
ou wagons est certes parfaitement d'accord avec les
progrès de la civilisation contemporaine. Pour des

besoins nouveaux, il faut une protection nouvelle ; pour des crimes nouveaux, des peines nouvelles. Il était regrettable que la loi du 15 juillet 1845 n'eût pas prévu cette hypothèse. Cette lacune est désormais comblée.

Il est évident que cette disposition ne saurait avoir d'effet rétroactif.

Les §§ 4 et 6 sont modifiés de la même manière, en ce sens qu'ils atteignent expressément le propriétaire qui a fait mettre le feu à des objets à lui appartenant, et l'incendiaire qui a agi sur l'ordre du propriétaire.

Cette disposition tranche une question sujette à controverse que le texte ancien n'avait point résolue. Trois opinions pouvaient naître de ce silence. D'après les principes rigoureux du droit, on pouvait soutenir que l'incendiaire étant l'auteur principal, et le propriétaire seulement le complice, les crimes commis par eux n'étaient autre chose que l'incendie de la chose d'autrui et la complicité de ce dernier crime. M. Faustin Hélie justement choqué de ce résultat, proposait (t. VI, p. 120), avec toute l'autorité attachée à son nom, de punir l'incendiaire comme coupable de l'incendie de la chose d'autrui ; le propriétaire, comme coupable de l'incendie de sa propre chose. Cette solution, assez logique à un point de vue, était complétement illogique sous un autre rapport. Il en résultait que celui qui avait donné l'ordre, médité et dirigé le crime, était le moins puni. Enfin, on pouvait soutenir, mais il faut en convenir, sans un grand fondement juridique, que les peines applicables au propriétaire devaient être appliquées également à l'auteur principal qu'il aurait fallu alors considérer plutôt comme complice.

Pour lever toutes ces difficultés, la loi les a résolues par un texte formel, favorable au propriétaire comme à son agent, et qui pour cette raison pourra être appliqué rétroactivement. Nous n'avons pas besoin de faire remarquer combien est équitable cette disposition nouvelle.

La rédaction du § 5 est profondément modifiée. On a remplacé ces mots « *à des bois ou récoltes en* » *tas ou en meules, soit que les bois soient en tas ou* » *en cordes et les récoltes en tas ou en meules* » par ceux-ci « *soit à des pailles ou récoltes en tas ou en* » *meules, soit à des bois disposés en tas ou en stères.* » Le sens et la portée de cette disposition restent toujours les mêmes. On a seulement remplacé par le mot *stères* le mot *cordes* que l'on était étonné de rencontrer dans un texte de loi. Mais il est évident que ce paragraphe s'applique toujours à l'incendie de récoltes ou de bois en tas; que la réunion de ces matières en tas est, comme par le passé, la condition essentielle du crime. (Faustin Hélie, t. VI, p. 108 et suiv.). La rédaction est devenue plus claire par la suppression de ces mots *bois ou récoltes abattus,* et plus française par celle de l'expression conjonctive *soit que,* dont l'emploi isolé donnait à la phrase une allure incorrecte et embarrassée.

Enfin ce paragraphe contient une addition importante : « *Soit à des voitures ou wagons chargés ou* » *non chargés de marchandises ou autres objets mo-* » *biliers, et ne faisant point partie d'un convoi con-* » *tenant des personnes.* »

Incrimination nouvelle. Point d'effet rétroactif. Il est bon de remarquer que la loi n'a pas poussé jusqu'au bout l'assimilation établie par elle, dans le § 2, entre les wagons et les bateaux et lieux habités. Elle punit en effet l'incendie des navires et édifices non habités de la peine des travaux forcés à perpétuité, tandis qu'elle ne prononce que la peine des travaux forcés à temps contre l'incendie de wagons. Cette différence tient sans doute aux conséquences terribles que peuvent avoir l'incendie de wagons contenant des personnes ou faisant partie d'un convoi qui en contient. Lorsque les wagons sont vides et isolés, ils n'ont qu'une importance très-secondaire, une valeur relativement peu considérable, et c'eût été peut-être aller bien loin que de les assimiler dans ce cas à des édifices.

ART. 437.

TEXTE ANCIEN.	TEXTE NOUVEAU.
Quiconque aura volontairement détruit ou renversé, par quelque moyen que ce soit, en tout ou en partie, des édifices, des ponts, digues ou chaussées, ou autres constructions qu'il savait appartenir à autrui, sera puni de la réclusion, et d'une amende qui ne pourra excéder le quart des restitutions et indemnités, ni être au-dessous de cent francs.	Quiconque aura volontairement détruit ou renversé, par quelque moyen que ce soit, en tout ou en partie, des édifices, des ponts, digues ou chaussées, ou autres constructions qu'il savait appartenir à autrui, *ou causé l'explosion d'une machine à vapeur*, sera puni de la réclusion, et d'une amende qui ne pourra excéder le quart des restitutions et indemnités, ni être au-dessous de cent francs.
S'il y a eu homicide ou blessures, le coupable sera, dans le premier cas, puni de mort, et, dans le second, puni de la peine des travaux forcés à temps.	S'il y a eu homicide ou blessures, le coupable sera, dans le premier cas, puni de mort, et, dans le second, puni de la peine des travaux forcés à temps.

La loi nouvelle a seulement ajouté ces mots : « *ou causé l'explosion d'une machine à vapeur* ».

Quelle est la portée de cette disposition ? Elle n'est pas neuve, à notre avis, en ce qui concerne l'explosion d'une machine à vapeur faisant partie d'une usine, c'est-à-dire d'un édifice. Alors même que l'explosion n'aurait pas détruit, en tout ou en partie, l'édifice, ce qui serait très-rare, nous penserions cependant que ce fait rentrerait dans les termes de l'article ancien. La machine fait partie de l'édifice, des constructions auxquelles elle est attachée. Elle

y est toujours fixée d'une manière très-solide, à
perpétuelle demeure. Aux termes des deux paragraphes de l'article 524, C. N., c'est un immeuble
par destination. La destruction de cet immeuble,
de cette partie de la construction, rentre certainement dans les termes de l'ancien article 437. Cet
article pourra donc être appliqué à ce fait, sans
qu'il y ait pour cela rétroactivité.

Mais la disposition qui nous occupe est entièrement nouvelle, en ce qui concerne les machines à
vapeur mobiles et isolées, telles que les locomotives
et locomobiles, qui sont essentiellement mobiliè-
res. La destruction de ces machines par explosion
ne rentrait que dans les termes de l'article 479 du
Code pénal; et il eût été véritablement ridicule de
punir d'une amende de quinze francs, au maximum,
un fait d'une nature aussi grave. Là encore, il y a
une lacune de la loi ancienne heureusement comblée.

ART. 445.

TEXTE ANCIEN.	TEXTE NOUVEAU.
Quiconque, à l'aide d'une liqueur corrosive ou par tout autre moyen, aura volontairement gâté des marchandises ou matières servant à la fabrication, sera puni d'un emprisonnement d'un mois à deux ans, et d'une amende qui ne pourra excéder	Quiconque, à l'aide d'une liqueur corrosive ou par tout autre moyen, aura volontairement *détérioré* des marchandises, matières *ou instruments quelconques* servant à la fabrication, sera puni d'un emprisonnement d'un mois à deux ans, et d'une

<table>
<tr><td>

TEXTE ANCIEN.

le quart des dommages-intérêts, ni être moindre de seize francs.

Si le délit a été commis par un ouvrier de la fabrique ou par un commis de la maison de commerce, l'emprisonnement sera de deux à cinq ans, sans préjudice de l'amende, ainsi qu'il vient d'être dit.

</td><td>

TEXTE NOUVEAU.

amende qui ne pourra excéder le quart des dommages-intérêts, ni être moindre de seize francs.

Si le délit a été commis par un ouvrier de la fabrique ou par un commis de la maison de commerce, l'emprisonnement sera de deux à cinq ans, sans préjudice de l'amende, ainsi qu'il vient d'être dit.

</td></tr>
</table>

L'article nouveau ajoute ces mots : « *ou instru-* » *ments quelconques servant à la fabrication* ». Et il substitue le mot « *détérioré* » au mot « *gâté* », qui ne pouvait plus s'appliquer au fait de destruction d'instruments.

Cette disposition, étant entièrement nouvelle, n'aura pas d'effet rétroactif.

C'est encore là une innovation excellente. Il était singulier que la loi atteignît la destruction de la matière première et laissât à peu près impunie la destruction de l'instrument de fabrication, plus utile, plus important peut-être, plus difficile à remplacer et souvent bien plus coûteux que les matières premières. Il était regrettable que la société demeurât désarmée devant ces actes de sauvage ignorance auxquels se laissent par fois entraîner des populations ouvrières trop attachées aux grossières routines pour apprécier d'admirables inventions, des innovations fécondes pour la civilisation et pour elles-mêmes. Il était urgent que cet oubli de la loi ancienne fut réparé, en présence des conquêtes si rapides et si précieuses de la mécanique moderne.

Cette disposition nouvelle est à la fois un hommage et un service, rendus à l'industrie et au progrès. Elle fera naître cependant une question qu'il est bon d'examiner. Dans beaucoup de fabriques, on se sert de métiers scellés dans la muraille, incorporés, attachés à perpétuelle demeure à l'édifice, immeubles par destination (524, C. N.). Quelles peines seront applicables à la destruction de ces métiers? Sera-ce la peine de la réclusion prononcée par l'article 437, ou l'emprisonnement prononcé par l'article 443? Ce sera la première, si le métier scellé à l'usine doit être réputé édifice ou construction. Ce sera la seconde, si ce n'est qu'un instrument ordinaire servant à la fabrication.

Nous n'hésitons pas à penser, comme nous l'avons fait pour la machine à vapeur, incorporée à l'usine, que le métier, immeuble par destination, fait partie de l'édifice auquel il est attaché à perpétuelle demeure par son propriétaire, comme l'exige l'article 524 du Code Napoléon. Ce n'est pas là un simple instrument de fabrication ; c'est une partie d'édifice, de construction. Celui qui détruit cette partie d'édifice, commet un fait beaucoup plus grave que celui qui détruit un objet purement mobilier. Et cet acte nous paraît rentrer complétement dans la catégorie de ceux prévus par l'article 437.

Nous ne nous dissimulons pas que la question devient beaucoup plus difficile quand les métiers scellés dans l'usine ne sont plus des immeubles par destination, c'est-à-dire, lorsqu'ils ont été ainsi disposés par le locataire, et non par le propriétaire qui peut seul leur donner cette qualité, en les plaçant à perpétuelle demeure. Nous supposons ce fait bien établi. La destruction de ces métiers constituerait-elle une destruction d'édifices ou de partie d'édifices? C'est beaucoup plus délicat. On pourrait dire qu'ils font temporairement corps avec l'édifice, que la loi pénale n'admet pas toutes les subtilités du droit civil et que, pour tout le monde, le métier scellé dans la muraille fait partie de la construction tout aussi bien que les pierres de cette muraille. Cependant il nous semble difficile d'aller aussi loin. Le métier, placé à perpétuelle demeure par le propriétaire, reste là jusqu'à ce qu'il soit usé, comme les murailles auxquelles il est scellé. Son existence est liée à celle de l'édifice. Rien ne l'en séparera jamais, sinon sa propre usure. Au contraire, le métier, placé par le locataire, sera enlevé à la fin du bail. Il est purement mobilier. S'il est saisi, il sera saisi et vendu comme chose mobilière. Il est attaché à l'immeuble, non point pour en faire partie, mais pour s'y appuyer. Personne ne le considère comme partie de l'immeuble, ni le propriétaire de ce dernier auquel il n'appartient pas, ni le locataire qui compte bien s'en servir comme d'une chose mobilière et l'emporter comme telle. Pourquoi vouloir que celui qui le brise, lui attribue une qualité que ceux-là même qui ont des droits sur lui, ne lui accordent point? Sans doute, son adhérence à l'édifice donne à sa destruction un caractère plus grave. Mais ce sera au tribunal correctionnel à en tenir compte dans l'application de la peine prononcée par l'article 443; et ce motif ne suffirait pas pour appliquer à ce fait les termes de l'article 437 qui ne l'ont point prévu.

ART. 463.

TEXTE ANCIEN.	TEXTE NOUVEAU.
Les peines prononcées par la loi contre celui ou ceux des accusés reconnus coupables, en faveur de qui le jury aura déclaré des circonstances atténuantes, seront modifiées ainsi qu'il suit :	Les peines prononcées par la loi contre celui ou ceux des accusés reconnus coupables, en faveur de qui le jury aura déclaré les circonstances atténuantes, seront modifiées ainsi qu'il suit :
Si la peine prononcée par la loi est la mort, la cour appliquera la peine des travaux forcés à perpétuité ou celle des travaux forcés à temps. Néanmoins, s'il s'agit de crimes contre la sûreté extérieure ou intérieure de l'État, la Cour appliquera la peine de la	Si la peine prononcée par la loi est la mort, la cour appliquera la peine des travaux forcés à perpétuité ou celle des travaux forcés à temps.
	Si la peine est celle des travaux forcés à perpétuité, la cour appliquera la peine des travaux

TEXTE ANCIEN.	TEXTE NOUVEAU.

déportation ou celle de la détention ; mais dans les cas prévus par les articles 86, 96 et 97, elle appliquera la peine des travaux forcés à perpétuité ou celle des travaux forcés à temps.

Si la peine est celle des travaux forcés à perpétuité, la cour appliquera la peine des travaux forcés à temps ou celle de la réclusion.

Si la peine est celle de la déportation, la cour appliquera la peine de la détention ou celle du bannissement.

Si la peine est celle des travaux forcés à temps, la cour appliquera la peine de la réclusion ou les dispositions de l'article 401, sans toutefois pouvoir réduire la durée de l'emprisonnement au-dessous de deux ans.

Si la peine est celle de la réclusion, de la détention, du bannissement ou de la dégradation civique, la cour appliquera les dispositions de l'article 401, sans toutefois pouvoir réduire la durée de l'emprisonnement au-dessous d'un an.

Dans les cas où le Code prononce le *maximum* d'une peine afflictive, s'il existe des circonstances atténuantes, la cour appli-

---

forcés à temps ou celle de la réclusion.

Si la peine est celle de la déportation dans une enceinte fortifiée, la cour appliquera celle de la déportation simple ou celle de la détention ; mais dans le cas prévu par les articles 96 et 97, la peine de la déportation simple sera seule appliquée.

Si la peine est celle de la déportation, la cour appliquera la peine de la détention ou celle du bannissement.

Si la peine est celle des travaux forcés à temps, la cour appliquera la peine de la réclusion ou les dispositions de l'article 401, sans toutefois pouvoir réduire la durée de l'emprisonnement au-dessous de deux ans.

Si la peine est celle de la réclusion, de la détention, du bannissement ou de la dégradation civique, la cour appliquera les dispositions de l'article 401, sans toutefois pouvoir réduire la durée de l'emprisonnement au-dessous d'un an.

Dans le cas où le Code prononce le *maximum* d'une peine afflictive, s'il existe des circonstances atténuantes, la cour appliquera le *minimum* de la

TEXTE ANCIEN.

quera le *minimum* de la peine, ou même la peine inférieure.

Dans tous les cas où la peine de l'emprisonnement et celle de l'amende sont prononcées par le Code pénal, si les circonstances paraissent atténuantes, les tribunaux correctionnels sont autorisés, même en cas de récidive, à réduire l'emprisonnement même au-dessous de six jours, et l'amende même au-dessous de seize francs ; ils pourront aussi prononcer séparément l'une ou l'autre de ces peines, et même substituer l'amende à l'emprisonnement, sans qu'en aucun cas elle puisse être au-dessous des peines de simple police.

TEXTE NOUVEAU.

peine ou même la peine inférieure.

Dans tous les cas où la peine de l'emprisonnement et celle de l'amende sont prononcées par le Code pénal, si les circonstances paraissent atténuantes, les tribunaux correctionnels sont autorisés, même en cas de récidive, à réduire *ces deux peines comme suit :*

Si la peine prononcée par la loi, soit à raison de la nature du délit, soit à raison de l'état de récidive du prévenu, est un emprisonnement dont le minimum ne soit pas inférieur à un an ou une amende dont le minimum ne soit pas inférieur à cinq cents francs, les tribunaux pourront réduire l'emprisonnement, jusqu'à six jours et l'amende jusqu'à seize francs.

Dans tous les autres cas, ils pourront réduire l'emprisonnement même au-dessous de six jours et l'amende même au-dessous de seize francs. Ils pourront aussi prononcer séparément l'une ou l'autre de ces peines, et même substituer l'amende à l'emprisonnement, sans qu'en aucun cas elle puisse être au-dessous des peines de simple police.

Une première modification a été apportée par la loi nouvelle à l'ancienne rédaction de l'article 463. Elle a supprimé ces mots du § 1 de cet article : « *Néanmoins, s'il s'agit de crimes contre la sûreté* » *extérieure ou intérieure de l'Etat, la Cour appli-* » *quera la peine de la déportation ou celle de la* » *détention ; mais dans les cas prévus par les articles* » *86, 96 et 97, elle appliquera la peine des travaux* » *forcés à perpétuité ou celle des travaux forcés à* » *temps.* »

Cette suppression ne modifie en rien la législation existante. Le passage retranché avait été abrogé par l'article 2 de la loi du 8 juin 1850.

La seconde modification apportée à l'ancien article 463, c'est l'intercalation entre son troisième et quatrième alinéa de ce même article 2 de la loi du 8 juin 1850. « *Si la peine est celle de la déporta-* » *tion dans une enceinte fortifiée, la Cour appliquera* » *celle de la déportation simple ou celle de la déten-* » *tion ; mais dans les cas prévus par les articles 96* » *et 97, la peine de la déportation simple sera seule* » *appliquée.* »

Ces deux premières modifications n'étant pas des innovations dans notre législation, nous ne croyons pas devoir nous en occuper plus longuement. Disons seulement qu'il était parfaitement logique, tout à la fois, de supprimer un passage depuis longtemps abrogé et de lui substituer dans l'article 463 la disposition nouvelle qui l'avait remplacé dans la législation pénale. Il sera bien plus naturel et bien plus commode à l'avenir de trouver cette disposition dans l'article 463 qui règle tous les cas où les circonstances atténuantes sont accordées aux accusés, que d'être obligé de l'aller chercher dans une loi spéciale.

Passons maintenant à la dernière modification introduite par la loi nouvelle dans notre article. Le dernier paragraphe de cet article a reçu l'addition suivante, après les mots « *à réduire* » : « *ces* » *deux peines comme suit : Si la peine prononcée* » *par la loi, soit à raison de la nature du délit, soit* » *à raison de l'état de récidive du prévenu, est un* » *emprisonnement dont le minimum ne soit pas infé-* » *rieur à un an ou une amende dont le minimum ne* » *soit pas inférieur à cinq cents francs, les tribunaux* » *pourront réduire l'emprisonnement jusqu'à six* » *jours et l'amende jusqu'à seize francs. Dans tous* » *les autres cas, ils pourront réduire...... »*

On le voit : l'ancienne disposition de l'article 463 reçoit une exception, dans le cas seul où le minimum de la peine prononcée par la loi est un emprisonnement d'un an ou une amende de cinq cents francs ; dans tous les autres cas, les tribunaux correctionnels pourront, comme autrefois, substituer l'amende à l'emprisonnement et abaisser l'une ou l'autre de ces peines jusqu'au minimum des peines de simple police, c'est-à-dire jusqu'à un jour de prison ou un franc d'amende (art. 465 et 466 du Code pénal.) Dans le cas prévu par la disposition nouvelle, c'est-à-dire lorsque le minimum de la peine à prononcer sera un an de prison ou cinq cents francs d'amende, les tribunaux ne pourront jamais, soit substituer l'amende à l'emprisonnement, soit abaisser l'une ou l'autre de ces peines au-dessous du minimum des peines correctionnelles, c'est-à-dire au-dessous de six jours de prison et de seize francs d'amende.

Le nouvel article 463 ne parle pas, dans l'hypothèse qu'il prévoit, de la substitution de l'amende à l'emprisonnement, comme il le fait, dans la partie de son ancienne rédaction qui subsiste. C'est donc qu'il ne l'autorise plus dans ce cas. Ce point a été du reste mis hors de doute par tous les travaux préparatoires.

Le projet primitif avait été beaucoup plus sévère. Il suffit de rappeler ici qu'il a été considérablement adouci par suite des observations présentées par la commission du Corps législatif.

Pour juger cette disposition nouvelle de la loi, telle qu'elle a été définitivement rédigée, il importe de bien se rendre compte des faits auxquels elle s'applique.

L'article 463 ainsi modifié appelle une sévérité plus grande de la part des tribunaux sur deux ordres de prévenus : 1° sur ceux qui ont commis un délit contre lequel la loi prononce une peine dont le minimum est un an de prison ou cinq cents francs d'amende ; 2° sur les récidivistes, dont la peine, inférieure ordinairement, en son minimum, à un an de prison ou cinq cents francs d'amende, doit être élevée à son maximum, supérieur à ces deux limites, par suite de l'application des articles 57 ou 58 du Code pénal. Les rigueurs de la loi nouvelle sont donc motivées, soit par la gravité intrinsèque du fait incriminé, soit par la gravité extrinsèque qu'il emprunte à la situation personnelle du coupable en état de récidive.

Nonobstant l'intérêt si vivement témoigné à cette dernière classe de prévenus par plus d'un de nos législateurs, la disposition qui nous occupe ne nous paraît pas mériter le reproche de sévérité exagérée qui lui a été prodigué. Il ne faut pas perdre de vue qu'un récidiviste, dans le sens de la loi, et non pas dans le sens de la statistique qui en a singulièrement abusé, c'est l'individu qui a été condamné une première fois pour un crime ou pour un délit à un emprisonnement de plus d'une année. Cet homme avait certainement commis un fait très-grave, dénotant une grande perversité ; car nos tribunaux ne prononcent que très-rarement des peines aussi fortes. Le condamné n'est pas corrigé par la leçon sévère qu'il a reçue. Il commet une infraction nouvelle, et une infraction grave encore, puisque le maximum de la peine qui l'atteint est au moins égal à un an de prison ou cinq cents francs d'amende. Evidemment, si cet homme mérite de la pitié, il en mérite moins qu'un autre. S'il est traité en ennemi de la société, il doit s'en prendre à lui-même. Il faudrait que la seconde infraction commise par lui fût d'une bien minime importance pour qu'on ne lui appliquât qu'une peine de six jours d'emprisonnement. Et quant à la substitution de l'amende à l'emprisonnement, elle compromettrait le plus souvent la répression si elle était accordée à ces sortes d'accusés. Non seulement la plupart d'entre eux ne méritent pas une telle indulgence ; mais en outre, ils sont le plus souvent dans une situation qui rendrait la peine illusoire si cette dernière faveur leur était accordée. Le récidiviste est, en effet, presque toujours insolvable, et prononcer l'amende contre lui serait véritablement dérisoire.

Nous croyons donc pouvoir l'affirmer : la disposition nouvelle, en ce qui concerne les récidivistes, n'a rien d'exorbitant. Elle ne fait qu'établir un minimum que dans la pratique ancienne les tribunaux ont dépassé rarement. S'ils l'ont fait quelquefois (Disc. de M. Cordoën au Corps législatif), on a le droit de craindre qu'ils n'aient agi avec faiblesse ; on a le droit de prendre les mesures nécessaires pour rendre la répression plus efficace à l'avenir. Et quand on veut le faire dans des limites aussi modérées, les esprits impartiaux ont le droit de s'étonner de la passion avec laquelle on conteste cette modération et on essaie de représenter son œuvre comme l'inspiration d'une sévérité exagérée.

Examinons maintenant cette disposition au point de vue du second ordre de faits qu'elle prévoit. Il y aura également lieu de l'appliquer lorsque, à raison de la nature du délit, la peine prononcée par la loi sera un emprisonnement dont le minimum ne sera pas inférieur à un an, ou une amende dont le minimum ne sera pas inférieur à cinq cents francs.

Il n'y a qu'un moyen, à notre avis, de se rendre compte de la portée du nouveau paragraphe de l'article 463: c'est de rechercher les faits auxquels il s'appliquera. Nous allons les citer presque en totalité; il suffit de les nommer pour en faire apprécier la gravité toute particulière. Ceux de ces faits punissables de l'emprisonnement sont : 1° les propositions faites et non agréées de former un complot ayant pour but, soit un attentat contre les personnes ou la vie de l'Empereur ou des membres de la Famille Impériale, soit de changer le Gouvernement ou l'ordre de succession au trône, soit d'exciter les citoyens ou habitants à s'armer contre l'autorité impériale, soit d'exciter la guerre civile, soit de porter la dévastation, le massacre et le pillage dans une ou plusieurs communes (89 et 91, c. p.); 2°

la contrefaçon ou l'usage de marques du Gouvernement, de sceaux, timbres ou marques d'une autorité quelconque, de timbres-postes (1) (142, c. p.); 3° la délivrance d'un passeport ou d'une feuille de route sous un nom supposé par un officier public (1) (155 et 158, c. p.); 4° la falsification ou l'usage d'une fausse feuille de route si le trésor a par suite payé des frais de route (1) (156 et 157, c. p.); 5° la fabrication d'un faux certificat de médecin pour s'affranchir d'un service public (159, c. p.); 6° la délivrance d'un faux certificat par un médecin (1) (160, c. p.); 7° la soustraction, commise par un dépositaire public, des sommes, titres ou effets à lui confiés, dans certains cas (171 c. p.); 8° la concussion, dans certains cas (174, c. p.); 9° la participation des fonctionnaires à des délits qu'ils étaient chargés de surveiller ou réprimer, dans certains cas (198, c. p.); 10° le discours public d'un ministre des cultes, contenant des provocations à la révolte ou à la guerre civile (202, c. p.); 11° l'outrage envers des magistrats, commis à l'audience d'une Cour ou d'un tribunal (222 et 228, c. p.); 12° la complicité d'évasion, dans certains cas (240 et 241, c. p.); 13° le bris de scellés (1) (251, c. p.); 14° la mendicité avec déguisement, armes ou instruments propres à commettre des vols (277, C. p.); 15° la mendicité ou le vagabondage avec vio-

____

(1) Crime avant la nouvelle loi.

lences (1) 279, C. p.); 16° les menaces de mort par écrit (1) (305 et 306, C. p.); 17° les coups et blessures volontaires ayant occasionné une incapacité de travail pendant plus de vingt jours (1) (309, C. p.); 18° l'excitation à la débauche de mineurs, commise par leurs pères, mères, tuteurs ou autres surveillants (334, C. p.); 19° les arrestations illégales et séquestrations de personnes qui ont duré moins de dix jours (343, C. p.); 20° l'enlèvement de mineure commis par un mineur (356, C. p.); 21° le faux témoignage en matière civile, correctionnelle ou de police (1) (362, 363 et 364, C. p.); 22° le faux serment (1) (366, C. p.); 23° les vols, chantages, détournements d'objets saisis et escroqueries (388, §§ 1, 2 et 4, 400, 401, 405, C. p.); 24° l'enlèvement de bornes dans le but de commettre un vol (1) (389, C. p.); 25° la communication à l'étranger par un directeur ou employé de fabrique des secrets de la fabrique (1) (418, C. p.); 26° la destruction de pièces, dans certains cas (439, § 3, C. p.); 27° la dévastation de récoltes sur pied (444, C. p.); 28° l'empoisonnement de bestiaux (452, C. p.)

Les cas, hors ceux de récidive, où la loi prononce une amende dont le minimum est cinq cents francs, sont beaucoup plus rares. Notons en un cependant, prévu par l'article 176 : c'est celui où un commandant de division militaire, département,

____

(1) Crime avant la nouvelle loi.

place ou ville, un préfet ou sous-préfet, aurait fait le commerce dans l'étendue des lieux où il a droit d'exercer son autorité.

Cette nomenclature est un peu longue peut-être. Mais elle ne laisse pas, ce nous semble, de répli-plique possible aux adversaires de la loi nouvelle. Tous les faits, sans exception, auxquels pourra s'appliquer le passage intercalé dans l'article 463, sont d'une gravité incontestable. Douze d'entre eux, c'est-à-dire presque la moitié, étaient des crimes avant la loi nouvelle et ne pouvaient être punis d'une peine inférieure à une année d'emprisonnement. Cette loi permet d'abaisser la peine qui les atteindra dorénavant jusqu'à six jours d'emprisonnement. Et l'on crie à la réaction, à la sévérité exagérée! Comment considérer comme sérieuses de pareilles protestations? Et quant aux autres faits, ils sont par eux-mêmes, ou extrêmement dangereux, ou révoltants ; ils indiquent, comme l'état de récidive, une perversité profonde chez leurs auteurs. Nous ne voulons pas en reprendre la nomenclature : mais que l'on nous en cite un seul, et que l'on imagine une espèce qui puisse se présenter, où la peine de six jours de prison devra être estimée trop sévère!

Nous savons qu'à propos de cette disposition, on a beaucoup plaidé la cause des voleurs, bien dignes des mêmes faveurs que les récidivistes. Et l'on a cité quelques espèces, où l'amende seule avait été prononcée, où l'on avait appliqué aux condamnés des peines de simple police. Des cas exceptionnels peuvent faire impression, au cours d'une discussion brillante, devant une assemblée dont la plupart des membres sont étrangers aux affaires criminelles. Mais les lois ne se jugent pas dans des cas exceptionnels; quand on le fait, on s'expose à faire fausse route; et, nous le croyons, c'est ce qui est arrivé aux détracteurs de la loi nouvelle. On le reconnait bien vite pour peu qu'on y réfléchisse avec sang-froid. Quand il s'agit de faits de la nature de ceux que nous venons d'énumérer, si malgré leur gravité intrinsèque exceptionnelle, les tribunaux ne croient devoir leur appliquer qu'une simple amende ou des peines de simple police, cela ne peut tenir qu'à deux causes: ou les magistrats, dans cette circonstance, ont fait preuve, contrairement à leurs habitudes, d'une faiblesse que les dispositions de la loi nouvelle empêcheront heureusement de se manifester à l'avenir; ou les faits ont été justement appréciés par eux; et alors le raisonnement est bien simple: ces faits punis de peines aussi faibles n'étaient dans l'esprit du tribunal que de véritables contraventions. N'y avait-il pas dureté à punir comme un vol, comme une escroquerie, à classer dans la catégorie des faits si graves que nous avons énumérés tout à l'heure, un fait qui ne méritait d'autre peine que celle de la plus insignifiante contravention? En pareil cas, la qualification du fait était à elle seule une peine très-grave, bien supérieure à une peine de simple police, trop forte vraisemblablement pour le fait qu'elle atteignait. Dans l'état ancien de la législation, les tribunaux avaient beau abaisser les peines, ils ne pouvaient changer la qualification du fait, et le casier judiciaire conservait pendant toute la vie du coupable la mention déshonorante d'une condamnation pour vol, pour escroquerie. Cette situation faite aux condamnés pour vols, ou délits de même nature, reconnus très-légers, avait véritablement quelque chose de regrettable.

La loi nouvelle la fera entièrement disparaître ; et ce sera l'un de ses avantages. Quand les tribunaux trouveront le vol, ou le délit analogue, qui sera soumis à leur appréciation, trop léger pour constituer un véritable délit, ne pouvant plus le traiter comme une contravention, ils feront ce raisonnement très-fondé : « un délit aussi peu grave laisse » certainement douteuse l'intention criminelle ; nous » sommes désormais obligés de le traiter comme un » délit, par conséquent de vérifier l'intention crimi-» nelle de l'agent. Celle-ci nous paraissant dou-» teuse, nous devons acquitter. »

Et il n'y aura point lieu de blâmer des décisions de cette nature. La société est peu intéressée à la répression de délits qui ne sont pas plus graves que des contraventions. L'impunité de quelques faits semblables ne saurait jamais avoir d'influence sur l'ordre social. D'un autre côté, les acquittements prononcés en pareille circonstance ne produiront aucun scandale. Certes, l'opinion publique aimera toujours mieux un acquittement qu'une condamnation à une peine insignifiante, mais déshonorante, pour un fait très-léger. Et ce qu'il faut surtout se rappeler, c'est que ces acquittements se présenteront rarement. Le ministère public agira en pareille matière avec plus de circonspection encore que par le passé. Il vérifiera, avant toute poursuite, si l'intention criminelle est parfaitement démontrée, si le fait est sérieux, digne d'une poursuite sérieuse; et dans ce cas, comment le minimum établi par la loi nouvelle pourrait-il être considéré comme trop sévère? Six jours de prison à l'homme qui a eu l'intention criminelle bien arrêtée, bien évidente, de commettre un vol, une escroquerie, un faux témoignage, un faux serment! Est-ce donc une sévérité exorbitante? Et une pénalité plus indulgente ne serait-elle point dangereuse?

Oui, elle serait dangereuse! Nous avons malheusement le droit de le dire. Les orateurs du gouvernement, et surtout M. le Procureur général Cordoën, si compétent en pareille matière, l'ont démontré de la manière la plus irréfragable, la plus victorieuse. Les chiffres l'établissent mathématiquement. Au discours de M. le Procureur général, aucune réponse n'était possible. En trente-cinq ans, le nombre des voleurs a monté de 9000 à 40000 ! Et les tribunaux condamnaient en moyenne par année 2600 d'entre eux, parmi lesquels 211 récidivistes, à l'amende seulement ! Cette situation ne pouvait durer. M. le Commissaire du gouvernement l'a caractérisée d'un mot qui a fait une sensation profonde : « c'est un flot qui monte ! » Or l'on ne peut arrêter les « flots » de cette nature que par la sévérité. Sévérité bien grande que celle de la loi nouvelle qui soumet le voleur et le récidiviste à une peine que les tribunaux appliquent tous les jours aux délits les moins graves, à des contraventions aux lois spéciales sur la chasse, sur la pêche, sur la police du roulage, au-dessous de laquelle ils ne peuvent jamais descendre en matière de débit de boissons sans autorisation ! C'est être bien dur, n'est-ce pas? que de ne plus permettre aux tribunaux de traiter un voleur et un escroc plus favorablement qu'un cabaretier qui ne s'est pas muni de l'autorisation préfectorale !

On insiste ; et l'on accuse la loi nouvelle de dépouiller les magistrats du plus beau de leur droits: celui d'être indulgents. On regrette qu'ils ne soient pas libres d'abaisser la peine presqu'indéfiniment. Mais ils ne l'ont jamais été dans tous les cas sous l'empire du Code pénal. Ils n'ont jamais pu abaisser les peines en matière criminelle au-dessous d'un an ou deux ans de prison. Evidemment, entre les crimes et les délits les moins graves, il y a une série de délits intermédiaires qui se rapprochent beaucoup des crimes par leur nature. Permettre aux juges d'abaisser les peines qui les frappent, jusqu'à six jours d'emprisonnement, quand ils ne peuvent abaisser les peines des crimes que jusqu'à deux ans ou un an, est-ce donc irrationnel, est-ce donc trop sévère? L'ancien article 463 fixait deux minimums pour les crimes, deux ans ou un an d'emprisonnement. La loi nouvelle en fait autant pour les délits. Elle ne fait que s'harmoniser avec la loi ancienne. Elle est plus logique qu'elle. Et d'un autre côté, l'aggravation de pénalité qui en résulte aura peu d'importance dans la pratique. Elle n'aura pour ainsi dire d'effet sensible que pour les vols; et pour ces sortes de délits, il importait d'élever une digue contre ce « flot, » montant avec une rapidité effrayante qui n'échappait point à l'esprit synthétique du législateur, mais que n'apercevait pas suffisamment l'indulgence du magistrat, sollicitée par la faveur des espèces isolément examinées.

Il nous reste à étudier les difficultés que pourra soulever l'application de cette disposition nouvelle de l'article 463.

Et d'abord, il est bien évident qù'elle ne saurait avoir d'effet rétroactif et qu'elle ne devra pas être appliquée à des faits antérieurs à sa promulgation ; car elle aggrave la position du condamné. Pour tous ces faits, les tribunaux pourront toujours substituer l'amende à l'emprisonnement et appliquer les peines de simple police.

Voyons maintenant quelle portée aura la nouvelle rédaction de notre article. L'interprétation ne soulèvera aucune difficulté, lorsque le condamné ne sera pas en état de récidive. Il en sera de même lorsque le second fait, commis par le condamné en état de récidive, sera, soit un crime auquel l'article 463 lui-même ne permettra pas d'appliquer des peines correctionnelles, soit un délit qui sera toujours jugé correctionnellement.

Dans le premier cas, les dispositions anciennes de l'article 463 fixent un minimum qui n'a jamais été l'objet d'aucune discussion ; le texte est également clair et précis.

Dans le second, il est évident que, nonobstant la récidive, les tribunaux pourront réduire la peine jusqu'au minimum des peines correctionnelles, et même jusqu'à celui des peines de simple police, suivant les cas.

Aucun doute, dans ces hypothèses. Mais il en sera tout autrement quand le fait commis par un récidiviste sera un crime qui devra n'être puni que de peines correctionnelles, en d'autres termes, quand le condamné se trouvera dans les cas de récidive de délit ou de crime puni de peines correctionnelles à crime puni de peines correctionnelles, prévus par la rédaction nouvelle des articles 57 et 58 du Code pénal? Comment, dans ces cas, l'article 463 devra-t-il être entendu? Permettra-t-il d'abaisser la peine jusqu'au minimum des peines correctionnelles, ou au contraire, les tribunaux devront-ils toujours appliquer le maximum de ces mêmes peines conformément aux dispositions des articles 57 et 58? C'est là incontestablement la question la plus difficile et la plus grave que soulèvera l'application de la loi nouvelle.

En étudiant les articles 57 et 58, nous avons essayé de fixer les cas auxquels s'appliquera ce passage commun à leur rédaction actuelle : « *un crime* » *qui devra n'être puni que de peines correction-* » *nelles.* » Nous allons les reprendre un à un et voir comment, dans chacune de ces hypothèses, l'article 463 pourra se concilier avec les articles 57 et 58. Nous avons vu qu'un crime devait être puni de peines correctionnelles dans cinq cas seulement: 1° lorsqu'un fait d'excuse était prouvé, conformément à l'article 326 du Code pénal; 2° lorsque les circonstances aggravantes étaient écartées par le jury; 3° lorsque par suite de la promulgation d'une loi nouvelle, devenue exécutoire depuis l'arrêt de renvoi devant la Cour d'assises, le fait qualifié crime était devenu simple délit; 4° lorsque le crime ayant été commis par un mineur de seize ans, la peine prononcée par la loi se changeait en un emprisonnement correctionnel; 5° enfin, lorsque l'admission des circonstances atténuantes permettait à la Cour d'assises d'abaisser la peine au niveau des peines correctionnelles.

Dans ces différentes hypothèses, l'admission des circonstances atténuantes et par suite, l'application de l'article 463 permettront-elles d'abaisser les peines prononcées par les articles 57 et 58 jusqu'aux minimums fixés en matière correctionnelle par l'article 463?

Dans le premier cas, alors qu'un fait d'excuse est prouvé conformément à l'article 326 du Code pénal, il nous semble évident que les règles sévères fixées par les articles 57 et 58 pourront être adoucies par l'application de l'article 463. Cet article est formel : « *dans tous les cas où la peine de l'em-* » *prisonnement et celle de l'amende sont prononcées* » *par le Code pénal.* » Or, le Code pénal prononce contre le crime atténué par l'admission d'une excuse, les peines de l'emprisonnement et celles de l'amende. Nous sommes donc dans les termes mêmes de l'article 463, et nous pouvons en conséquence abaisser la peine jusqu'aux limites inférieures fixées suivant les cas par cet article à l'emprisonnement et à l'amende. Décider le contraire, ce serait admettre que les circonstances atténuantes n'auraient pas d'effet en cas d'excuse; car il ne faut pas perdre de vue qu'en pareil cas, ce ne sont pas elles qui transforment la peine du crime en peine correctionnelle; ce résultat est uniquement dû à l'excuse. Une telle opinion tomberait d'elle-même.

Nous savons bien que l'on peut nous objecter qu'il s'agit d'un crime puni par une Cour d'assises, et non d'un délit puni par des tribunaux correctionnels, ce qui semble nous faire sortir des termes de l'article 463. Mais cet argument n'a rien de concluant. La jurisprudence a constamment décidé que la nature de la juridiction saisie n'influait en rien sur l'application de l'article 463; que les Cours d'assises étaient libres, comme les tribunaux correctionnels, d'appliquer la dernière partie de cet article aux faits qu'elle prévoyait; et qu'il suffisait que la loi prononçât des peines correctionnelles, pour que ce texte pût être appliqué, même par d'autres juridictions que les tribunaux correctionnels.

Nul doute en conséquence dans notre première hypothèse.

Il en sera de même dans les trois suivantes par les mêmes motifs. Dans ces trois cas, les Cours d'assises se transforment en tribunaux correctionnels; elles ont comme eux le droit d'appliquer la dernière partie de l'article 463, comme le dit ce texte, « *même* » *en cas de récidive.* »

Toute la difficulté de la question qui nous occupe, n'apparaît que dans la dernière hypothèse, lorsque la peine prononcée par la loi est afflictive ou infamante, et que c'est uniquement par suite de l'application de l'article 463 qu'elle devient correctionnelle.

Cette situation peut se présenter dans deux cas : 1° lorsque la peine prononcée par la loi est celle des travaux forcés à temps ; et alors il est simplement facultatif aux cours de l'abaisser jusqu'aux peines correctionnelles ; 2° lorsque la peine est celle de la réclusion, de la détention, du bannissement ou de la dégradation civique ; et alors l'abaissement jusqu'aux peines correctionnelles est obligatoire.

Nous avons vu, en étudiant l'article 57, que cet article et le suivant étaient également applicables à ces deux hypothèses ; que dans ces deux cas, les peines de la récidive portées par ces deux textes devaient être prononcées. Il nous reste à examiner si l'article 463 permet aux tribunaux d'abaisser une seconde fois cette peine, abaissée déjà par une première application de cet article, mais élevée ensuite conformément aux articles 57 ou 58 ; ou si, au contraire, dans les cas prévus par ces articles, en matière de crimes punis de peines correctionnelles par suite de l'admission de circonstances atténuantes, la peine ne pourra jamais descendre au dessous du maximum des peines correctionnelles.

Question très-grave, très-délicate, d'une importance pratique extrême, qui fut posée par M. Picard au Corps législatif et qui partagea les commissaires du Gouvernement! Là où les législateurs hésitent et se divisent, il sera pardonnable à un humble commentateur de marcher d'un pas mal assuré. Nous nous bornerons donc à exposer timidement notre opinion, sans y attacher plus d'importance que ne méritera son peu d'autorité.

La question qui nous occupe, soulève deux opinions extrêmes, également appuyées sur de très-sérieux arguments.

La première soutient que l'on pourra toujours abaisser la peine correctionnelle jusqu'à deux ans ou un an d'emprisonnement selon les cas. Elle s'appuie sur ces deux paragraphes de l'article 463 :

« *Si la peine est celle des travaux forcés à temps,*
» *la Cour appliquera la peine de la réclusion ou les*
» *dispositions de l'article 401, sans toutefois pouvoir*
» *réduire la durée de l'emprisonnement au-dessous de*
» *deux ans. Si la peine est celle de la réclusion, de*
» *la détention, du bannissement ou de la dégradation*
» *civique, la Cour appliquera les dispositions de l'ar-*
» *ticle 401, sans pouvoir toutefois réduire la durée*
» *de l'emprisonnement au-dessous d'un an.* »

Ces dispositions sont générales; elles sont applicables à tous les cas, même aux cas de récidive. La jurisprudence et la doctrine les ont constamment entendues en ce sens. Cela ne peut faire aucune difficulté.

Les dispositions nouvelles n'y ont introduit aucune modification ni exception. Si le législateur avait entendu dépouiller, en cas de récidive, les tribunaux du droit qu'il leur avait conféré dans l'article 463, il s'en serait certainement expliqué. Il serait étrange qu'il n'eût introduit dans ce sens aucune modification dans cet article qui a été l'objet de son attention toute particulière, et qu'il a modifié dans plusieurs passages. S'il n'a rien changé à cet état de choses, c'est qu'il a entendu le maintenir ainsi qu'il existait.

Si telle n'avait pas été l'intention des nouveaux législateurs, il en serait resté quelques traces dans leurs délibérations. C'eût été un fait extrêmement grave, que de porter au maximum correctionnel des peines que l'on pouvait précédemment abaisser jusqu'à deux ans ou un an d'emprisonnement. Il eût été impossible qu'une réforme de cette importance, applicable dans tous les cas de récidive avec une rigueur inflexible, passât inaperçue, ne fût pas l'objet d'explications précises du Gouvernement ou de la commission, d'attaques très-vives des adversaires de la loi nouvelle.

Au lieu de tout cela, que s'est-il passé ? Les seuls orateurs qui aient insisté sur la combinaison de l'article 463 avec les articles 57 et 58 sont MM. Picard et Lacaze. M. Picard n'a fait que soulever la question sans la résoudre, dans un but évident d'hostilité. Une telle démarche ne peut servir de base à l'interprétation d'une loi. M. Lacaze a déclaré positivement que l'article 463 resterait toujours applicable aux cas de récidive qui nous occupent, et que l'admission des circonstances atténuantes permettrait à la Cour, comme par le passé, d'abaisser les peines des travaux forcés à temps, de la réclusion, de la détention, du banissement et de la dégradation civique, jusqu'aux minimums de deux ans et d'un an, établis par les §§ 6 et 7. Cette explication n'est que l'expression d'une opinion personnelle. Mais quand rien d'ailleurs ne démontre que le contraire soit entré un seul instant dans l'esprit des rédacteurs de la nouvelle loi, cette opinion, n'ayant point été contestée, en demeure le meilleur commentaire et supplée surabondamment au silence gardé sur ce point par le législateur.

S'il en était autrement, le Gouvernement aurait introduit dans la loi nouvelle, en quelque sorte subrepticement, sans le faire comprendre au Corps législatif et même en cherchant à l'égarer, une aggravation de pénalité pour les récidivistes, énorme et toute contraire aux idées libérales manifestées dans toute la discussion par les commissaires, autant que par les adversaires de la loi. S'il est entré dans l'esprit du nouveau législateur d'armer les tribunaux de plus de sévérité à l'égard de cette classe de coupables, cela a toujours été dans les limites les plus restreintes, dans les proportions les plus modérées. Elever nécessairement à cinq ans de prison une peine qui pouvait descendre jusqu'à deux ans, ou même jusqu'à une année, c'eût été une sévérité exorbitante, que le Corps législatif n'aurait certainement pas laissé passer sans conteste.

Enfin, il est certain, nous avons déjà eu l'occasion de le répéter maintes fois, que le rédacteur de la loi nouvelle a entendu assimiler à l'auteur d'un délit l'auteur d'un crime puni de peines correctionnelles par suite de l'admission de circonstances atténuantes. L'article 463 est sans aucun doute applicable au premier; il serait illogique et souverainement injuste qu'il ne le fût pas au second. Si l'on considère comme un délit, si l'on veut traiter comme tel, le crime puni de peines correctionnelles en conséquence de l'admission de circonstances atténuantes et par là « devenu délit, » il ne faut pas le punir avec une sévérité exceptionnelle. Vous l'assimilez à un délit; vous abaissez les peines du délit jusqu'à six jours de prison et même jusqu'aux peines de simple police; et vous puniriez dans tous les cas ce crime devenu délit du maximum des peines correctionnelles! Ce serait d'une inégalité révoltante! C'est bien assez que l'article 463 le soumette aux minimums de deux ans ou d'un an d'emprisonnement. Aller plus loin, ce serait démentir formellement cette assimilation que la loi nouvelle a prétendu établir entre le délit et le crime puni de peines correctionnelles.

Il faut donc admettre que l'article 463 n'est nullement modifié par la nouvelle rédaction des articles 57 et 58, et qu'il reste applicable, comme par le passé, aux cas de crimes punis de peines correctionnelles par suite de l'admission des circonstances atténuantes.

Cette opinion, si bien fondée qu'elle soit, peut être combattue par une autre qui ne s'appuie pas sur un aussi grand nombre d'arguments, qui n'en a qu'un pour ainsi dire, mais un qui paraît irrésistible. Cet argument, le voici : il faut admettre, avant tout, que le législateur s'est compris lui-même et qu'il a voulu faire, qu'il a fait quelque chose de sérieux. Eh bien ! si l'opinion précédente est vraie, il devient évident que la Commission, le Conseil d'Etat, le Corps législatif, n'ont nullement compris la disposition nouvelle qu'ils introduisaient dans les articles 57 et 58, qu'ils ont rédigé une loi à peu près inintelligible, dans presque tous les cas inutile, impraticable. La démonstration de cette proposition est bien simple. Dans toutes les hypothèses où un crime est puni de peines correctionnelles par suite de l'admission de circonstances atténuantes, l'article 463 est applicable et la Cour peut abaisser la peine jusqu'à un an ou deux ans d'emprisonnement. Or, dans tous les cas prévus par ces mots nouvellement introduits dans la rédaction des articles 57 et 58, « *un crime qui devra n'être puni » que de peines correctionnelles,* » les circonstances atténuantes ont été admises et l'article 463 est applicable. Nous avons vu en effet que les crimes devenus délits par suite de la promulgation d'une loi nouvelle ou de la non-admission des circonstances aggravantes, n'étant point à proprement parler des crimes, ne rentraient pas dans l'application de ce passage nouveau des deux articles sur la récidive. Les crimes qui doivent être punis de peines correctionnelles, auxquels s'applique ce passage, sont uniquement, avec ceux qui nous occupent, les crimes excusés et les crimes commis par des enfants en récidive. Or, ces deux derniers cas sont tellement rares et d'ailleurs si dignes de faveur qu'il n'est certainement pas entré dans la pensée du législateur de les frapper d'une aggravation de peine spéciale. Il s'en est d'ailleurs expliqué formellement. Il a rédigé ce texte particulièrement en vue des crimes punissables de peines correctionnelles par suite de l'admission des circonstances atténuantes. Eh bien! s'il a fait cela, et c'est incontestable, si d'un autre côté, on admet que l'article 463 demeure toujours applicable dans cette hypothèse, nous le répétons, il n'a rien

fait du tout ; il a inséré dans la loi un passage
qui ne signifie absolument rien. Il dit aux tribunaux dans les articles 57 et 58 : « si un crime doit
» être puni de peines correctionnelles par suite de
» l'admission de circonstances atténuantes , vous
» n'abaisserez jamais les peines au-dessous de leur
» maximum. » Puis il ajoute implicitement dans
l'article 463 : « vous vous garderez bien de prendre
» au sérieux cette défense ; comme il y aura tou-
» jours en pareil cas des circonstances atténuan-
» tes, vous continuerez , comme par le passé, à
» pouvoir descendre jusqu'aux minimums de deux
» ans ou d'un an d'emprisonnement. »

Evidemment, cette situation est absurde. On ne
peut croire que nos législateurs aient voulu la
créer, et il n'est possible de l'éviter qu'en admettant
que les articles 57 et 58 font exception à l'article
463 ; que dans le cas particulier qui nous occupe,
l'application de ce dernier article est épuisée par
l'abaissement de la peine afflictive ou infamante au
niveau des peines correctionnelles ; et que, descen-
due jusque là, la Cour ne peut plus appliquer que le
maximum de ces peines.

On pourrait ajouter encore pour fortifier cette
opinion, que les articles 57 et 58 sont des lois spéciales, l'article 463 une loi générale ; que « *genera-
lia specialibus non derogant* ; » mais qu'au contraire
« *generalibus specialia derogant* ; » que ce sont, par

conséquent, les articles spéciaux à la récidive qui doivent faire exception à la disposition générale sur les effets des circonstances atténuantes.

Certes, entre ces deux opinions si opposées, si radicales, et l'on peut le dire, si fortement motivées, la situation faite à la doctrine aujourd'hui, et demain à la jurisprudence, est très-délicate; et S. Exc. M. le Garde des Sceaux a eu bien raison de dire dans sa circulaire, qu'il ne fallait pas se dissimuler les difficultés que soulèvera dans la pratique la rédaction adoptée.

Le débat étant posé entre ces deux interprétations extrêmes, il faudra inévitablement admettre que le législateur a introduit dans la rédaction nouvelle des articles 57 ou 58, soit une disposition qu'il n'a pas comprise et qui était entièrement contraire à sa pensée, soit une aggravation de peine qui n'est pas sérieuse, qui n'obligera jamais les tribunaux, qui ne sera applicable qu'aux crimes excusés ou commis par des mineurs, c'est-à-dire à des espèces sans importance, de nature à se présenter très-rarement. Quel que soit celui de ces deux partis que l'on adoptera, il faudra déplorer l'introduction d'une disposition pareille dans notre législation.

Ce sont précisément ces résultats qui nous paraissent condamner également les deux théories qui nous y conduisent. Sans doute, elles ont toutes les deux beaucoup de vérité; sans doute, elles paraissent fondées en logique; mais qu'est-ce qu'une théorie qui par excès de logique conduit à l'absurde ? *Summum jus, summa injuria !* Nous ne pourrons jamais admettre que des législateurs sérieux, de profonds jurisconsultes, des magistrats aussi éminents qu'expérimentés, aient introduit dans la législation une disposition nouvelle, inapplicable ou contraire à toutes leurs idées. Toute interprétation, si bien motivée qu'elle paraisse, qui nous conduira à l'un ou à l'autre de ces résultats, sera toujours erronée à nos yeux. L'admettre, ce serait manquer de respect à la loi, aux savants jurisconsultes qui l'ont délibérée. Nous combattrons ces deux systèmes par tous les moyens possibles ; par tous les moyens possibles, nous chercherons à trouver dans la loi nouvelle quelque chose de sérieux, de pratique, d'applicable.

Nous ne nous dissimulons aucune des difficultés de cette tâche, si hautement signalées dès les premiers moments par Son Excellence M. le Garde des Sceaux. Nous nous les dissimulons d'autant moins que nous comprenons parfaitement tout ce que la solution que nous allons proposer, en tremblant, peut avoir d'inusité, d'étrange, et à quelle innovation singulière nous allons nous trouver obligé de recourir pour sortir d'embarras. Nous espérons cependant que cette solution, si elle ne semble pas suffisamment fondée à nos lecteurs, leur paraîtra plus satisfaisante et plus pratique que les opinions que nous venons d'exposer, et que s'ils n'admettent pas nos conclusions, ils rendront au moins justice à l'esprit de conciliation qui nous les a inspirées.

C'est en effet dans une conciliation des deux opinions développées plus haut que nous croyons devoir chercher la solution de la difficulté si grave qui nous occupe.

Au premier abord, il semble impossible de concilier deux opinions aussi extrêmes, deux théories aussi exclusives l'une de l'autre que celles dont nous venons d'exposer les motifs principaux. Cette tâche nous paraît difficile sans doute; cependant nous sommes loin de la considérer comme impossible.

Disons tout d'abord que nous nous rangeons entièrement sous le drapeau de la seconde opinion qui soutient que si l'on applique sans restriction ni modifications l'article 463 aux hypothèses prévues par la rédaction nouvelle des articles 57 et 58, cet article étant applicable dans tous les cas en vue desquels ces derniers textes ont été rédigés, rend les aggravations introduites par les réformateurs du Code entièrement illusoires. Si la faculté d'abaisser la peine jusqu'aux minimums de l'article 463 subsiste toujours, l'aggravation nouvelle ne signifie rien; car elle ne trouvera pour ainsi dire jamais son application. Cela nous paraît surabondamment démontré.

Mais il ne nous paraît pas moins surabondamment démontré par la première opinion, que nos législateurs n'ont nullement entendu astreindre les tribunaux à prononcer dans tous les cas prévus par la loi nouvelle le maximum des peines correcnelles, et abroger, en matière de récidive, les dispositions de l'ancien article 463.

Comment concilier ces deux vérités qui nous paraissent incontestables ? Quelques recherches que nous ayons faites dans ce but, nous n'avons pu imaginer qu'un seul moyen rationnel d'obtenir ce résultat. Ce moyen, le voici :

Un crime, punissable comme tel de peines afflictives et infamantes, est devenu punissable de peines correctionnelles par suite du verdict du jury ou de la décision de la Cour. Il est transformé en simple délit, a pris grand soin de nous répéter le nouveau législateur. Tirons parti de cette doctrine qui a certainement inspiré la loi nouvelle, pour résoudre les difficultés que soulève cette loi. Si le crime est devenu un simple délit, quant à la peine, appliquons-lui les dispositions de la loi en pareille matière, tout en tenant compte de la qualification de crime qui lui reste.

Disons tout d'abord que, comme tous les autres délits, il sera sujet à l'aggravation de peines prononcée par les articles 56 et 57. Par suite de l'admission des circonstances atténuantes, il allait être puni de peines correctionnelles. Nous le punirons en effet de peines correctionnelles; mais nous porterons ces peines à leur maximum en exécution de la loi nouvelle. Jusqu'ici nous faisons la part grande à la seconde opinion, celle de la sévérité. Faisons maintenant la part égale à la première, celle de l'indulgence, celle de nos législateurs. Nous avons complétement assimilé le crime devenu délit, pour la peine qui lui est applicable, à un délit ordinaire. Soyons conséquents avec nous même, et poussons l'assimilation jusqu'au bout. L'admission des circonstances atténuantes, entendue comme l'ont fait le Corps législatif et la loi nouvelle, a complétement déclassé le fait qui nous occupe; elle en a changé, sinon la qualification, du moins la nature. Le Code pénal est d'accord sur ce point avec nos législateurs ; il ne considère les faits punis de peines correctionnelles que comme des délits. C'est donc décidément un véritable délit que nous avons à réprimer. Comment le punirons-nous? Plus sévèrement beaucoup que les autres délits, en lui appliquant, dans tous les cas, le maximum des peines correctionnelles? Pourquoi? Nous comprenons qu'on lui applique une peine dont le minimum sera plus élevé que celui d'un délit ordinaire, par exemple, une année ou deux d'emprisonnement. Mais si c'est un simple délit, nous ne comprenons pas qu'il ne puisse être, comme tout autre délit, l'objet d'une certaine indulgence, qu'on ne puisse jamais en abaisser la peine au-dessous du maximum. Ce serait contraire à tous les principes de notre droit, à toutes les idées de nos législateurs.

Dès lors, on voit où nous voulons en venir : nous considérons la déclaration des circonstances atténuantes comme portant sur la classification du fait plus encore que sur la peine ; nous la considérons comme une espèce d'arrêt d'accusation qui dit à la Cour : « non, ce n'est plus un crime que vous avez à juger ; c'est un délit. Traitez le comme tel. Appliquez-lui les peines du délit. » Et alors, la situation ainsi tracée, un examen nouveau doit avoir lieu. Comme pour tout autre délit, on doit se demander : y a-t-il, oui ou non, des circonstances atténuantes ? S'il n'y en a pas, il faudra appliquer les dispositions nouvelles des articles 57 et 58, applicables aux délits commis par des récidivistes dans tous les cas où il n'y aura pas de circonstances atténuantes. S'il y en a, on pourra modifier les peines prononcées par ces articles, conformément à l'article 463. Bien entendu, on se conformera, non pas aux dispositions de cet article relatives aux simples délits, mais aux anciens paragraphes qui s'occupent des crimes devenus délits, qui permettent d'abaisser les peines prononcées contre eux par la loi, selon les cas, jusqu'à un an ou deux ans d'emprisonnement.

Cette solution n'a nullement été prévue par la loi ; nous ne nous le dissimulons pas. Il en résulterait, si elle était adoptée, une procédure entièrement nouvelle devant la Cour d'assises. Mais qu'y aurait-il d'étonnant à ce qu'une loi nouvelle engendrât une procédure nouvelle, alors surtout que cette procédure aurait l'incontestable avantage de concilier deux opinions entièrement opposées, de mettre d'accord l'extrême rigueur et l'extrême indulgence, de donner du sens et de la raison à des dispositions qui sans cela ne seraient qu'une lettre morte, ou entraîneraient, au contraire, le magistrat dans des sévérités inflexibles dont la possibilité ne s'est même pas présentée à l'esprit du législateur ?

Notre solution aurait donc de grands avantages pratiques. Elle nous paraît concilier entièrement les doctrines extrêmes, permettre d'atteindre justement les récidivistes, mais aussi de leur accorder, quand ils le méritent, une raisonnable indulgence. Elle est d'accord, nous le croyons, avec la pensée de nos législateurs. Il nous reste à examiner si elle n'est point absolument inconciliable avec les textes. Nous devons le reconnaître, c'est là le côté faible de notre théorie. Mais sur la question qui nous occupe, quelle théorie n'a pas son côté faible ? Mieux vaudrait encore forcer un peu les textes, que d'aboutir aux conséquences inadmissibles auxquelles sont nécessairement conduites les deux doctrines absolues que nous combattons, tout en essayant de les concilier.

Il ne nous semble cependant pas absolument impossible de combiner le texte de l'article 463 avec celui des nouveaux articles 57 et 58, de manière à donner raison à la thèse que nous proposons.

Et d'abord, il est facile de démontrer que les termes de l'article 463 ne lui sont pas contraires. Il n'a certainement pas prévu l'hypothèse que nous étudions. Les deux paragraphes de cet article qui s'occupent des cas où un crime est puni de peines correctionnelles, ont été rédigés à une époque où les dispositions nouvelles des articles 57 et 58 qui soumettent ces sortes de faits aux peines de la récidive, n'existaient pas. L'article 463 n'a pas été modifié en vue de la situation nouvelle. C'est là une lacune certainement très-regrettable, et qui ne fait que fortifier l'argumentation de la théorie qui soutient qu'il ne sera jamais applicable, en cas de récidive, dans l'hypothèse d'un crime puni de peines correctionnelles. Bornons-nous à en déduire cette proposition que ce texte n'a pas prévu l'hypothèse qui nous occupe. Ne l'ayant pas prévue, il ne saurait être exclusif de notre solution. Il ne peut être toujours appliqué dans les cas prévus par les articles 57 et 58, puisqu'il ne fait et ne pouvait faire aucune exception formelle aux dispositions de ces articles qui lui sont postérieures en date.

D'un autre côté, les termes des articles 57 et 58 ne sont pas non plus contraires à notre théorie. Ils se bornent à fixer un minimum fort élevé que les magistrats ne peuvent pas dépasser en matière de récidive, tant qu'il n'y aura pas de circonstances atténuantes. Mais ils s'en réfèrent tacitement aux principes généraux dans ce dernier cas. Ils ne font aucune exception pour les crimes punis de peines correctionnelles; ils les mettent sur la même ligne que les simples délits. Tous les principes du Code sont d'accord pour ne pas attribuer à ces sortes de faits une situation exceptionnelle. Notre ancienne législation ne défendait point de leur accorder, comme aux délits, le bénéfice des circonstances atténuantes, de manière à abaisser considérablement au-dessous du maximum les peines correctionnelles qui les atteignaient. Les discussions de la loi nouvelle, pas plus que son texte, n'ont établi que le législateur ait entendu réformer sur ce point la loi ancienne, déroger aux principes généraux si favorables aux accusés, même récidivistes. Les orateurs du Gouvernement eux-mêmes ont déclaré que la peine pourrait être abaissée en matière de récidive. Donc, ni le texte ni les motifs des articles 57 et 58 ne défendent d'accorder parfois, comme nous le proposons, des circonstances atténuantes aux récidivistes. Bien plus, soutenir le contraire, ce serait aller contre tous les principes reconnus par les rédacteurs eux-mêmes de ces nouveaux articles.

Donc, ni l'article 463, ni les articles 57 et 58 ne sont contraires à notre théorie. Elle n'est que la consécration des idées qui ont dicté ces trois articles, que l'expression des intentions du législateur. Malheureusement, si aucun de ces textes n'est contraire à notre thèse, il faut reconnaître qu'aucun ne lui est favorable; que nous sommes en présence d'une situation que le législateur a omis d'expliquer, de règlementer. C'est donc à la doctrine de le faire en s'appuyant sur les vrais principes. Dans ce silence de la loi, c'est plus qu'un droit pour la jurisprudence; c'est un devoir. Toute l'économie de la loi nouvelle nous oblige à ne pas refuser aux condamnés récidivistes le bénéfice des circonstances atténuantes. Cette obligation nous est clairement imposée. Maintenant, comment la remplir? A défaut de texte qui soit clairement applicable à l'hypothèse que nous examinons, nous ne pouvons procéder qu'en appliquant les principes généraux et qu'en ayant recours aux analogies.

Les principes généraux nous disent : vous ne pouvez refuser dans tous les cas le bénéfice des circonstances atténuantes aux récidivistes condamnés pour crimes punissables de peines correctionnelles. Vous ne pouvez pas abaisser toujours les peines des articles 57 et 58; mais il est impossible que vous ne les abaissiez pas quelquefois.

Les analogies de texte nous disent à leur tour:

vous ne pouvez appliquer à la catégorie de condamnés qui vous occupe, les numéros 10 et 11 de l'article 463, spéciaux aux véritables délits correctionnels; les textes et la raison y répugnent. La loi qui s'est montrée sévère pour les récidivistes, n'a pu leur accorder une faveur qu'elle refuse aux condamnés pour crimes à des peines correctionnelles, qui ne sont pas récidivistes, et auxquels elle applique toujours les numéros 6 et 7 de l'article 463. Vous ne pouvez les mettre que dans la même situation que ces derniers; vous ne pouvez leur appliquer que les numéros 6 et 7 de l'article 463, c'est-à-dire ceux qu'on leur appliquait jadis, qu'on leur appliquerait encore aujourd'hui sans hésitation, si les articles 57 et 58 n'avaient pas été modifiés.

Il nous paraît donc établi que nous ne devons pas refuser aux condamnés dont nous nous occupons, le bénéfice de l'article 463, et que, dans cet article, nous ne pouvons leur appliquer que les numéros 6 et 7 qui nous permettent d'abaisser les peines prononcées contre eux en vertu des dispositions des articles 57 et 58 jusqu'à celles de l'article 401, sans toutefois pouvoir réduire la durée de l'emprisonnement au-dessous d'un an ou de deux ans, selon les espèces.

Maintenant, il nous est démontré, d'un côté, que nous ne pouvons leur appliquer dans tous les cas ces dispositions; d'un autre côté, que nous ne pouvons leur refuser de le faire dans tous les cas, à peine de tomber dans l'absurde.

Comment poser les limites de l'indulgence que nous pouvons leur accorder, de l'application que nous pouvons leur faire de l'article 463? La loi ne nous le dit pas. Elle nous oblige cependant à le faire. Là encore, à défaut du texte, nous ne pouvons nous inspirer que des principes et des analogies.

Il nous paraît certain, encore une fois, que le texte ancien et non modifié de l'article 463 doit s'arrêter devant les dispositions nouvelles des articles 57 et 58, en cas de récidive; que les numéros 6 et 7 du premier de ces textes nous permettent d'abaisser les peines jusqu'aux limites correctionnelles, mais que là les art. 57 et 58 nous disent: «vous n'irez pas plus loin; » en un mot, qu'en cas de récidive, l'effet de la première déclaration des circonstances atténuantes est complétement épuisé une fois que la peine correctionnelle est prononcée, conformément aux dispositions nouvelles sur la récidive. Si le contraire a lieu, ces dispositions sont lettre morte; nous l'avons démontré. Mais, d'un autre côté, nous avons démontré aussi que les principes, les législateurs eux-mêmes nous disent : « ne refusez pas,
» si vous le jugez équitable, le bénéfice des cir-
» constances atténuantes aux condamnés récidi-
» vistes; ne vous enfermez pas pour toutes les es-

» pèces dans les limites rigoureuses des articles 57
» et 58. Vous êtes libres d'appliquer, si vous le
» voulez les dispositions de l'article 463. » Comment obéir à ces injonctions contradictoires légalement, rationnellement, juridiquement?

Nous ne voyons qu'un seul moyen de satisfaire à toutes ces exigences. C'est d'examiner si le fait, définitivement devenu délit, mérite des circonstances atténuantes à ce point de vue. C'est ce qu'on fait pour tous les délits, comme pour tous les crimes, une fois que leur qualification est décidément fixée. C'est ce qu'on fait pour le crime, devenu délit parce que les circonstances aggravantes ont été écartées; pour le crime, punissable de peines correctionnelles à raison de l'âge de l'accusé ou de l'admission d'une excuse. Pourquoi ne le ferait-on pas pour les crimes devenus délits dont nous nous occupons? On ne peut à cela faire qu'une seule réponse : parce que la loi n'a point prévu cette hypothèse, n'a point organisé cette procédure.

Nous le concédons; nous l'avons même démontré. Mais si la loi n'a pas prévu cette hypothèse, ses rédacteurs l'ont implicitement prévue. Ils ont répété plusieurs fois de la manière la plus nette et la plus précise : « Les crimes qui par suite de l'admission des circonstances atténuantes , doivent être punis de peines correctionnelles, deviennent par cette admission seule, de véritables délits.

» C'est pour cela que nous les traitons comme tels,
» que nous les assimilons à de véritables délits. »
A défaut de textes précis, ces paroles ne nous dic-
tent-elles pas notre solution ? Voici ce qui en résulte :
c'est que dans cette hypothèse, l'admission des
circonstances atténuantes est un véritable arrêt de
mise en accusation. Elle classe définitivement le
fait incriminé ; elle réforme sa qualification première. Elle en fait un délit. Il se passe exactement
la même chose que ce qui a lieu lorsque, les circonstances aggravantes étant écartées, le crime est
transformé en délit. Dans les deux cas, on n'a plus
à juger un crime, mais un délit. Les rédacteurs de
la loi nouvelle s'en sont, au reste, expliqués : ils ont
formellement déclaré qu'ils entendaient mettre sur
la même ligne, placer dans la même classe, les crimes dont les circonstances aggravantes avaient été
écartées et ceux qui devaient être punis de peines
correctionnelles par suite de l'admission des circonstances atténuantes. C'est donc, encore une fois,
que, dans l'esprit de la loi qu'ils ont faite, la décision qui applique à un crime des peines correctionnelles, en fixe la nature, sinon la qualification, et
le proclame délit.

Ce résultat produit, nulle difficulté s'il s'agit
d'un crime dont les circonstances aggravantes ont
été écartées. La question des circonstances atténuantes a été posée au jury. Si elles sont accor-

dées, la Cour n'a qu'à faire application des dispositions de l'article 463, spéciales aux matières correctionnelles. S'il s'agit d'un crime dont les circonstances aggravantes ont été maintenues, mais qui
devient délit par suite de l'admission des circonstances atténuantes, la situation n'est pas la même.
La question des circonstances atténuantes a été
posée une première fois. Mais alors il s'agissait
d'un crime. Elle a été résolue ; sa solution a fixé
la nature du fait incriminé. Il est décidé que ce fait
est un délit ; mais voilà tout. On n'a point examiné
la question de savoir si ce délit méritait des circonstances atténuantes. C'est une question toute différente de la première. Tel fait peut être digne de
circonstances atténuantes, s'il est considéré comme
crime, qui n'en méritera pas, s'il est considéré
comme délit. Le fait incriminé étant proclamé un
délit, il n'y a pas chose jugée à son égard, quant
aux circonstances atténuantes. Il est donc nécessaire de poser de nouveau cette question, au
point de vue du délit ; car elle doit être posée en
toutes matières (463, C. p., 341, Instr. crim.). Dans
l'ancienne législation et dans la nouvelle, lorsque
le condamné n'est pas en état de récidive, les §§ 6
et 7 de l'article 463 dispensent de cette formalité,
en accordant au délit, de plein droit et par une faveur particulière, le bénéfice des circonstances atténuantes accordé au crime. Mais, nous l'avons vu,

ces dispositions ne peuvent s'appliquer que par analogie en cas de récidive. Dans ce cas, nous restons en présence des principes, et nous devons d'autant plus les suivre qu'ils nous conduisent à une solution favorable au condamné. Si la question des circonstances atténuantes est vidée à l'égard du crime, elle n'est pas vidée à l'égard du délit. Il est nécessaire de là poser de nouveau, et si la solution en est affirmative, elle permettra d'adoucir en faveur de l'accusé la sévérité des nouveaux articles 57 et 58.

Nous pensons donc, en résumé, que le seul moyen de concilier les nouveaux articles 57 et 58 avec l'article 463, dans le cas où l'admission des circonstances atténuantes donnera à la cour le droit ou l'obligation de ne prononcer que des peines correctionnelles contre un individu qui, aux termes des articles 57 et 58, se trouvera en état de récidive, ce sera de considérer cette décision comme absolument identique à celle qui aurait écarté les circonstances aggravantes, comme transformant le crime en un délit, comme obligeant la Cour à poser de nouveau, au point de vue du délit, la question des circonstances atténuantes au jury qui devant la Cour d'assises a seul qualité pour décider ces sortes de questions, même en matière de délits (341, I. Cr.).

Cette procédure ne soulèvera aucune difficulté, s'il s'agit d'un crime punissable de la réclusion, de la détention, du bannissement ou de la dégradation civique; car un crime de cette nature sera toujours transformé en délit par la première déclaration de circonstances atténuantes. Mais il n'en sera pas de même, s'il s'agit d'un crime punissable des travaux forcés à temps. La première déclaration de circonstances atténuantes ne transformera pas *de plano* le crime en délit. Elle donnera seulement à la Cour le droit de le faire en abaissant la peine de deux degrés. Dans ce cas, la Cour restera libre. Si elle juge à propos de prononcer la peine de la réclusion, tout sera dit. Elle pourra passer outre sans se préoccuper des articles 57 et 58 qui ne seront pas applicables. Si au contraire, elle croit devoir prononcer les peines de l'emprisonnement, c'est-à-dire transformer le crime en délit, ces mêmes articles deviendront applicables. Il sera nécessaire que la Cour s'arrête, déclare sa volonté d'appliquer les peines correctionnelles, et pose pour la seconde fois au jury la question des circonstances atténuantes.

Nous l'avons déjà dit : cette procédure sera entièrement nouvelle; mais il n'y a rien d'étonnant à ce qu'une loi nouvelle engendre une procédure nouvelle. Et il vaudra mieux s'écarter un peu des règles anciennes que de se lancer dans des difficultés d'interprétation inextricables. Sans cela, il serait à craindre que, pour éviter les cassations, les Cours d'assises, usant de leur droit, n'appliquassent toujours le maximum des peines correctionnelles dans les hypothèses que nous examinons. Et certes cette manière de tourner la difficulté serait déplorable pour les accusés.

Si, comme nous le craignons, la solution que nous proposons ne paraît pas suffisamment fondée en textes pour pouvoir être mise en pratique, l'examen approfondi de la question auquel nous nous sommes livré, aura prouvé du moins que, si l'on rejette notre théorie, les articles 57 et 58 sont absolument inconciliables avec l'article 463, et qu'il est indispensable que le législateur fasse cesser cette situation par un texte spécial, pour la rédaction duquel nos développements ne seraient peut-être pas sans utilité.

La théorie que nous venons de développer, nous permet de résoudre d'un mot une difficulté qui a fait au Corps législatif bien plus de bruit que ce qui était, à notre avis, le point délicat de toute la discussion. Nous voulons parler de la question de savoir si la surveillance sera constamment obligatoire en cas de récidive, et si les tribunaux ne pourront en affranchir les condamnés.

Nous n'avons pas à nous occuper du point de savoir si, en matière correctionnelle, l'article 463, applicable même en cas de récidive, permet d'affranchir les condamnés de la surveillance. C'est là une question ancienne, depuis longtemps résolue par la jurisprudence, que faisait naître la rédaction de l'article 58. Cette rédaction n'ayant pas été modifiée, cette question n'est pas soulevée par la loi nouvelle. Il ne rentre pas dans notre plan de nous en occuper.

Mais les dispositions nouvelles des articles 57 et 58 soulèvent au contraire la question de savoir si, dans les cas de crimes punis de peines correctionnelles, la surveillance devra toujours être prononcée. Le mot *sera* dont se servent ces articles, semble indiquer l'affirmative. Il n'en devra pas être ainsi cependant. Nous avons vu que l'on pourra, même dans ces hypothèses, adoucir les peines des articles 57 et 58 par l'application des §§ 6 et 7 de l'article 463. Or ces paragraphes disent que la Cour pourra prononcer les peines de l'article 401 ; et cet article ne prononçant que la surveillance facultative, la question se trouve résolue, ainsi que l'ont du reste expliqué MM. Cordoën et Lacaze, dans le sens favorable aux accusés.

TABLE

DES

ARTICLES DU CODE PÉNAL

COMMENTÉS DANS CE VOLUME

Alençon. — E. De Broise, imp. et lith.

Alençon — E. De Broise, imp. et lith.